Franzius

CHRISTIANE KROMP

FETTE SAU

Roman

Ein Buch aus dem FRANZIUS VERLAG

Cover: Perry Payne
Buchumschlag: Simone C. Franzius
Bildlizenzen: shutterstock, Pixabay
Korrektorat/Lektorat: Dr. Michael Kracht
Verantwortlich für den Inhalt des Textes
ist die Autorin Christiane Kromp
Satz, Herstellung und Verlag: Franzius Verlag GmbH
Druck und Bindung: BoD, Norderstedt

ISBN 978-3-96050-201-2

Die Deutsche Nationalbibliothek verzeichnet diese Publikation in der Deutschen Nationalbibliografie; detaillierte bibliografische Daten sind im Internet über http://dnb.dnb.de abrufbar.

INHALT

Teil 1: Lore

1. Ein schrecklicher Geburtstag

»Schaut mal, da kommt sie ja, die fette Sau!«

Lores Herz zog sich zusammen. Jeden Tag dasselbe, dachte sie. Jeden einzelnen Schultag waren diese Worte die ersten, die sie zu hören bekam.

»Ja, da ist sie, die fette Sau! Fette Sau, fette Sau«, hörte sie die anderen im Chor singen.

Dabei hatte sie doch heute Geburtstag. Aber natürlich war dieser Tag keine Ausnahme. Wie hatte sie denken können, dass das irgendetwas ausmachte? Sie war heute dreizehn Jahre alt geworden. Normalerweise ein Grund zur Freude. Aber die anderen würden ihr den Tag wieder zu verderben suchen, das wusste sie jetzt schon.

Eigentlich sollte sie sich inzwischen dran gewöhnt haben, von ihren Mitschülern auf diese Weise begrüßt zu werden. Aber das konnte und wollte sie nicht über sich bringen. Denn das hatte sie nicht verdient.

Ärgerlich wischte sie eine Träne von ihrer Wange. Sie tarnte die Bewegung damit, dass sie ihre langen Haare nach hinten strich. Die dicken lilablauen Strähnen fielen sofort wieder zurück in ihr Gesicht, doch das war ihr nur recht.

»Schaut mal, ich glaube, die heult!«

Triumphierend klang ihr die Stimme von Saskia im Ohr, ihrer schlimmsten Feindin in der ganzen Klasse. Dabei hatte sie dem Mädchen nie etwas Böses angetan.

»Heul doch, heul doch«, hob der böse Chor von Neuem an.

Seit Lore vor ein paar Minuten den Schulhof betreten hatte bis jetzt, als sie in das Schulgebäude eintrat, hing ihr eine immer größer werdende Traube von Mitschülern an den Fersen. Sie hatte das Gefühl, die anderen hatten ihr aufgelauert, damit sie sie schon auf dem Weg in die Klasse quälen konnten. Wie ein Wespenschwarm, der immer wieder versuchte, sie zu stechen, und das so oft wie möglich. Und es tat weh. Verdammt weh sogar.

Sie mussten über die große Schultreppe bis in den zweiten Stock hochsteigen, um ihren Klassenraum zu erreichen. Wie immer, ging Lore beim Erreichen des ersten Stockwerks die Luft aus. Ihre Lunge pfiff wie ein Blasebalg und ihre Beine schmerzten. Sie musste eine Pause einlegen. Hinter ihr johlten ihre Mitschüler schon wieder über ihre Schwäche.

»Die Treppe ist für Gewichte über dreieinhalb Tonnen gesperrt«, rief Jerome. Das ganze Treppenhaus hallte wider von wieherndem Gelächter. Lore zog den Kopf ein und biss sich auf die Lippe, um nicht zu weinen. Wie gemein das war!

Laut schnaufend zog sich Lore weiter am Treppengeländer empor. Das ging ziemlich langsam. Auf dem dritten Treppenabsatz musste sie zum zweiten Mal ausruhen. Warum, verdammt, war das so schwer? Mit großer Mühe erreichte Lore den zweiten Stock, über ihre Kräfte angetrieben von den Spottrufen ihrer Mitschüler, denen sie lieber keine weitere Schwäche zeigen wollte. Bunte Lichter tanzten für ein paar Sekunden vor ihren Augen und sie atmete schwer.

Jetzt überholten sie Saskia und Jerome, staksten unter dem Gelächter der ganzen Meute breitbeinig auf dem Flur vor ihr her, als wären sie Tonnen auf Beinen. Sie ruderten dabei Gleichgewicht suchend mit den Armen. Als ob sie, Lore, so gehen würde! Dazu schnauften sie geräuschvoll. Es war einfach nur gemein! Lore schluckte mühsam die Tränen hinunter, die schon wieder in ihr aufsteigen wollten. Die Genugtuung, dass sie weinte, wollte sie ihren Feinden nicht geben. Besonders nicht Saskia, die gerade ihre Wangen kugelrund aufblies, dabei schielte und mit all ihrer Schminke aussah wie eine deformierte Barbiepuppe. Sie hüpfte vor Lore auf und ab und winkte mit ihren langen Fingernägeln so vor Lores Gesicht herum, dass diese voller Schreck an eine krallenbewehrte Raubkatze denken musste.

»Lasst mich endlich in Ruhe«, schrie Lore. Sie hörte selbst den panischen Unterton.

»Lasst mich endlich in Ruhe, lasst mich endlich in Ruhe«, äfften die anderen sie nach. Hätte sie bloß gar nichts gesagt. Ihr Herz stach in ihrer Brust, die sich immer noch von der Anstrengung des Treppensteigens viel zu schnell hob und senkte. Wäre sie doch bloß nicht so fett!

Sie atmete tief durch und betrat den Klassenraum. Es war noch vor acht, daher war die Lehrerin noch nicht hier. Es herrschte das übliche Chaos, die Kinder rannten durch das Zimmer und bewarfen einander mit Radiergummis. Laut war es in der 7c. Als Lore aber hereinkam, wurde es schlagartig ruhig. Alle beobachteten sie, flüsterten einander etwas zu. Die Stille hatte etwas Bedrohliches, etwas Lauerndes. Wie ein Raubtier, das sich auf den Sprung vorbereitet.

»Buh«, riefen plötzlich zehn Kinder auf einmal. So laut zerriss das die eben noch herrschende Lautlosigkeit, dass

Lore vor Schreck zusammenzuckte und ihren Ranzen mit einem Krachen zu Boden fallen ließ. Die ganze Klasse lachte.

»Hast du gerade gefurzt?«, krähte Jerome und hielt sich die Nase zu.

»Ihhh, die fette Sau hat gefurzt! Rette sich, wer kann«, kreischten Saskia und Bernadette und liefen zur anderen Seite des Klassenraumes. Tosendes Gelächter hallte von den Wänden wider.

Lore fühlte, wie eine Hitzewelle ihr Gesicht bis zu den Haarwurzeln zum Glühen brachte. Am liebsten wäre sie im Boden versunken, versuchte aber, sich ihre Gefühle nicht anmerken zu lassen. Sie schob ihren Ranzen zur Seite des Tisches und setzte sich langsam auf ihren Stuhl.

»Ey, Fettsau, pass auf, dass der Stuhl nicht unter dir zusammenkracht,« kommentierte Ali ihre Bewegung. Ein erneutes Anschwellen des Gelächters belohnte diesen Witz.

»O ja, der arme Stuhl!«

»Ich möchte nicht der Stuhl sein!«

»Seht ihr, wie der sich biegt? Der hat bestimmt schon einen Riss!«

»Kein Wunder, bei der Belastung!«

»Ruhe!«, rief eine energische Stimme. Es war die von Frau Jones, der Englischlehrerin. Frau Jones war sehr streng. Die Kinder drehten sich zu ihr um und setzten sich in dem Moment, als die Lehrerin in die Hände klatschte und rief: »Sit down, boys and girls!«

Die beiden Englischstunden gefielen Lore gut. Da war sie wie in ihrem Element. Sie hatte gute Noten in Englisch. Und Frau Jones gratulierte ihr zum Geburtstag.

»Everybody will now sing Happy Birthday for Hanna!«, wies sie die Klasse an. Hanna war Lores englischer Name, den sie sich in der ersten Englischstunde ausgesucht hatte.

Ein lahmer Chor setzte ein. Keiner traute sich, die Lehrerin zu ignorieren. Die Blicke allerdings, die die anderen Lore zuwarfen, waren mörderisch. »Das wirst du uns nachher büßen!«, schienen sie zu sagen.

Frau Jones teilte die Tests wieder aus, die sie in der letzten Woche geschrieben hatten. Lore hatte eine Eins. Ein frohes Lächeln verbreitete sich über ihr Gesicht.

»Was grinst du so blöd, fette Sau?«, fauchte Saskia von schräg vor ihr. Lore riskierte einen Blick auf Saskias Bogen. Saskia deckte sofort ihre Zensur ab, doch Lore hatte sie schon gesehen. Das sah nach einer fetten Fünf aus. Lores Lächeln wurde breiter.

»Das kriegst du wieder!«, schien Saskias Blick zu versprechen. Oh je, sie würde schnell sein müssen nach der Stunde. Oder aber sehr langsam.

Um neun Uhr dreißig klingelte es zur Hofpause. Die Kinder johlten los und die meisten stürmten wie befreite Dämonen aus dem Klassenraum. Lore trödelte. Sie packte langsam ihre Bücher und Hefte wieder ein und ihr Pausenpäckchen aus. Ihre Mutter hatte ihr heute einen Apfel geschnitten, das konnte sie schon durch die Brotbox sehen. Und zwei Schwarzbrotschnitten mit Schinken lagen auch dabei. Lore entschied sich für eines der Brote. Trotz aller Hänseleien, heute Morgen hatte sie richtig Hunger. Immer wenn sie etwas aß, fühlte sie sich besser. Besonders nach einem solchen Morgen.

Langsam und umständlich packte sie das Brot aus und gönnte sich einen ersten Bissen. Hmmm, wie köstlich das schmeckte. Lore schloss die Augen.

»Los, Hanna, es wird Zeit, dass du auf den Hof gehst!«, erinnerte sie Frau Jones. Sie sagte es freundlich, aber sehr bestimmt.

»Na los, husch, husch!«, lachte die Lehrerin und unterstrich ihre Worte mit wedelnden Händen. »Ich muss doch die Klasse abschließen.«

Kauend schlenderte Lore zum Ausgang und schaute nach links und nach rechts. Keiner war zu sehen. Waren alle schon draußen? Hatten sie sie vergessen? So unauffällig wie möglich hielt sie sich weiterhin in der Nähe von Mrs. Jones, schlenderte einfach essend hinter der Lehrerin her, die Treppe hinunter und in den Hauptgang und auch dort folgte sie Mrs. Jones, bis die im Lehrerzimmer verschwand. Der Flur war in beiden Richtungen leer. Lore atmete auf. Sie blickte auf ihr Handy. Sieben Minuten der Hofpause hatte sie schon unbelästigt überstanden. Nur ein paar Meter weiter lagen die Mädchentoiletten. Was, wenn sie den Rest der Pause dort verbrachte? Noch einmal schaute sie nach beiden Richtungen. Alle schienen draußen zu sein. Sie hörte ja von hier aus das Schreien, Kreischen und Johlen von allen Jahrgangsstufen. Schwimmbadatmosphäre, nur ohne Chlorgestank.

Eilig schlich sie sich zu den Toiletten hinüber. Gerade, als sie die Außentür mit dem stilisierten Mädchen darauf öffnen wolle, wurde ihr die Klinke aus der Hand gerissen und wüstes Gekicher drang ihr entgegen. Vor ihr standen – Saskia, Bernadette, Sophia und Laura. Keine davon war ihre Freundin.

»Ihhh, das ekelhafte Monster!«

»Schaut mal, wie blöde die glotzt!«

»Die frisst und rennt zum Klo!«

»Warum platzt du nicht einfach?«

»So widerlich. Bäää!«

Die Mädchen lachten hämisch. Saskia begann damit, Grunzgeräusche zu machen. Eine nach der anderen fielen die Mädchen ein, bis es Lore entgegen grunzte wie ein ganzer Schweinekoben.

»Ach, und unser fettes Schwein hat ja heute Ge-burtstag…«, dehnte Bernadette und verdrehte die Augen. »Ihr singt jetzt Hääääppi Böööörsday für sie!«

»Genau. Deine fette Schweinemutter füttert dich heute bestimmt mit Schokoladenkuchen.«

»Meine Mutter ist kein Schwein!«, wehrte sich Lore, doch es klang sehr leise und weinerlich.

»Hä?«

»Was hat sie da gegrunzt?«

»Ich habe es auch nicht verstanden. Kann eben nur ein Schweinchen, nicht wahr?«

Und wieder hob das Grunzen an.

Mittlerweile kullerten zwei dicke Tränen über Lores Wangen.

»Ooooch, schaut mal, die Kleine heult. Ooooch, das ist aber traurig.«

Die Mädchen hatten Lore inzwischen umrundet und drängten sie in das Mädchenklo.

»Sooo, dann werden wir dem Baby mal das Gesicht abwaschen und den Rüssel schneuzen!«

Mit Feuereifer machten sich die Mädchen ans Werk. Sie nahmen sich Klopapier, tunkten es ins Klo und versuchten, ihr damit grob über das Gesicht zu wischen. Lore wand sich, um dem ekligen Lappen zu entgehen, doch die anderen drängten sie schließlich in eine Ecke und hielten sie da zu dritt fest, während Saskia sich daran machte, Lore den triefenden Klolappen durchs Gesicht zu reiben. Ihr schönes Schinkenbrot war ihr bei dem Gerangel aus der Hand gefallen und lag auf dem dreckigen, überschwemmten Fußboden. Lore konnte sich einen Moment von den sie haltenden

Händen befreien und es gelang ihr, Sophia in die Hand zu beißen. Sophia zog ihre Hand mit einem Schmerzenslaut zurück und knallte Lore eine. Ausgerechnet jetzt knurrte Lores Magen. Der Zeitpunkt dafür hätte nicht unpassender sein können. Die anderen hörten dieses Geräusch und machten sich natürlich sofort darüber lustig.

»Ohhh, die Fressmaschine hat Hunger!«, kreischte Bernadette.

»Hilfe, passt nur auf, sonst frisst sie uns noch!«, rief Sophia, die Lores Zahnabdrücke noch auf dem Handrücken hatte.

»Ach nein, das würde sie doch nie machen, nicht war, Fettkloß?«, gurrte Saskia mit falscher Sanftheit. Die Drohung dahinter entging Lore jedoch nicht. Suchend schweiften Saskias Blicke über den Fußboden und blieben an Lores herunter gefallenem Schinkenbrot hängen.

»Ah, da ist es ja. Das wolltest du doch gerade fressen, nicht wahr?«

Bernadette fixierte Lore mit dem Unterarm über der Kehle, Sophia und Laura hielten sie in die Ecke gedrängt. Währenddessen hob Saskia das matschige Brot auf und näherte sich damit Lores Mund.

»Na los, mach das Mäulchen auf. Hier kommt was Gutes!«

Lore wand sich, doch konnte sie der Übermacht nicht entkommen.

»Na, los. Ein Häppchen für die fette Schweinemami…«

Das nasse Brot drängte sich an Lores Mund, den sie jedoch fest zusammengepresst hielt. Soweit es ihr möglich war, wendete sie sich ab, sodass das angeweichte Brot jetzt gegen ihre Wange drückte.

»Los, machs Maul auf!«, befahl Saskia jetzt. »Du kannst es doch sonst auch nie erwarten, da was reinzustopfen!«

Wortlos trat irgendjemand Lore mit voller Wucht vors Schienbein. Sie schrie vor Schmerz, sank an der Wand zu Boden und riss den Mund weit auf. Das war die Gelegenheit, auf die Saskia gewartet hatte: Mit Schwung quetschte sie Lore das dreckige Brot in den Mund.

»Komm, mach schön fressi fressi!«, sang Saskia. Die Mädchen lachten, ließen aber von Lore ab. Übelkeit brandete in ihrer Kehle empor. Sobald die anderen sie losgelassen hatten, kroch sie mit vor Scham brennenden Wangen in die nächste Kabine und erbrach sich ins Klo.

»Das musst du immer so machen. Was wieder rauskommt, macht dich nicht noch fetter!«, rief Bernadette und das Lachen der Mädchen hallte übermächtig von den Klowänden wider.

»Ihh, diese Geräusche. Ich glaube, das Klo kotzt gerade.«

»Und mir kommt es auch gleich hoch. Lasst uns hier verschwinden!«

»Was ist denn hier los?«, rief die Stimme einer Lehrerin, diesmal die von Frau Holbein, ihrer Deutsch- und Kunstlehrerin.

»Ich glaube, der Lore ist schlecht geworden«, gab sich Saskia besorgt. Eine Schauspielerin hätte es nicht besser gekonnt.

»Ja, Frau Holbein, wir haben sie zur Toilette begleitet«, log Laura so glatt, als wäre es die Wahrheit. Den artigen Augenaufschlag konnte Lore dabei förmlich sehen. Sie spuckte immer noch ihre Innereien ins Klo.

»Das ist aber nett von euch«, lobte die Lehrerin die Mädchen. »Aber nun geht wenigstens noch den Rest der Pause hinaus. Ich kümmere mich schon um eure Freundin.«

Lore hörte die Tür gehen und auch, wie Saskia spöttisch flüsterte »Freundin...«

»Brauchst du Hilfe, Lore?«, fragte die Lehrerin nun, als sie allein waren. Diese wischte sich den Mund mit Klopapier ab und spuckte noch einmal, um den fiesen Geschmack loszuwerden. Es stank bestialisch in der kleinen Kabine.

»Nein, danke!«, nuschelte Lore. Ihr Hals war rau von ihrer Magensäure – und von ihren Tränen, die ihr über die Wangen strömten wie aus einer Quelle.

»Ich habe dich nicht verstanden. Kommst du bitte heraus?«

Das war Lore sehr unangenehm, würde die Lehrerin sie doch dann in ihrem verheulten und zerrauften Zustand sehen. Aber das war wohl nicht zu ändern.

Sie drückte die Spülung gleich zweimal, in der Hoffnung, auch den Gestank mit hinunterzuspülen. Es half aber nicht wirklich.

Langsam entriegelte sie die Kabine und schob die Toilettentür auf.

»Mein Gott, Kind, wie siehst du aus!«, rief Frau Holbein erschrocken. »Komm, wasch dich hier ein wenig. Und dann gehst du bitte nach Hause. Du brütest bestimmt etwas aus.«

Auch Lore erschrak, als sie jetzt ihr Spiegelbild betrachten konnte. Ihr ganzes Gesicht war rot und geschwollen, ihre Haare standen ab und waren verklebt. Ein bisschen von dem Brot klebte immer noch auf ihrer Wange und an ihrem Pullover. Sie wusch sich notdürftig ab und spülte sich den Mund aus.

»Geht es dir jetzt besser?«, fragte die Lehrerin noch einmal besorgt nach. »Oder soll ich dir eins von den Mädchen mitschicken, die sich eben so nett um dich gekümmert haben?«

Entsetzt wehrte Lore ab. »Nein, das ist nicht nötig!«

Mein Gott, dachte sie, und die Haare sträubten sich in ihrem Nacken. Saskia als Begleitung auf dem Heimweg! Ihr wurde kurz schwarz vor Augen. Sie spürte, wie ihr die Knie weich wurden, und hielt sich krampfhaft am Waschbecken fest, das bedenklich knackte.

»Bist du sicher?« Die Stimme der Lehrerin klang wie vom Boden einer Regentonne.

»Ja«, hörte sie sich selbst sagen. »Keine Sorge.«

»Gut, dann hol deine Schultasche und geh heim. Meine halbe Klasse liegt mit Magen-Darm im Bett. Nicht, dass du mir deine Klasse auch noch ansteckst!«

Fast hatten sie Lores Klassenzimmer erreicht, da fragte Frau Holbein noch einmal nach: »Und du bist dir sicher, dass sonst alles in Ordnung ist, Kind?«

Es klang so freundlich, so vertrauenerweckend, dass Lore für einen Augenblick versucht war, ihr zu schildern, was wirklich geschehen war. Doch dann schüttelte sie nur den Kopf. Nein. Das hätte keinen Zweck. Es würde doch nur wieder an ihr ausgehen. Mit dem Nachteil, dass sich die Geschichte noch schneller verbreiten würde als ohnehin schon.

Wer weiß, vielleicht stellte Saskia, die beliebte Saskia, gerade irgendeine gemeine Version der Ereignisse ins Schülernetz. Das hatte sie alles schon einmal erlebt. Sie hatte mit dem Vertrauenslehrer gesprochen, Herrn Fischer, den sie in Mathe und Sachkunde hatte. Der wiederum hatte mit den betreffenden Mitschülern geredet, mit dem Ergebnis, dass sich alle gegen Lore verbündet hatten und sie ins Unrecht setzten. Alles war nur ein Missverständnis. Sie sollten in Zukunft mehr miteinander reden und Lore sollte ihre Fantasie im Zaum halten und besser hinhören. Hinterher hatten sich die anderen in der Klasse gegenseitig beglückwünscht, wie gut das doch gelaufen wäre. Und zu Lore hatten sie höhnisch bemerkt, es würde ihr eh keiner glauben. Genauso war es ja auch, das wusste sie. Es würde wieder so laufen. Selbst wenn ihr die Lehrer glaubten, dann würden die anderen es Lore trotzdem büßen lassen, für die Strafen, die sie dann bekämen. Es hatte eben keinen Zweck, einer Lehrerin ihre Sorgen anzuvertrauen. Auch wenn sie so nett war wie Frau Holbein. So schluckte Lore erneut ihre Tränen hinunter und antwortete: »Danke, es geht schon wieder.«

Frau Holbein schloss ihr den Raum auf, sie holte ihre Schultasche, hängte sie um und trottete hinaus. Das tat sie ausgerechnet in dem Moment, in dem es klingelte und ihr über dreihundert Schüler auf dem Weg in ihre Klassen entgegen strömten, sie anrempelten, als ein Verkehrshindernis, das sich in die falsche Richtung bewegte. Genau so war ihr ganzes Leben, dachte Lore. Sie bewegte sich nie in die richtige Richtung und dauernd nahmen die anderen an ihr Anstoß.

In einer Mischung aus Traurigkeit, Schock und Erleichterung machte sie sich auf den Heimweg. Erleichterung, denn jetzt konnte niemand in ihrer Klasse sie mehr quälen. Schock, denn soweit waren selbst Saskia und ihre Mistziegen noch nie gegangen. Lore fühlte sich hundeelend. Ihr Bein tat weh von dem Tritt. Sie roch immer noch die Kotze auf ihren Klamotten. Zu Hause würde sie gleich duschen und die Sachen in die Wäsche tun müssen. Es war so demütigend gewesen.

Und in der nächsten Zeit würde sie Mamas wunderbare Schinkenbrote nicht mehr genießen können. Immer würden sie sie an die Situation in der Toilette erinnern. Sie wühlte in ihrer Jackentasche und förderte einen Kaugummi zutage. Der eklige Geschmack in ihrem Mund und in ihrem Rachen sollte schnell weggehen.

Die Straßen waren wie leergefegt und nachdem sie den Schulhof weit hinter sich gelassen hatte, war es wunderbar ruhig. Kein anderes Kind schrie hier herum, höchstens vereinzelte Mütter mit Kinderwagen waren zu sehen. Hin und wieder fuhr ein einsames Auto an ihr vorbei. Lore genoss es, wenn es so still war.

Was war vorhin auf dem Klo passiert? Was hatte sie den anderen bloß getan, um so von ihnen behandelt zu werden? Tränen liefen ihr über die Wangen, und nachdem sie einmal angefangen hatten zu laufen, hörte der stete warme Strom nicht mehr auf. Aber hier war es nicht so schlimm, hier sah sie niemand, der sie kannte. So konnte sie ihrer Trauer und ihrem Schmerz freie Bahn lassen. Es tat ihr gut, alles einmal rauszulassen. Warum nur hatte sie keine Freundin? Wenigstens eine? Sie fühlte sich so furchtbar allein. Nur der graue Oktoberhimmel über Hamburg schien mit ihr zu fühlen, denn es begann leise zu nieseln. Lore lief im Automatikmodus zu ihrer Bushaltestelle und stieg in das Fahrzeug ein, ohne es bewusst zu merken, so sehr beschäftigten sie ihre Gedanken.

Alle anderen Mädchen, die sie kannte, hatten Freundinnen. Und je fieser sie sich benahmen, umso cooler fanden die anderen Kinder diese Mädchen. Zum Beispiel Saskia. Die war geradezu bösartig. Und sie war, genau wie ihre Freundin Bernadette, schon einmal sitzen geblieben. Aber sie hatte unter den Jungs gleich mehrere Verehrer und die Hälfte aller Mädchen in der Klasse als Freundinnen. Ohne Charakter war sie und ohne Verstand, aber geschminkt und aufgemacht wie eine Barbiepuppe, mit ihren welligpastelligen Einhornhaaren und ihren Klamotten, die stets der neuesten Mode entsprachen. Ständig unternahm sie Shopping Touren, sie ging ins Kino, sie durfte ihr Leben genießen. Warum war das so ungerecht? Warum war Lores Leben die Hölle und Saskia hatte alles, was Lore sich wünschte? Saskia war weder besonders klug noch besonders hübsch. Von besonders nett ganz zu schweigen. Es müsste umgekehrt sein, dachte Lore. Sie, Lore, war die Nette und die Kluge. Sie sollte also auch beliebt sein und jede Menge Freunde haben. Und sie sollte die Party des Jahres schmeißen, von der alle noch wochenlang reden würden und auf die eingeladen zu werden eine Ehre wäre. Stattdessen bekam diese blöde Mistkuh alles in den Allerwertesten gesteckt, obwohl die blöd war wie Bohnenstroh und fies obendrein. Es war so ungerecht!

Als Lore sich vor vier Wochen in einem Anfall von Verzweiflung ihre Haare lila gefärbt hatte, weil Farbtöne wie diese gerade modern waren in ihrer Klasse, da hatten sie alle ausgelacht. Obwohl sie Saskia und Bernadette für ähnliche Färbeaktionen gratuliert hatten. Wo war da die Logik? Lore würde niemals cool sein. Ganz egal, was sie machte. Ihr Sichtfeld verschwamm vor ihren Augen. Es war einfach nicht fair.

Der Bus hielt an ihrer Haltestelle, als wäre er dorthin geflogen. Rasch stieg Lore aus, gerade noch rechtzeitig, bevor der Bus seine Türen zischend wieder schließen wollte. Hinter ihr her schimpfte die ältere Dame, die Lore bei ihrem eiligen Ausstieg beinahe umgerissen hatte. Aber sie war zu sehr mit ihren eigenen Problemen beschäftigt, als dass sie sich darum hätte bekümmern können.

Saskia war die ungekrönte Königin. Lore hingegen – nun, einen größeren Gegensatz konnte sie sich gar nicht denken. Lore war nett, aber auch fett. Es fing schon mit ihrem Vornamen an. Hannelore. Furchtbar. Darum hatte sie sehr bald darauf bestanden, nur noch Lore gerufen zu werden. »Hanne« hatte sie auch ausprobiert, aber da hatten die Kinder schon im Kindergarten hinter ihr her gerufen: »Hanne ist panne« oder »Hanne, die Pfanne«. Und kurz vor Weihnachten hatten sie gesungen »Hanne sieht aus wie ne Tanne«. Weil sie damals schon dick gewesen war. Und Mutters selbst gestrickte grüne Wollpullover hatten dann den Rest besorgt.

Und wenn sie Schluss machte? Sich einfach umbrächte? Dann wäre der Schmerz ein für alle Mal vorbei. Aber das konnte sie ihrer Mutter nicht antun.

Fast war sie schon vor ihrer Haustür angelangt, da fiel ihr wieder ein, dass sie ja heute Geburtstag hatte. Ihre Mutter hatte ihr eine ganz besondere Überraschung versprochen. Bestimmt würde sie Lores Lieblingsessen kochen. Mutter hatte sich extra freigenommen.

Sorgfältig beseitigte Lore alle Spuren ihrer Tränen und schnaubte in ihr letztes Taschentuch. Mama sollte sich keine Sorgen machen, sie hatte schon genug davon. Schließlich arbeitete sie in zwei Jobs, um für sich und Lore ein gemütliches Heim zu schaffen. Ihr Vater war Polizist gewesen und vor ein paar Jahren gestorben. An einem Herzinfarkt. Mitten im Dienst. Seitdem hatten sie es so viel schwerer. Wenn Lore mal was außer der Reihe haben wollte, hörte sie ihre Mutter seufzen und dann sagen: Ach, wenn dein Vater noch leben würde, dann könnte ich dir das Geld dafür geben. Aber so ...

Ihr Vater. Hannes Kröger. Wie sehr sie ihn vermisste. Sie war gerade mal acht Jahre alt gewesen, als er eines Tages morgens fröhlich losgegangen war – und abends nicht mehr nach Hause kam. Seitdem war er nie wieder nach Hause gekommen. Weil er an jenem Tag im Büro gestorben war. Einfach so. Der Arzt hatte ihrer Mutter und ihr erklärt, dass Vater es gar nicht gemerkt haben konnte, weil es so schnell ging. Lore verstand das bis heute nicht. Wie kann jemand nicht merken, wenn er stirbt?

Mutter hatte sich lange zurückgezogen. Sie war Lore wie ein Roboter vorgekommen. Hatte nicht gelacht, nicht geweint, nur noch gearbeitet und geschlafen. Inzwischen ging es Mama wieder besser, obwohl sie immer noch Bilder von Lores Vater im Wohnzimmer stehen hatte, mit einem schwarzen Band über einer Ecke.

Lore war froh darüber und wollte nicht, dass es ihrer Mutter je wieder so schlecht ging. Und deshalb behielt sie ihre Sorgen für sich. Zwar wusste ihre Mutter, dass sie keine Freunde in der Klasse hatte, aber das war ja schon früher im Kindergarten so gewesen. Lore musste einfach abnehmen. Dann würde sich so vieles ändern.

Sie probierte ein Lächeln, bevor sie zuerst die Haus- und dann die Wohnungstür aufschloss.

»Lore? Bist du das?«

Mama war da. Lore hörte ihre Schritte, während sie die Jacke an die Garderobe hängte.

»Ist die Schule schon aus?«, fragte Mama lächelnd. »Ich bin noch gar nicht fertig mit den Vorbereitungen. Ist Herr Fischer noch krank?«

Den Rest des Tages hätte Lore Unterricht bei diesem Lehrer gehabt. Das war ihr ganz entfallen gewesen. Was für ein Glück, dass Frau Holbein sie nach Hause geschickt hatte. Denn Herr Fischer hielt sie ja seit den Vorfällen vor ein paar Monaten sowieso für eine hysterische und paranoide Spinnerin.

Lore schüttelte den Kopf. Jetzt kam ihre Mutter zu Lore geeilt, stand nun nahe vor ihr – und verzog angeekelt das Gesicht.

»Ihhh, was stinkt denn hier so?«, fragte sie erschrocken.

»Ich«, gab Lore beschämt zu. »Mir ist in der Pause schlecht geworden. Da hat Frau Holbein mich nach Hause geschickt.«

Lores Mutter runzelte die Stirn.

»Arme Süße. Du wirst mir doch nicht ausgerechnet heute krank? An deinem Geburtstag?«

Sie fasste ihrer Tochter an die Stirn, fühlte die Temperatur wie ein menschliches Thermometer.

»Zu warm bist du jedenfalls nicht. Aber du stinkst wirklich. Bitte, mein Schatz, geh ins Bad. Gib mir die Klamotten raus, ich tu sie gleich in die Waschmaschine.«

Dankbar schlüpfte Lore ins warme Badezimmer und duschte lange. Sie stellte sich dabei vor, wie all die schlimmen Erlebnisse von heute und den ganzen Jahren von ihr abgewaschen und durch den Ausguss weggespült würden.

Ihre Mutter hatte derweil die Waschmaschine angeworfen. Als Lore frisch gewaschen und mit nach Weichspüler duftenden Sachen ins Wohnzimmer kam, umarmte ihre Mutter sie fest.

»Noch einmal herzlichen Glückwunsch zum Geburtstag, mein Engel«, flüsterte sie zärtlich. Dann führte sie Lore zu ihrem Zimmer.

»Ich habe dir deine Geschenke auf dein Bett gelegt. Hoffentlich gefallen sie dir.«

Lore gab ihrer Mutter einen Kuss.

»Danke, Mama.«

Und jetzt folgte eine glückliche Viertelstunde, in der sie die vier Päckchen auspackte. Ihre Mama hatte ihr ein Schminkset und einen Kosmetikspiegel geschenkt, beides Dinge, die sie sich schon lange gewünscht hatte. In einem weiteren Päckchen waren Lores Lieblingspralinen. Und das letzte, sehr kleine Schächtelchen enthielt eine Kette. Sie war aus antikem, schwarz angelaufenem Silber und daran hing ein sichelförmiger Anhänger in Gestalt eines Mondes.

»Der ist von Oma«, sagte ihre Mutter leise. »Am Wochenende wollen wir sie im Heim besuchen. Sie wollte gerne, dass ich dir diese Kette gebe. Oma hat sie von ihrer Mutter bekommen.«

Ehrfürchtig betrachtete Lore den Anhänger. Er war wunderschön gelb und blau emailliert.

»Danke, Mama«, sagte Lore noch einmal und umarmte ihre Mama.

Diese drückte sie genussvoll in ihre Arme.

»Und nun«, verkündete ihre Mutter feierlich, »habe ich noch eine ganz besondere Überraschung für dich.«

Lore sah ihre Mutter an und wartete, dass sie weitersprach.

»Ich habe eine Geburtstagsfeier für dich vorbereitet. Vier Mädchen aus deiner Klasse werden nachher zu uns kommen. Na, was sagst du?«

Lore blieb der Mund offenstehen. »Was?«, fragte sie entgeistert.

»Ja, meine Knuddelmaus, du wirst vier Geburtstagsgäste haben. Ich habe extra einen schönen Kuchen gekauft. Und Luftballons und Süßigkeiten. Und ich habe Spiele vorbereitet ...«

»Aber, Mama, ich bin doch nicht mehr acht!«

»Was würdest du denn gerne machen?«

Da musste Lore sich nicht lange besinnen.

»Ins Kino gehen! Mit meinen Gästen. Wen hast du denn überhaupt eingeladen?«

Sie fragte das nicht ohne Misstrauen.

»Sarah und Lea und Kristin und Aischa«, zählte Mutter an den Fingern ab.

Die Auswahl war sogar Ok, diese Mädchen hatten noch nie bei Saskias Gemeinheiten mitgemacht.

»Die Kinder und die Eltern haben fest zugesagt. Weißt du, wenn diese Mädchen erst einmal merken, wie nett du bist, dann kannst du sie vielleicht als Freundinnen gewinnen. Dann würden sie dir beistehen gegen die anderen Mädchen …«

Lore nickte. Schon zum dritten Mal an diesem Tag schmerzte sie die Kehle von ihren Tränen.

»Danke«, flüsterte sie erstickt. »Wann wollen sie kommen?«

»Um fünfzehn Uhr.«

Lore verbrachte die Zeit bis dahin zwischen Hoffen und Bangen. Würden die anderen wirklich kommen? Würden sie es wagen, Lore von dem Aussatz zu befreien, den sie an sich zu haben schien? Aischa war erst zwei Wochen in der Klasse. Sie hatte sich noch nicht so richtig orientiert, noch keinen festen Freundeskreis gewonnen. Ein zurückhaltendes, schüchternes Mädchen, das alle freundlich anlächelte. Sogar Lore. Sarah und Lea waren locker miteinander befreundet, aber nicht mit Saskia oder Bernadette. Allerdings unternahmen sie manchmal was mit einer der anderen Terrorzicken rund um Saskia. Besonders mit Sophia. Mit Laura nicht.

Das große Ereignis in der Klasse war der vierzehnte Geburtstag von Bernadette gewesen. Wer auf der Liste ihrer geladenen Gäste stand, der konnte sich zum Adel in der Klasse zählen. Lore war natürlich nicht eingeladen gewesen. Und Saskia hatte keine Möglichkeit ausgelassen, alle in der Klasse darauf hinzuweisen. Wochenlang, immer wieder von Neuem. Gott sei Dank lag der Geburtstag dieser Kuh schon zwei Wochen zurück. Nur der vierzehnte Geburtstag von

Saskia stand noch bevor, im nächsten Mai. Lore fürchtete sich jetzt schon vor dem Getue, das diese Bitch wieder darum machen würde.

Kristin schließlich hatte Schuppenflechte. Keiner mochte sie berühren, die Kinder fanden ihren Ausschlag so eklig. Doch hatte Lore den Eindruck, Kristin mochte sie nicht wirklich leiden. Auf dem Klassenausflug letztens hatte Lore versucht, sie in ein Gespräch zu verwickeln. Kristin hatte das abzuwehren gewusst. Lore wusste nicht, warum, denn einen anderen Gesprächspartner hatte das andere Mädchen auch nicht gefunden.

So hatte Lore mal wieder alleine gehen müssen, während sich alle anderen in Dreier- und Vierergruppen lebhaft unterhielten, miteinander lachten und eifrig schwatzten. Traurig fuhr sich Lore über das Gesicht. Was war es nur, das die anderen von ihr fernhielt? Sie stank nicht, sie hatte keine Schuppenflechte – aber irgendwie schien sie einen unsichtbaren Ausschlag zu haben, den nur die anderen wahrnehmen konnten. Sie mieden sie. Lag das wirklich nur an ihrer Figur? Bernadettes Schwester Odette war auch ziemlich mollig, aber die hatte jede Menge Freundinnen. Was hätte Lore darum gegeben, auch nur einen einzigen Tag in deren Haut zu schlüpfen, einen Schultag mal aus der Perspektive dieser Mädchen zu erleben. Einen Tag nicht gepiesackt oder im Klo getreten und zum Kotzen gebracht zu werden.

Wenn die Gemeinheiten der anderen aber doch an ihrer Figur lagen? Wenn sie nur abnehmen müsste, damit die anderen sie als eine der ihren betrachten würden? Wenn nun keiner kam und alle sie morgen in der Schule auslachen würden für ihre Hoffnung, ein ganz normales Mädchen mit einer ganz normalen Geburtstagsfeier zu sein – und nicht »die Fette«?

Sie schaute auf die Uhr. Schon halb drei. Mühsam kam Lore auf die Füße, hängte sich Omas Mondanhänger um den Hals und sah nach, was ihre Mutter machte. Vielleicht kamen die Kinder ja doch, die eingeladen waren.

Liebevoll deckten sie zu zweit den Tisch. Lores Mutter achtete taktvollerweise darauf, dass nur fünf Gedecke auf dem Tisch standen.

»Ich ziehe mich dann mit einer Zeitschrift in die Küche zurück. Damit ihr Mädels euch ohne Zuhörer auch Sachen erzählen könnt, die nicht für meine Ohren bestimmt sind.«

Sie lächelte und kniff Lore in die Wange. »Ist doch so, oder? Ihr habt doch so langsam eure kleinen Geheimnisse.«

Lore nickte. Die anderen vielleicht, dachte sie betrübt. Sie nicht. Ihr Leben war ein offenes Buch.

Bald schon war es drei Uhr. Der Kuchen stand auf dem Tisch, das Feuerzeug lag daneben, wegen der Kerzen.

»Das ist doch immer das Schönste. Die Geburtstagskerzen ausblasen und sich was wünschen…«

Es wurde Viertel nach drei, es wurde halb vier. Es klingelte jedoch keine Seele. Kopfschüttelnd lief ihre Mutter zum Telefon, rief die Mädchen eines nach dem anderen an.

Zwei erreichte sie gar nicht. Bei Aischa ging ihre Mutter dran, die scheinbar kein Wort Deutsch konnte und einfach nicht verstand, was Lores Mutter von ihr wollte. Da legte diese genervt auf. Die vierte, Kristin, wusste angeblich von nichts, und als Lores Mutter ihr anbot, einfach doch noch zu kommen, lehnte sie ab, weil sie heute schon was anderes vorhätte.

Mit tränenfeuchten Augen schaute ihre Mutter sie an, in den Trümmern ihrer eigenen Planung.

»Es tut mir so leid, Süße«, sagte sie leise und streichelte über Lores Arm. Doch diese sprang auf und rannte in ihr

Zimmer, wo sie sich einschloss und sich nun schon zum zweiten Mal am heutigen Tage ihren Tränen überließ. Was war nur mit ihr los, dass alle sie so sehr hassten?

Lores Mutter klopfte leise, beinahe zaghaft an ihre Tür. Es war mittlerweile halb fünf und nun stand es ganz sicher fest, dass niemand mehr kommen würde. Bleischwer fühlte sich Lore. Und unendlich müde und leer.

Noch einmal klopfte es an ihrer Tür.

»Lore, mein Schatz, ich weiß, ich kann dir keine Freundin ersetzen, aber magst du mit mir ins Kino gehen?«

Lore schniefte. Nein, sie wollte jetzt nicht wieder mit ihrer Mama ins Kino. Sie hatte mit den anderen Mädchen ins Kino gewollt.

Den Rest des Nachmittags und des Abends verbrachte Lore in ihrem Zimmer. Sie ignorierte alle Versuche ihrer Mutter, zu ihr durchzudringen. Sie musste jetzt allein sein, konnte selbst ihre eigene Mutter nicht ertragen. Irgendwann versank sie in einen unruhigen Schlaf, aus dem sie mitten in der Nacht erwachte, völlig durchgeschwitzt, klebrig im Gesicht und am ganzen Körper - und immer noch angezogen. Ihr Wecker zeigte drei Uhr sieben. Mit bleischweren Gliedern erhob sie sich ächzend und verfluchte, nicht zum ersten Mal, ihre Pfunde. *Wenn ich doch nur nicht so fett wäre, dann würden mich die anderen Kinder bestimmt anerkennen. Dann wären sie nett zu mir, so, wie ich es verdiene.*

Sie streifte ihre Klamotten ab. Die waren jetzt bestimmt ganz verknittert. Auf einmal fing sie an zu frieren. Die Zähne klapperten ihr, sie zitterte am ganzen Leib. Schnell kroch sie wieder unter ihre warme Bettdecke – so wie tags zuvor über den dreckigen Fußboden im Klo. Brr, war der eklig gewesen. Bei diesem Gedanken zitterte sie trotz der Decke von Neuem. Es wollte einfach nicht aufhören, ihr wurde nicht warm.

Da setzte sie sich wieder auf die Bettkante, schlüpfte in die warmen Pantoffeln und ging zu ihrer Mutter ins Wohnzimmer hinüber, wo diese auf der ausgezogenen Couch unruhig schlief. Lore kroch zu ihr und kuschelte sich an ihre Mutter, die sie im Halbschlaf seufzend umarmte. Erst dann konnte auch Lore wieder in den Schlaf finden.

Am nächsten Morgen, einem Samstag, erwachte Lore davon, dass ihre Mutter sich aus der Decke schälte und aufstand. Mühsam fand sie wieder ins Hier und Jetzt. Der Geruch von Kaffee und der von kochender Milch drang an ihre Nase. Sie befreite sich aus der Decke und schlurfte in die Küche, wo ihre Mutter schon eifrig zugange war.

»Guten Morgen, meine Kleine«, begrüßte sie ihre Tochter und gab ihr einen Kuss.

»Mama, ich muss abnehmen«, verkündete Lore entschlossen.

2. Wie nimmt man ab?

Ihre Mutter starrte sie an, als hätte sie gerade den Wunsch geäußert, nackt durch die Fußgängerzone zu laufen.

»Du willst wirklich abnehmen?« Ihre Mutter klang skeptisch. »Das hast du doch schon so oft versucht.«

»Ich weiß, Mama«, murmelte Lore und sah beschämt zu Boden. »Aber diesmal meine ich es ernst. Ich will meinen nächsten Geburtstag mit ganz vielen Freundinnen feiern. Ich will nicht mehr so fett sein!«

»Aber Schätzchen, du bist doch nicht fett!«, wiegelte ihre Mutter ab. »Du bist nur etwas mollig. Das wächst sich noch raus, das ist doch alles Babyspeck ...«

»Das ist kein Babyspeck, Mama! Und ich bin kein Baby mehr!«

Tränen der Wut schossen ihr in die Augen und sie lief schnell in ihr Zimmer und drehte den Schlüssel um. Mit dem Rücken lehnte sie sich gegen ihre Zimmertür, während sie laut schluchzte.

»Natürlich bist du kein Baby mehr«, hörte sie ihre Mutter ihr nachrufen.

»Bitte, Süße, ich habs doch nicht so gemeint!«, flehte sie jetzt vor Lores Tür. Erst nach einer halben Stunde ließ Lore sich erweichen, ihr Zimmer wieder zu verlassen. Stumm umarmte sie ihre Mutter, während ihr von neuem Tränen über die Wangen rollten.

»Es wird alles gut, meine Kleine«, flüsterte ihre Mutter. »Es wird alles …«

»Nein, Mama!«, rief Lore und löste sich aus der engen Umarmung. »Es wird nicht alles gut! Jedenfalls nicht von alleine. Wie kann ich abnehmen lernen?«

Ihre Mutter betrachtete sie so, als hätte sie sie noch nie gesehen. Es dauerte ein paar Sekunden, bevor sie antwortete.

»Am besten wird es sein, wir gehen zu deinem Kinderarzt, Dr. Lehmann. Der hat bestimmt eine gute Idee. Das geht aber erst nächste Woche.«

»Machst du bitte einen Termin für mich? Gleich am Montag?«

»Wenn du das wirklich willst.«

»Ja, ich will!«

Das Wochenende schlich dahin wie zäher Kaugummi. Am Samstagnachmittag besuchten sie Lores Oma im Seniorenheim. Sie aßen zusammen Kuchen, aber Lore bestand diesmal auf einen Obstkuchen ohne Sahne. Oma gratulierte Lore auch noch einmal zum Geburtstag, aber sie war doch schon ziemlich vergesslich. Wenn sie nicht von früher erzählte, dann brachte sie vieles durcheinander. Lore bedankte sich für das schöne Geschenk, doch ihre Oma blickte sie verständnislos an. Da holte Lore den Mondanhänger unter ihrem Pullover hervor und zeigte ihn ihrer Oma.

»So einen habe ich auch!«, rief diese lebhaft. »Ich muss nachher mal schauen, wo er ist.«

Mit offenem Mund starrte Lore zu ihrer Großmutter herüber. Lores Hand mitsamt der Kuchengabel blieb in der Mitte zwischen ihrem Teller und ihrem Mund in der Schwebe. Wusste Oma nicht mehr, dass sie Lore den Anhänger geschenkt hatte? Ein kalter Schauder überlief Lore bei diesem

Gedanken. Würde ihre Mama und später sie selbst irgendwann auch so werden?

Lore bemühte sich danach um freundliche Konversation, was ihr jetzt aber nicht mehr so recht gelingen wollte. Selbst ihr Lächeln geriet gezwungen, obgleich sie ihre Oma liebte.

Nach zwei Stunden war es für die alte Dame genug – und auch für Lore. Sie verabschiedeten sich von Oma und gingen wieder heim.

Das restliche Wochenende schaute Lore im Internet nach, was alles zum Abnehmen empfohlen wurde. Sie blickte da bald nicht mehr durch, so viele verschiedene Mittel gab es. Und alle versprachen schnellen Erfolg ohne Anstrengung. Dabei hatte sie immer gehört, dass Bewegung und Gemüse der richtige Weg wären. Bäh, sie mochte Gemüse nicht wirklich. Und Bewegung – o mein Gott, das erinnerte sie nur an die furchtbaren Sportstunden. An all die grässlichen Demütigungen, denen sie da regelmäßig ausgesetzt war. Und das sollte sie aus eigenem Antrieb machen? Und sich auslachen lassen, weil sie das alles nicht konnte? So langsam bekam sie Zweifel. Ob sie das schaffen würde? Oder ob sie nicht lieber eine Pille nehmen sollte, um auf diese Weise Gewicht zu verlieren? Das klang viel besser. Es klang machbarer. Sie machte sich eifrig Notizen, damit sie Dr. Lehmann danach fragen konnte. Sollte der ruhig sehen, wie ernst es ihr diesmal war.

So sehr das Wochenende sich bis Sonntagmittag auch hingezogen hatte, so plötzlich war es wieder Montagmorgen. Mit einem sehr mulmigen Gefühl packte Lore ihren Turnbeutel für die letzten beiden Stunden. Sie hasste Sport. Doch da sie sich nun mal vorgenommen hatte, abzunehmen, dachte sie, dass sie sich wohl mit Sport würde abfinden müssen. Wenn das überhaupt half. Bei dem, was sie im Schulsport machen mussten, bezweifelte sie eine positive Wirkung.

Lore verfolgte genau, dass ihre Mutter den Termin mit Dr. Lehmann absprach, bevor Mutter sich auf den Weg zur Arbeit machte. Leider ging es kurzfristig nur am Dienstagvormittag, doch sie wäre an diesem Tag von der Schule befreit. Gut. Der Arzt würde ihr ein Attest mitgeben, sozusagen eine Entschuldigung vom Doktor.

Für heute nahm sich Lore ganz fest vor, die Mädchen zur Rede zu stellen, die an ihrem Geburtstag nicht gekommen waren. Diesmal würde sie das Ganze nicht auf sich beruhen lassen. Mit ganz neuer Energie machte sie sich auf den Weg zur Schule.

Je näher sie mit dem Bus jedoch dem Schulhof kam, desto mehr schwand die Entschlossenheit, die sie eben beim Verlassen der Wohnung noch beseelt hatte. Stattdessen schlich sich wieder die Angst in ihr Hirn. Die Angst vor den fiesen Attacken ihrer Mitschüler, die Angst vor erneuten Demütigungen während der Sportstunden. Egal, was sie da machten: Immer war Lore das Ziel von tausend Nadelstichen. Letztens hatten sie Völkerball gespielt. Lore war zu langsam gewesen, um einen Ball zu erobern. Und ebenso war sie zu langsam, um rechtzeitig auszuweichen, wenn sie von ihren Mitschülern mit voller Wucht abgeworfen wurde. Sie bot Ziel genug. Das musste sich dringend ändern. Aber noch war sie so dick wie eh und je. Und das würde sie auch heute wieder büßen müssen. Sie wusste es ganz genau.

Als sie sich dem Tor zum Schulhof näherte, sah sie durch Zufall, wie ein sehr vornehmer, dunkelblauer Mercedes vielleicht zehn Meter vor ihr am Straßenrand hielt. Die Tür zum Gehsteig öffnete sich und dem Wagen entstieg – Saskia, ihre Erzfeindin. Neugierig blieb Lore stehen und schaute zu ihr hin. Saskia schien sie gar nicht zu bemerken. Auf der Fahrerseite mühte sich gerade ein großer, ziemlich dicker Mann aus dem Auto und ging zu Saskia hinüber. War das Saskias Vater? Sie schienen sich zu unterhalten, jedoch hatte Lore den Eindruck, dass Saskia mit dem Mann einen Streit hätte. War es nun Wunschdenken von Lore oder gab Saskia gerade eine patzige Antwort? Der große Mann jedenfalls scheuerte Saskia eine, aber so heftig, dass diese ins Straucheln geriet. Und jetzt brüllte er so laut, dass auch Lore es aus der Entfernung hören konnte: »Du verblödetes Gör, wag es ja nicht, mir noch einmal mit einer Fünf unter die Augen zu treten! Reicht es nicht, dass du schon einmal hängen geblieben bist?«

Lore bekam große Augen. War das Saskias Zuhause? Ein Vater, der sie schlug? Und jetzt wandte sich Saskia von ihrem Vater ab, sie drehte sich halb um, in die Richtung, wo Lore immer noch stand und sich nicht von der Stelle bewegen konnte. Als wäre sie mit einem Lähmungszauber belegt worden. Nur Augenblicke später trafen sich ihre Blicke. O Gott, stöhnte Lore innerlich, sie hat mich gesehen! Und sie weiß, was ich gerade gesehen habe! Was wird sie nun mit mir machen? Wird sie mich im Klo ertränken?

Ihre Beine zitterten, als sie vorsichtig einen kleinen Schritt in Richtung Schultor tat. Zaghaft tat sie noch einen zweiten. Ihre Knie waren zwar weich wie Butter, aber irgendwie trugen sie sie weiter an die Schule heran. Sie ließ Saskia Vorsprung. Die war so schnell sie konnte in die Schule geflohen.

»Fette Sau, fette Sau!«, hob Lores Fanchor wieder an. Heute war es ihr egal. Sie hörte es kaum, so sehr beschäftigte sie, was sie gerade ungewollt gesehen hatte. Zerstreut lief sie zu ihrem Platz in der Klasse und setzte sich nieder. Ein lautes Furzgeräusch erscholl.

»Ihhh, die furzt schon wieder!«

Doch Lore reagierte nicht, zog nur das Furzkissen unter ihrem Hintern hervor und ließ es kommentarlos zu Boden fallen, wo Jerome es sofort wieder an sich nahm, als wäre es sein größter Schatz.

»Mein armes Furzkissen. Ist ganz platt jetzt!«, lachte er dabei. Ein paar Kinder stimmten ein. Aber Saskia tat diesmal nicht mit. Ungewöhnlich war das, aber Lore tat es gut. Da nun auch Herr Fischer den Raum betrat und mit dem Matheunterricht begann, blieb es diesmal dabei.

In der großen Pause nahm Lore Aischa beiseite und fragte sie ganz deutlich: »Warum warst du am Freitag nicht bei meiner Geburtstagsfeier? Hattest du nicht zugesagt?«

Aischa lächelte sie schüchtern an.

»Isch nix verstehen. Ge – buts – tag – fer?«

Das Mädchen schien tatsächlich nicht zu wissen, wovon Lore da redete. Diese großen, seelenvollen Augen logen nicht. Sie blickte Lore verwirrt und arglos an.

»Na gut«, sagte Lore. »Du wusstest wohl wirklich nichts.«

Und damit ließ sie das Mädchen stehen. Gerade eilte Kristin über ihren Weg.

»Halt, Kristin, einen Augenblick mal!«

»Was willst du?«, schnarrte Kristin unfreundlich.

Lore atmete tief durch. »Du warst zu meiner Geburtstagsfeier eingeladen. Am Freitag. Warum bist du nicht gekommen?«

Kristin zuckte mit den Schultern.

»Vergessen«, warf sie Lore entgegen und schickte sich an, weiterzugehen. Doch Lore hielt sie am Arm fest.

»Lass mich los, Fettkloß«, murrte Kristin. Aber Lore ließ sich nicht aus dem Konzept bringen, diesmal nicht.

»Vergessen?«, fragte sie ungläubig.

»Ach, keine Ahnung!«, knurrte Kristin. »Überhaupt warst du ja krank! Ich wollte mich doch nicht anstecken und das ganze Wochenende auf dem Klo verbringen – mit einem Eimer auf dem Schoß!«

Damit riss sie sich los und war im Gewimmel des Schulhofes verschwunden.

Lore starrte ihr verdattert hinterher. Das hatte sie nicht erwartet. Kristin schien sie ja wirklich gar nicht leiden zu können. Vergessen! Zornestränen stiegen in Lore auf. Wie kann man nur eine Geburtstagseinladung vergessen?

Allerdings konnte es sein, dass ihre Klassenkameradinnen dachten, sie sei krank. Dann verstand sie aber nicht, dass sie sich nicht wenigstens telefonisch oder über das Schülernetz nach ihr erkundigt hatten. Keiner hatte nachgefragt, wie es ihr ging – und das an ihrem Geburtstag. Wenn Saskia das passiert wäre – die halbe Klasse hätte mit ihr gechattet! Aber sie, Lore, konnten ja alle übergehen! Wie es ihr ging, schien wahrhaftig keine Sau zu interessieren. Wütend wischte sie sich eine Träne aus dem Gesicht und hielt Ausschau nach den beiden anderen Mädchen. Bald hatte sie sie entdeckt. Sie spielten mit einigen anderen Kindern Kriegen. Na toll, dachte Lore, an die komme ich jetzt nicht ran. Sie behielt die beiden aber weiterhin im Auge, damit sie sie gleich beim Hereinkommen abfangen und zur Rede stellen konnte.

»Wehe, du erzählst irgendjemandem was davon, was heute Morgen passiert ist!«, flüsterte es da bedrohlich nahe bei ihrem Ohr. Lore fuhr erschrocken herum. Hinter ihr stand Saskia, starrte ihr mit eiskaltem Blick in die Augen. Lore konnte sich auf einmal nicht mehr bewegen. Wie ein Kaninchen vor der Schlange fühlte sie sich.

»Was…?«

»Du hast nichts gesehen!«, zischte die Schlange weiter. Und als Lore keine Antwort gab, fuhr sie fort: »Du glaubst, was ich bisher mit dir gemacht habe, wäre schlimm? Ein Wort darüber zu irgendjemandem in der Klasse, und du wirst die richtige Hölle auf Erden kennenlernen, das verspreche ich dir! Und jetzt mach den Mund zu, es zieht!«

Das Kaninchen schloss den Mund und nickte benommen. Und schon, gleich einem Spuk, war Saskia verschwunden.

Was hatte das nun wieder zu bedeuten, fragte sich Lore. Saskia schien große Angst zu haben, dass es sich herumsprach, wie übel ihr Vater drauf war. Dann war das vermutlich immer so – und bei dem Gedanken wurde ihr ganz schlecht. In ihrem Innersten war sie auf einmal dankbar für ihre eigene Mutter und für den liebevollen Vater, den sie in Erinnerung hatte. So etwas hätte ihr Vater niemals getan. Egal, mit welchen Noten sie nach Hause gekommen wäre. Und ihre Mutter auch nicht.

Aber wie half ihr das in Bezug auf Saskia weiter? Gar nicht, vermutete sie. Diese Ziege würde ihre Drohung wahr machen, das war gewiss. Noch mehr Hölle konnte Lore nicht ertragen und war auch nicht bereit, sich das vorzustellen. Noch mehr Hölle wäre ihr Ende.

Kaum hatte sie sich von Saskias verbalem Angriff erholt, da klingelte es zur dritten Stunde. Deutsch. Im ersten Moment wusste Lore nicht einmal mehr, ob sie ihre Hausaufgaben auch gemacht hatte. Wie betäubt wankte sie in Richtung Klassenraum.

Zwei Deutschstunden später klingelte es zur nächsten Hofpause. Lore passte auf und es gelang ihr, Sarah am Arm zurückzuhalten, ihren dritten »Geburtstagsgast«. Lea war schon hinausgelaufen und Lore wollte jedes der Mädchen einzeln sprechen.

»Warum bist du nicht zu meiner Geburtstagsfeier gekommen?«, fragte sie ruhig. Sarah wich dem Augenkontakt aus, sie schien sich unwohl zu fühlen bei der Frage.

»Lass mich vorbei«, verlangte sie. »Ich will auf den Hof!«

»Warum?«, wiederholte Lore ruhig, obwohl es in ihrem Innersten kochte.

»Ach, ich weiß nicht«, wich sie aus. »Saskia und Bernadette hatten mich eingeladen, mit ihnen und ein paar anderen coolen Mädchen shoppen zu gehen«, gab sie leise zu.

»Und ich – ich bin nicht cool genug?«

Lore merkte, wie ihre Stimme brüchig wurde. Ihr Hals tat ihr weh wie bei einer schlimmen Angina. Doch nahm sie sich gewaltsam zusammen und nickte. So hatte es diese miese Intrigantin Saskia gemacht. Jetzt hätte sie ihr noch ein Dutzend weitere Ohrfeigen von ihrem Vater gewünscht – und zwar vor all ihren ach so coolen Freundinnen! Jede einzelne hätte sie an Lore verdient gehabt!

Sarah versuchte, sich an Lore vorbei aus dem Raum zu drängeln. Die Lehrerin, Frau Holbein, kramte in ihrer Tasche nach dem Schlüssel.

»He, ihr beiden, ihr müsst jetzt hier raus.«

Kaum hatten sie den Gang betreten, da wartete Lea auf ihre Freundin. Sie schaute Sarah fragend an. Lore konnte ihr ansehen, welche Frage Lea im Kopf herumging: Was hast du mit der Fetten zu besprechen?

Schnellen Schrittes ging Lea auf Lore und Sarah zu.

»Was gibt es denn mit der zu bereden?«, fragte sie Sarah, sobald sie sie erreicht hatte.

Sarah schwieg. Lore aber ärgerte sich darüber, dass Lea über sie sprach, als sei sie gar nicht zugegen, und dann auch noch mit »Die da«. So nahm sie einen weiteren Anlauf: »Warum warst du am Freitag nicht bei meiner Geburtstagsfeier?«

Lea sah sie zunächst ungläubig und verblüfft an, dann jedoch brach sie in lautes Gelächter aus. Lore blickte sie die ganze Zeit an, fixierte sie geradezu mit Blicken.

»Das meinst du doch nicht ernst, oder, du Fressmonster? Schau dich doch mal an! Meinst du, ich lasse mich mit dir blicken? Meinst du, ich will einen Kuchen bei dir und deiner Schweinemutter essen, von dem ich so fett werde wie du?«

Mit offenem Mund hörte Lore diese Beleidigungen an. Sie wusste darauf nichts zu sagen. Ihr war, als hätte Lea sie mit einem Brett vor den Kopf geschlagen.

Derweil griff Lea Sarahs Arm und zog sie mit sich fort.

»Ist fett sein eigentlich ansteckend?«, fragte Lea noch über die Schulter zurück, während Sarah rot angelaufen war und sich offenbar schämte. Sarah war die Einzige, die sie nicht beleidigt hatte. Dennoch – nicht eines der Mädchen hatte sich bei Lore entschuldigt.

Lore schluckte hart. Tränen brannten in ihren Augen. Aufs Klo zu gehen aber traute sie sich nicht, nach dem, was gerade erst vor ein paar Tagen passiert war. Also drückte sie sich auf dem Hof herum, so unauffällig, wie es ihr möglich war. Sie musste sich jetzt nämlich auf noch sehr viel mehr Demütigungen einstellen als sonst. Die Doppelstunde Sport stand auf dem Plan. Dieses Fach hätte man ihrer Ansicht nach sofort ersatzlos streichen können.

Alle, die beliebt waren, waren gut in Sport. In einem einzigen Fach. Während Lore doch in so vielen Fächern gut abschnitt – außer in Sport.

Die einzige Sportart, die Lore mochte, war Schwimmen. Da hatte sie weitaus weniger Probleme. Wenn auch die anderen immer gespottet hatten, Fett schwimme eben oben.

Aber der Schulsport, der zum größten Teil auf Laufen, Weitsprung und Ballwerfen ausgerichtet war - oder – noch schlimmer – auf Geräteturnen: Nein, das war in keiner Weise etwas für Lore. Beim Laufen keuchte sie schon nach einer halben Runde wie ein Wasserkocher. Die Seiten und die Beine, die Füße und die Knie taten ihr furchtbar weh. Wenn sie das aber sagte, bekam sie zu hören »Ohne Sport bleibst du so dick. Du musst viel mehr Sport machen als alle anderen.«

Und im Moment waren Stufenbarren und Kasten angesagt. Einmal hatte Lore den ganzen Kasten umgeworfen, sehr zur Erheiterung der ganzen Klasse. Sogar die Lehrerin hatte gelacht.

Wer wusste schon, was ihr heute bevorstand? Hoffentlich kein Handstand oder gar Radschlagen. Seufzend schlich sie zur Turnhalle herüber, als ihr einfiel, dass sie ja ihren Turnbeutel noch im Klassenraum liegen hatte. Verdammter Mist!

Glücklicherweise war sie nicht die Einzige. Als sie dann verspätet und schnaufend wie eine Dampflok im Umkleideraum ankam, waren die anderen schon fertig und liefen alle in die Turnhalle. Zwei Minuten verspätet stellte sie sich zu den anderen Mädchen.

»Lore, das sind fünf Minuten zu spät!«, grinste die Lehrerin, Frau Kirsch.

»Aber es sind doch erst zwei Minuten…«, wagte Lore einzuwenden.

»Acht Minuten Verspätung!«, brüllte Frau Kirsch plötzlich los: »Lore, das geht gar nicht!«

Acht Minuten? Lore wurde schwach. Das stimmte doch gar nicht! Aber ihre Klassenkameraden lachten nur, als hätte diese Kuh von Lehrerin einen guten Witz gemacht. Wieso hatte sie erwartet, es würde sich auch nur ein einziger Mensch für die Wahrheit einsetzen? Für jede andere Schülerin und jeden anderen Schüler hätte sich bestimmt jemand gefunden, der sich für ihn oder sie eingesetzt hätte. Nur für Lore nicht. Warum war das so ungerecht? Sie biss sich auf die Lippen, um nicht zu weinen.

In der ersten Stunde sollte jeder Schüler und jede Schülerin einmal am Tau bis unter die Hallendecke klettern. Das waren bestimmt vier Meter. Lores Magen kribbelte. Da rauf? Sie schaute nach oben. Das konnte sie niemals schaffen.

»Wer bis zur Hälfte kommt, bekommt eine Drei. Wer es schafft, bis einen Meter unter die Decke zu klettern, bekommt eine Zwei. Und wer ganz oben ankommt, der hat eine eins.«

Also würde es für sie wieder mal eine Fünf werden, das konnte Lore förmlich riechen.

»Es klettern immer zwei Schüler gleichzeitig, damit ihr euch gegenseitig anfeuert. Zuerst Marcel und Jerome!«, bestimmte Frau Kirsch.

Die beiden Jungs spuckten in die Hände und machten sich ans Werk. Marcel schaffte es bis zur Mitte, wo er keuchend und sich ängstlich festklammernd verharrte. Jerome kletterte noch ein Stück höher.

»Los, Marcel, das schaffst du!«, wurde der rechte Kletterer angefeuert. »Na los, ein Stückchen noch!«

Ebenso riefen die anderen Jerome zu, er sollte sich noch höher hinauf wagen.

Auf der einen Seite skandierten die Schüler »Marcel, Marcel!«, auf der anderen »Jerome, Jerome!«

Beide Jungen blickten nun abschätzend sowohl nach oben als auch nach unten. Marcel machte einen zaghaften Armzug mehr, klammerte sich dann aber wieder an das Seil wie der Ertrinkende an das berühmte Rettungsboot. Jerome dagegen hatte seine letzten Kräfte mobilisiert und kam ganz oben an, nicht ohne das mit einem Freudenschrei kundzutun.

»Die erste Eins!«, jubelte die Lehrerin und notierte etwas in ihrem kleinen roten Notizbuch. Die Kinder auf Jeromes Seite brachen in ein Freudengeheul aus. Langsam und vorsichtig machte sich Jerome an den Abstieg und wurde unten mit Gratulationen und Schulterklopfen begrüßt. Marcel hingegen, der eine Drei geschafft hatte, ließ sich enttäuscht zu Boden gleiten, wenig beachtet von seinen vorherigen Fans.

So ging das Ganze noch eine Weile weiter, bis Lore dran war.

Unerbittlich war sie weiter gerückt und nun schoben die anderen sie feixend unter das Seil.

»Geht bloß beiseite. Die plumpst doch gleich runter wie eine faule Birne!«, höhnten mehrere Schüler und lachten hämisch dabei. Lore hatte sich so weit nach hinten geschoben, dass sie jetzt als einzige übrig war und somit nun die volle Aufmerksamkeit der ganzen Klasse sowie der Lehrerin bekam. Das hatte ihr gerade noch gefehlt!

Ihre Handflächen waren schwitzig. So oft sie sie auch an ihrer Hose abwischte, sie wurden sofort wieder nass. Von ihrer Stirn liefen jetzt schon Bäche, obwohl sie das Tau noch nicht einmal angefasst hatte.

Ihre Klassenkameraden bemerkten es auch.

»Schaut mal, die fette Sau schwitzt ja jetzt schon!«

»Und wie rot die ist! Wie eine Tomate!«

»Los, Lore. Hoch ans Seil!«, befahl Frau Kirsch in hartem Ton und wies mit ihrem durch den ausgestrecktem Arm verlängerten Zeigefinger zur Decke empor.

Lahm trat Lore noch einen kleinen Schritt vor, brachte sich unter dem Gekicher ihrer Mitschüler in Position.

»Die schafft keinen Meter, wetten?«, hörte sie aus der Ecke der Jungs.

Sie streckte die Arme aus und versuchte, sich zumindest auf den Knoten am Ende des Seiles zu setzen. Das Seil schwang hin und her und es knackte bedenklich. Mühsam kämpfte sie darum, ihre Füße auf den Knoten zu bewegen, wie sie das jetzt schon so oft bei den anderen gesehen hatte. So schwer konnte es nicht sein, jeder der anderen hatte es geschafft. Warum nur gelang ihr das nicht? Verzweifelt bemühte sie sich, einen festen Halt zu finden. Doch sie rutschte immer wieder mit den Schuhen ab und ihre nassen Hände glitten erbarmungslos an dem Tau nach unten. Die harten Fasern schnitten ihr in die Hände. Noch ein Versuch, den Knoten mit den Füßen zu erwischen und noch einer. Da plötzlich fühlte sie tatsächlich Halt und es gelang ihr, sich nach oben zu drücken. Sie stand jetzt auf dem Knoten und schwang hin und her. Innerlich jubelte sie. Doch ihre Freude währte nicht lange. Der Knoten unter ihr löste sich und sie rutschte mit einem schrillen Schrei ohne Halt auf die Matte, wo sie mit einem schweren Plumps unsanft auf dem Rücken landete.

»Na, du hast es wenigstens versucht. Fünf!«, war das vernichtende Urteil der Lehrerin. Lores Hände brannten und sie bekam durch den Sturz kaum Luft. Die anderen lachten immer noch.

»Glückwunsch, Fettsau, das war ein toller Abgang!«

»Den könnte man direkt als olympischen Abgang einführen. Der Rückenklatscher. Sehr elegant.«

»Besonders, wenn man dabei liegen bleibt, die Arme und Beine zur Decke streckt und nach Luft schnappt.«

Es klingelte zur Fünfminutenpause. Die ersten Jungs machten Lores Landung auf der Matte nach. Und die Lehrerin griff nicht ein.

In der zweiten Stunde wurde es für Lore zwar kaum schlimmer - denn was konnte dieses Debakel denn noch überbieten, welches sie soeben erlebt hatte? – aber auch nicht viel besser. Es sollten zwei Mannschaften gebildet werden für Ball über die Schnur.

Lore hasste dieses Spiel. Und sie hasste es, wenn Mannschaften gebildet wurden. Bang äugte sie nun zu den beiden Mannschaftsführern, Leo und Bernadette, herüber. Und es geschah alles ganz genauso, wie sie es schon kannte. Abwechselnd riefen beide Schüler die Namen von anderen Mädchen und Jungen auf, beriefen diese damit in ihre Mannschaft. Das lief immer gleich ab, und die ersten, die genannt wurden, waren die Beliebtesten in der Klasse. So ging immer weiter, bis nur noch sie und Kristin übrig waren.

»Kristin!«, rief Leo und das Mädchen bewegte sich mürrisch und im Tempo einer Schnecke auf ihre Mannschaft zu.

Bernadette schaute nur kurz und genervt zu Lore hinüber, fand es aber nicht einmal der Mühe wert, ihren Namen laut zu nennen.

Stattdessen unkten Lores Mannschaftskameraden, zu denen natürlich selbstredend auch Saskia gehörte, sofort los: »Wir werden bestimmt verlieren. Wir haben ja den Fettklops!«

Lore tat das Herz weh. Warum mussten sie das so offen sagen?

Die ganze Zeit in der Umkleidekabine erzählten sich die Mädchen von der lustigen Turnstunde mit Lore am Seil. Sie hatten tatsächlich verloren und mussten sich nun wieder aufmuntern. Immer und jedes Mal gaben sie Lore die Schuld, wenn eine Mannschaft verlor, in der sie war. Einmal hatten sie sogar gesagt: »Wir haben gewonnen, obwohl wir die Fette hatten!« Als wäre sie eine Garantie, dass ihre Mannschaft verlor. Und als hätte sie keinen Anteil daran, wenn ihre Mannschaft gewann. Lore tat das Herz weh, wenn sie daran dachte, wie ungerecht das alles war. Und sie konnte es absolut nicht verstehen.

Sie trödelte, so gut sie konnte, damit Saskia und Bernadette schon gegangen waren, bevor sie sich auf den Rückweg von der Schule machte. Vorsichtig lugte sie zum Schultor hinaus und auch nach rechts und links. Saskias blauer Anorak und Bernadettes Kuhfellmantel waren nirgends zu sehen. Sie ließ sich Zeit und den beiden Mädchen damit einen größer werdenden Vorsprung, wie sie hoffte. Doch als sie an die Ecke kam, wo der Bäcker war, da sah sie schon von Weitem die beiden auf den Treppenstufen sitzen und sich eine Streuselschnecke teilen. Leider hatten die beiden Mistziegen sie auch schon bemerkt. Das sah sie an der plötzlichen Bewegung von Bernadette, die ihre Kumpanin anstieß und auf Lore zeigte. Daraufhin standen sie beide langsam auf und schlenderten wie absichtslos auf Lore zu.

»Da ist sie ja wieder, die fette Sau!«, rief Saskia laut genug, dass Lore es hören konnte, aber nicht so laut, dass die Passanten stehen geblieben wären. Lore stoppte, wie eine Maschine, die jemand abgeschaltet hatte. In ihrem Bauch kribbelte es unheilverkündend. Ihre Knie waren weich wie warmes Kerzenwachs und ihre Beine trugen sie nicht einen Schritt mehr vorwärts.

Inzwischen war Saskia ihr ganz nahegekommen. Bernadette umrundete sie und näherte sich ihr von hinten. Lore sah nur einen Weg für sich, auf dem sie eine Chance hatte:

Sie rannte los, so schnell sie es bewerkstelligen konnte. Sie rannte Saskia einfach über den Haufen und flüchtete in die Bäckerei. Mindestens zwanzig Glöckchen über der Tür begannen heftig zu klingeln, als sie den Laden stürmte. Plötzlich, im Moment der Gefahr, hatte sie ihre Beweglichkeit wiedererlangt. Nur leider nicht schnell genug: Bernadette schaffte es noch, ihr mit Wucht in den Hintern zu treten.

»Friss noch mehr, dann nimmst du noch weiter zu!«, rief Saskia ihr voller Hass hinterher. »Bis du eines Tages nicht mehr durch die Türen passt, du Rhinozeros!«

Den zweiten Satz hörte Lore nur noch gedämpft, weil die Ladentür zugefallen war.

Tränen stürzten Lore aus den Augen, als sie jetzt im Geschäft stand. Sie konnte nicht einmal etwas kaufen, sie hatte gar kein Geld dabei. Ihr war plötzlich ganz schwindelig. Verschwommen sah sie die Leckereien in der Auslage, roch den süßen Duft nach Vanille – und das Wasser lief ihr im Mund zusammen.

Hinter dem Tresen standen zwei Verkäuferinnen. Eine davon war fast so mollig wie Lore. Diese hatte sie mit vor Schreck offenem Mund angestarrt. Offenbar hatte sie die Szene mitbekommen und Lore schien ihr leidzutun. Entschlossen kam sie hinter der Verkaufstheke hervor und auf Lore zu.

Jetzt, wo Lore stehen geblieben war, tat ihr der Hintern weh, dort, wo Bernadettes Stiefel sie getroffen hatte. Ihre Hände wanderten instinktiv nach hinten.

»Hat sie dich getreten?«, fragte die Verkäuferin voller Anteilnahme.

»Ja!«, flüsterte Lore erstickt. Ihre Kehle war nur zu diesem wehen, heiseren Laut fähig.

»Arme Kleine!«

Die Verkäuferin nahm Lore in ihre weichen Arme und drückte sie sanft an ihren üppigen Busen. »Armes Kind. Das tut mir leid. Tut es noch weh?«

Lore nickte stumm, während ihr die Tränen herunterliefen, als sei ein Staudamm gebrochen.

Ohne etwas zu sagen, führte die Verkäuferin Lore nach hinten in einen Raum, der aussah wie eine Küche. Sie hielt sie weiter fest und streichelte ihr tröstend über das Haar, ließ sie einfach weinen.

Lore beruhigte sich allmählich und ihr Schluchzen ging in ein Hicksen über. Nun fragte die Verkäuferin: »Ist es immer so für dich?«

Wieder nickte Lore.

»Wie heißt du denn, meine Kleine?«

Sie sagte es.

»Ich«, stellte die Verkäuferin sich vor »heiße Monika. Aber alle nennen mich Mona. Möchtest du einen Tee, Lore? Oder einen Kakao? Vielleicht eine Mohnschnecke?«

»Ich kann aber nicht bezahlen.«

»Du bist eingeladen«, sagte Mona. »Du musst den Schreck verdauen über das, was dir eben passiert ist. Und ich auch.«

Damit holte sie für sich und für Lore ein süßes Teilchen und bereitete einen schönen Pfefferminztee zu. Auf Lores Gesicht kehrte ein schüchternes Lächeln ein. So freundlich war außer ihrer Mama noch selten jemand zu ihr gewesen.

»Danke – Mona«

Doch Mona winkte ab.

»Kleinigkeit!«

So saßen sie ein paar Minuten später Tee schlürfend und kauend beisammen. Dann sagte Mona: »Weißt du, ich wurde auch immer von meinen Klassenkameraden geärgert, weil ich so dick war. Und das ist gemein. Das verdienst du nicht. Magst du mir erzählen, was dir heute so alles passiert ist, Lore?«

»Aber – müssen Sie denn nicht arbeiten?«

»Ich habe jetzt Pause. Und vorne ist sowieso nichts los. In meiner Pause kann ich machen, was ich will. Also, wenn du dir das alles von der Seele reden möchtest, nur zu. Du hast eine halbe Stunde Zeit.«

Und da, unter Monas teilnahmsvollen Blicken, brachen all ihre furchtbaren Erlebnisse der letzten Tage aus Lore hervor. Mona war schockiert.

»Was willst du dagegen tun?«

»Abnehmen!«, verkündete Lore und zuckte mit den Schultern.

»Ich drücke dir die Daumen, dass du das schaffst. So, und nun muss ich tatsächlich wieder arbeiten. Jetzt hat meine Kollegin Pause.«

Lore stand auf und nahm ihre Schultasche.

»Du kannst gerne noch ein Weilchen sitzen bleiben, wenn du möchtest. Wir wollen ja, dass du jetzt unbehelligt nach Hause gehen kannst.«

Lore schaute sich unschlüssig um, dann jedoch sagte sie: »Ich muss jetzt gehen. Die warten nicht so lange. Und ich will nicht, dass sich meine Mutter Sorgen macht.«

Mona nickte. »Da hast du natürlich recht. Wenn du noch einmal in Not bist oder reden willst – hier bei mir in der Küche ist immer ein warmes Plätzchen für dich. Wir Dicken müssen doch zusammenhalten, nicht wahr? Und wenn diese beiden Mädchen noch einmal meine Bäckerei betreten, dann bediene ich sie nicht. Die fliegen achtkantig raus.«

Sie lachte.

»Danke!«, flüsterte Lore noch einmal, bevor sie sie die Küche und die Bäckerei verließ.

Ihr weiterer Heimweg war ereignislos. Lore hatte recht gehabt: Sie hatten nicht auf sie gewartet. Ihre Mutter war noch nicht daheim, als sie die Wohnung betrat. In all ihrer Verwirrung hatte sie ganz vergessen, dass Mama heute länger arbeitete. Das würde heute also noch eine Weile dauern. So stellte Lore den Fernseher an, machte es sich mit Schokolade und Chips gemütlich, spielte auf ihrem Handy ihr Spiel weiter und wartete auf ihre Mama.

3. Doktor Lehmanns Vorschlag

Am nächsten Vormittag saß Lore gemeinsam mit ihrer Mutter im Wartezimmer von Dr. Lehmann, ihrem Kinderarzt. Es war ziemlich laut, die kleineren Kinder spielten in der Ecke und kommentierten ihre Spiele mit entsprechenden Geräuschen. Zwei Jungen spielten mit Bagger und Kran Baustelle. Ein dritter Junge schob einen Lastwagen und krabbelte an die anderen heran, ein lautes »Brumm, brumm!« ausstoßend. Lore beobachtete die Spielbaustelle, denn das lenkte sie von dem Gespräch ab, das ihr bevorstand.

Nicht lange, und sie wurden aufgerufen. Sie betraten das Sprechzimmer des Arztes, was Lore mit Unbehagen erfüllte, weil sie hier bisher fast jedes Mal eine Spritze oder andere unangenehme bis schmerzhafte Erfahrungen über sich hatte ergehen lassen müssen. Und obwohl sie das Gespräch gesucht hatte, fürchtete sie sich jetzt plötzlich davor.

Dr. Lehmann gab beiden die Hand zur Begrüßung und wendete sich dann gleich Lore zu.

»Ich habe gehört, dir ist es jetzt ernst mit dem Abnehmen?«

»Ja, Herr Doktor«, flüsterte Lore und fühlte eine heiße Welle in ihren Kopf steigen.

»Das ist gut, denn so geht es nicht weiter. Wir müssen das dringend stoppen mit deiner Gewichtszunahme. Sonst wirst du wahrscheinlich sehr krank ...«

»So schlimm ist es doch auch nicht, Herr Doktor«, mischte sich Lores Mutter ins Gespräch. »Lore war doch schon immer pummelig ...«

Ruckartig und mit Zorn in den Augen wendete sich der Arzt der Mutter zu.

»Aber dick geworden ist sie erst, nachdem ihr Vater gestorben war. Da begann die rapide Gewichtszunahme. Und das müssen wir dringend stoppen! Wissen Sie, wie viele Krankheiten nur vom chronischen Übergewicht kommen? Diabetes schon im Jugendalter. Gelenkerkrankungen und Abnutzungserscheinungen, die sonst erst viele Jahre später zu erwarten wären, und auch dann nur bei Menschen, die über zwanzig Jahre schwere Lasten tragen müssen. Herz-Kreislauf-Krankheiten, die so überflüssig sind wie ein Kropf. Denn man kann sich ja auch gesund ernähren und sich regelmäßig bewegen, dann kommt es erst gar nicht so weit!«

»Aber ...«, setzte Ihre Mutter an.

»Kein Aber!«, schnitt ihr der Arzt das Wort ab. »Soll ich ihnen mal zeigen, wie Ihre Tochter mit achtzehn aussehen wird, wenn die Gewichtszunahme so weiter geht? Wollen Sie, dass das Kind mit fünfundzwanzig Jahren neue Knie und mit dreißig Jahren neue Hüftgelenke braucht? Oder dass sie schon in jungen Jahren einen Herzinfarkt bekommt? Sie hat jetzt schon einen viel zu hohen Blutdruck!«

Der Arzt war immer lauter geworden bei diesen Worten. Jetzt atmete er tief durch, fuhr sich mit den Händen über das Gesicht, als wollte er seinen Zorn abwischen. Ein paar Sekunden lang war es still im Raum. Lore war plötzlich übel. Herzinfarkt? Wie ihr Papa? Es stimmte, richtig zugenommen hatte sie erst, nachdem ihr Papa nicht mehr da war. Weil Mama ein Jahr lang keine Kraft mehr gehabt hatte, Essen zu kochen. Es gab viel Fast Food und Lore hatte ihren Hunger mit Süßigkeiten gestillt. Sie blickte zu ihrer Mutter hin und bemerkte, wie bleich diese geworden war. Der Doktor sah es auch und fuhr nun in ruhigerem Ton fort:

»Entschuldigen Sie bitte. Das Thema ist mir sehr wichtig. Ich habe es hier mit jungen Menschen zu tun, wo die Schäden noch abwendbar sind. Ich habe auch die Menschen gesehen, wo sie eingetreten sind. Und ich möchte Lore davor bewahren.«

Lores Mutter nickte, schwieg aber. Sie sah aus, als sei ihr schlecht.

Der Doktor erklärte: »Dabei habe ich eine sehr gute Nachricht für Lore. Ich habe einen Platz für dich in einem Rehazentrum für Essstörungen gefunden. Da wirst du auch Schule haben, wie in einem Internat. Fünf Tage haben wir Zeit, ihn für dich wahrzunehmen.«

Und an Lores Mutter gewendet: »Ich würde Ihnen dringend dazu raten, den Platz zu nehmen. Denken Sie an das Wohl Ihrer Tochter!«

Lores Mutter nickte matt. Dann fragte sie: »Was ist das denn für ein Internat? Ist das teuer?«

»Das übernimmt in Ihrem Fall die Krankenkasse, dafür werde ich sorgen. Es ist eine Klinik mit angeschlossener Schule.«

Er tippte ein paarmal auf seine Tastatur ein und drehte den Bildschirm dann so, dass Lore und ihre Mutter ihn sehen konnten. Ein weißes, hohes Gebäude war dort zu erkennen, umgeben von einer grünen Wiese. Im Hintergrund konnte Lore eindrucksvolle Bergriesen erkennen.

»Die Klinik ist in Bayern. In der Hauptsache geht es dort darum, dass du es lernst, gesund zu essen und dass du selber einzuschätzen lernst, was dir guttut und was nicht. Dort sind lauter Kinder, denen es genauso geht wie dir, Lore. Ihr lernt dort mehr über gesunde Ernährung als die meisten Erwachsenen darüber wissen. Weil es aber ganz schön lange dauert, bis du genug abgenommen haben wirst, kannst du nicht ohne Schule sein. Deshalb werdet ihr dort auch unterrichtet. Die Schule geht ganz normal weiter, nur eben nicht in deiner Klasse hier, sondern dort in Bayern.«

»Wie lange wird das denn dauern?«

»Du bekommst den Platz für ein halbes Jahr.«

»Ein ganzes halbes Jahr? Ohne meine Lore?«, rief Lores Mutter entsetzt aus. Lore fühlte, wie ihr das Blut aus dem Gesicht wich. Ein ganzes halbes Jahr ohne ihre Mama?

»Sie können sie ja besuchen. Und Sie können skypen. Denken Sie an das Wohl Ihrer Tochter!«

»Aber dann bin ich ja Weihnachten in der Klinik!«, beschwerte sich Lore.

An Lore gewendet, nickte der Arzt ermutigend: »Ja, das stimmt. Du schaffst das schon. Deine Mama besucht dich bestimmt, oder?«

Lores Mutter nickte. Also stimmte auch Lore zu. Sie war wie benommen und ihrer Mutter schien es gerade ebenso zu gehen. Die Hand ihrer Mutter tastete nach der ihren und drückte sie. Lore gab den Druck zurück.

»Also gut, Herr Doktor«, krächzte ihre Mutter. »Lore soll den Platz nehmen.«

Der Arzt strahlte beide an.

»Dann gratuliere ich Ihnen beiden. Ich schicke Ihnen per E-Mail den Fragebogen zu, und Sie ergänzen die restlichen Teile, die wir nicht eintragen können. Das bekommen wir hin. Und damit wir den Bogen auch korrekt ausfüllen können, wiegen wir dich noch einmal und messen deine Größe. Ein paar kleine Untersuchungen müssen wir auch noch machen, weil wir die Ergebnisse eintragen müssen.«

Auch diese Dinge wurden erledigt, dann durften Lore und ihre Mutter gehen. Der Arzt gab beiden zum Abschied die Hand. Auf unsicheren Beinen verließ Lore die Praxis. Zu Hause durchstöberte sie das Internet nach der Klinik, in der sie das nächste halbe Jahr zubringen sollte. Dr. Lehmann hatte ihr einen Flyer mitgegeben.

Als sie am Mittwoch auf dem Weg in die Schule war, konnte nicht einmal ihr Lieblings-Handygame sie vergessen lassen, was ihr sicher wieder in ihrer Klasse bevorstand. Manchmal las Lore auch aktuelle Zeitungsartikel im Bus. Sie wollte so gerne Journalistin werden. Aber heute reichte ihre Konzentration dafür nicht. Sie hatte Angst, die anderen würden etwas ahnen. Und richtig, die anderen schienen bereits zu wissen, dass sie am Dienstag beim Arzt gewesen war.

»Warum warst du denn beim Arzt?«, fragte Bernadette sie vor der ganzen Klasse. Scheinheiliges Interesse schwang in ihrem Ton mit.

Lore schwieg. Was hätte sie denn dazu auch sagen können?

»Die hat bestimmt eine ansteckende Krankheit«, spottete Jerome.

»Bestimmt was mit der Verdauung, richtig?«, riet Saskia.

»Ich dachte, du wärst vielleicht geplatzt!«, vermutete Sophia. Saskia und Laura brachen in lautes Gelächter aus und zogen weitere Kinder mit. Lore wollte unsichtbar sein. Sofort. Geplatzt wäre sie wirklich fast, vor Wut. Aber was konnte sie allein schon ausrichten gegen so viele Leute? Diese Beschämungen mussten aufhören. Dringend. Sie musste nach Bayern, ganz egal, ob sie Angst hatte oder nicht. Und sie musste abnehmen. Schlimmer konnte es da auch nicht zugehen als hier. Nur dort hatte sie ihre Mama nicht. Aber sie würde hoffentlich auch weder Saskias noch Bernadettes in der Klasse haben. Das würden alles Kinder sein, die vermutlich Ähnliches erlebt hatten, wie sie selbst.

Irgendwie überstand sie den Schultag. Gott sei Dank war heute kein Sport. Ihre Klassenkameraden hielten jedoch die Erinnerung an die letzte Turnstunde lebendig, sodass Lore dieses Debakel nicht vergessen durfte. Ach, was würde es für eine Erleichterung sein, nicht mehr mit diesen Idioten in einen Klassenraum gesperrt zu sein.

Auf dem Rückweg ging sie in die Bäckerei zu ihrer Freundin Mona, um ihr von der aufregenden Neuigkeit zu erzählen: Sie würde nach Bayern fahren.

»Und wenn ich wiederkomme, dann bin ich spindeldürr. Dann erkennst du mich nicht mehr wieder!«

Mona lachte. Dann wurde sie ernster.

»Ich wünsche dir viel Glück!«, sagte sie freundlich.

In den nächsten Tagen ertappte Lore sich immer wieder dabei, wie sie sich die Klinik in Bayern in den schillerndsten Farben ausmalte. Nette Betreuer, nette Kinder. Und kein einziges Arschloch darunter. Endlich ein friedliches halbes Jahr. Niemand mehr, der sie quälen würde. Dafür jede Menge Kinder, mit denen sie über ihre Erlebnisse in dieser Klasse würde reden können. Und die mit ihr über eigene schreckliche Situationen reden wollten. Ein Paradies.

Dann wieder hatte sie Angst davor, es könnte dort so ähnlich sein wie hier. Sie hatte ja dort kein eigenes Zimmer mehr, in das sie sich würde zurückziehen können. Nur ein Bett und einen Schrankteil. Und einen Nachttisch für ihre persönlichsten Sachen.

So verbrachte sie die folgenden vierzehn Tage, während der Tag ihrer Abreise, der dritte November, stetig und bedrohlich näher rückte. Bald waren es noch sieben Tage, dann drei und schließlich nur noch einer. Morgen würde sie fahren. Doch sie fuhr ja nicht alleine. Ihre Mutter würde mitkommen. So fühlte sie sich nicht so einsam, als es am darauffolgenden Samstagmorgen endlich losging. Geschlafen hatte sie fast gar nicht, so kam es ihr vor. Ständig hatte sie überlegt, was noch fehlte. Immer wieder hatte sie das Licht angeknipst, in ihre Reisetasche geschaut und überprüft, ob sie auch ganz bestimmt alles eingepackt hatte. Sie hatte Sorge, wie es wohl werden würde in Bayern. Sie würde das Zimmer mit einem anderen Mädchen teilen. Ob die nett war? Hoffentlich war es keine zweite Saskia. Und hoffentlich würde sie schlafen können, wenn noch jemand im Zimmer war. Schließlich war sie das nicht gewohnt. Als dann quälend langsam der Zeiger ihres Weckers zur Weckzeit vorgerückt war und sie aufstehen musste, fühlte sie eine so bleierne Müdigkeit, dass sie am liebsten liegen geblieben wäre. Doch rappelte sie sich trotzdem auf die Beine, schwankte zu dem Stuhl, auf dem ihre Sachen lagen, und zog sich an. Draußen war es noch dunkel.

Laut gähnend schlurfte sie in die Küche, wo ihre Mutter schon eifrig dabei war, für sich einen Kaffee und für Lore Kakao zu machen.

»Guten Morgen, mein Engel«, lächelte ihre Mutter. Ach, sie würde ihre Mama vermissen. So würde sie dort bestimmt keiner nennen.

»Morgen, Mama«, erwiderte Lore und küsste ihre Mutter auf die Wange. Auf einmal hatte sie das Bedürfnis, ihre Mama fest in die Arme zu nehmen. Und kaum war sie diesem Drang gefolgt, strömte ihr eine ganze Flut von Tränen aus den Augen. Mama hielt sie auch fest, streichelte ihr über den schwitzigen Rücken und schaffte es, die Tränen zum Versiegen zu bringen.

»Es wird schon alles gut!«, beruhigte die Mutter sie. »Du kannst mich jederzeit anrufen. Auch mitten in der Nacht. Und Weihnachten komme ich dich besuchen. Du, da haben wir dann endlich mal Schnee!«

Lore nickte. »Du wirst mir so sehr fehlen«, flüsterte sie dann.

»Du wirst mir auch fehlen, mein Herz«, gab die Mutter zu.

»So, jetzt schau noch einmal, ob alles dabei ist. Warst du schon im Bad?«

Lore schüttelte den Kopf.

»Dann wird es aber Zeit. In einer halben Stunde kommt unser Taxi.«

Draußen war ein grauer, nebliger Novembermorgen angebrochen, mit leichtem Nieselregen. Typisch Hamburg. Im Taxi nahm Lore nur bunte Schlieren hinter den Fensterscheiben wahr. Tschüss, Hamburg, bis in einem halben Jahr, dachte Lore beklommen. Dann würde der Frühling anbrechen. Sie mochte den Frühling.

Kurze Zeit später saßen sie beide schon im Zug und ratterten Bayern und einer ungewissen Zukunft entgegen. Lore hatte kaum ihren Kakao herunterbekommen. Das Brot blieb liegen, was bei Lore sonst nur vorkam, wenn sie hohes Fieber hatte. Mutter hatte ihnen Brote für die Zugfahrt geschmiert. Sie konnte sie riechen. Und jetzt reagierte ihr Magen so, wie sie das von sich kannte: Er knurrte.

»Hast du Hunger, mein Schatz?«

»Ja«, antwortete Lore.

Ihre Mutter stand auf und holte das Proviantpaket aus der Reisetasche hervor. Sie hatte für sie beide Brote und für jeden eine Banane und einen Apfel eingepackt. Zufrieden schmausten sie beide.

»Gut, dass wir einen Fensterplatz genommen haben und einen Platz mit Tisch«, sagte die Mutter befriedigt. Lore nickte und vertilgte noch ihre Banane. Danach schien ihr Magen halbwegs zufriedengestellt zu sein.

Lores Blick glitt zu einem Jungen herüber, der sie mit einer Mischung von Ekel und Faszination betrachtete. Schnell schaute sie weg. *Das kommt nur, weil ich so dick bin,* sagte sie sich. *In einem halben Jahr wird das anders sein. Dann darf ich essen, ohne dass andere Leute sich daran stören.*

Die Fahrt nach Bayern war lang. Die vorüberziehende Landschaft langweilte Lore auf die Dauer. Irgendwann döste sie ein – und wurde, wie es ihr vorkam, nur Minuten später von ihrer Mutter wachgerüttelt.

»Lore, wir müssen gleich umsteigen, wir sind in einer halben Stunde in München!«

»Ach, Mama, ich bin so müde!«, jammerte Lore. Doch ihre Mutter blieb hartnäckig. Gähnend und leise stöhnend streckte sie sich. Kurz darauf kam die Lautsprecherdurchsage der Bahn, dass sie in Kürze in München halten würden. Und dass der Ausgang zum Bahnhof rechts wäre.

Beladen mit einem großen Koffer und zwei Taschen stiegen sie um in den Zug, der sie zu ihrem Ziel bringen würde. Draußen wurde es immer bergiger, so etwas hatte Lore noch nie gesehen. Fasziniert nahm sie die Schönheit und Majestät dieser Landschaft in sich auf. Hier gefiel es ihr. Wenn es rund um ihr Internat auch so schön aussah, dann konnte sie sich vorstellen, sechs Monate Urlaub hier zu machen. Sie lächelte. Die Zeit würde schon vergehen. Leise griff sie nach der Hand ihrer Mutter, doch diese war eingeschlafen. Lore hörte ihre ruhigen Atemzüge und ließ sie schlafen.

Drei Stationen später wurde die Mutter wieder wach und schaute verschlafen auf die Uhr.

»Wo sind wir?«, fragte sie Lore. Diese grinste sie fröhlich an.

»Nicht mehr weit«, antwortete sie. »Noch drei Stationen.«

»Dann gehe ich noch mal zur Toilette. Musst du nicht?«

»Nein, jetzt nicht, Mama.«

»Wie du meinst.«

Teil 2: Julia

1. Ankunft im Rehazentrum

In einem urigen kleinen Bahnhofsgebäude stiegen sie aus. Als sie in die Bahnhofshalle kamen, stand dort ein Mann mit Hut und Gamsbart dran. Er hatte einen Vollbart und ein sehr gutmütiges Gesicht und er hielt eine Tafel in der Hand.

»Lore Kröger«, stand darauf. Ihre Mutter sagte: »Komm, der Mann da vorne will uns abholen«, und steuerte auf den Hutträger zu. Lore folgte ihr etwas langsamer. Nun war es kein Traum mehr von einem Märchenschloss, auf dem alle Wunder wahr werden konnten. Nun begann es, Realität zu werden. Und auf einmal hatte Lore wieder Angst.

Ihr blieb aber keine andere Wahl, als ihrer Mutter zu folgen.

»Grüß Gott miteinand. Sie sind Frau Kröger?«, fragte der Mann mit bayrischem Einschlag. »Und das ist die Lore?«

Aufmerksam musterte er Lore. Dann ergänzte er: »Ich bin Xaver Underleitner, der Hausmeister« und streckte erst ihrer Mutter und dann Lore die Hand entgegen.

»Hattets eine gute Reise?«, fragte er höflich.

»Ja, es lief alles glatt«, erwiderte ihre Mutter lächelnd.

»Gut«, sagte er, ergriff den Koffer und schleppte ihn nach draußen zu einem Kleinbus. Daneben hatten es sich schon zwei weitere übergewichtige Kinder mit den dazu gehörigen

Müttern auf dem Gepäck bequem gemacht. Ein Junge und ein Mädchen. Der Junge wirkte überdimensional groß. Einmal kam das durch seinen Umfang. Wegen seiner auffallend großen Hände und Füße wirkte er aber auch plump. Er erinnerte Lore an einen See-Elefanten, den sie mal bei Hagenbeck gesehen hatte.

»Ihr seids die Letzten, die ich jetzt abhole. Nachher kommen noch mal zwoa.«

Lore hatte das Gefühl, ihre Beine bestünden aus Blei, so schwer bekam sie sie voreinander gesetzt. Ewigkeiten schienen zu vergehen, bis sie die Gruppe neben dem Bus erreichte.

»Das sind Lore Kröger und ihre Mutter Ursula Kröger«, stellte Herr Underleitner sie vor. »Und das sind Mirko Tollner mit Mutter Sabine – und Julia Paschulke und ihre Mutter Annegret. Machts euch bekannt, ihr werdets eine Weile miteinander auskommen müssen. Besonders«, dabei wendete sich der Hausmeister an Lore und Julia »ihr beiden. Ihr seids nämlich auf einem Zimmer!«

Lore warf einen aufmerksameren Blick auf das andere Mädchen. Julia hatte kurze blonde Haare, die künstlich verstrubbelt nach oben und in alle Richtungen von ihrem Kopf abstanden. Sie hatte ein herzförmiges Gesicht mit einem kleinen Näschen, auf dem Lore ein paar Sommersprossen zu entdecken meinte, und einem fröhlichen, großen Mund, dessen Winkel auch jetzt leicht nach oben wiesen. Das Einzige, was das Bild störte, waren mehrere Doppelkinne, die unter dem kräftigen Kiefer hervorlugten.

Lore sah, dass Julia sie ebenso genau musterte. Schließlich nickten die Mädchen einander grüßend zu, sagten aber beide kein Wort.

»Na, dann gehts jetzt los. Ladets euer Gepäck hinein und dann suchts euch einen Platz und schnallts euch an. Wir fahren eine halbe Stund naufi zur Klinik.«

Die ganze Fahrt über starrte Lore aus dem Fenster, darauf konzentriert, nicht an ihre Mitreisenden zu denken. Den anderen Kindern schien es genauso zu gehen, denn es wurde kaum ein Wort gesprochen. Jeder schien mit den eigenen Gedanken beschäftigt zu sein.

Schneller, als Lore es für möglich gehalten hatte, hielt Xaver das Auto an. Staunend sah sie das weiße Gebäude von dem Flyer vor der Bergkulisse tatsächlich vor sich stehen. Sie hatte das Bild so oft angeschaut, dass es ihr jetzt seltsam unwirklich vorkam, als stünde sie auf einmal an einem Ort aus einem ihrer Handyspiele.

Als sie ausstiegen, empfing sie ein scharfer Wind, der feine Nässe vor sich her trieb.

»Schnell, beeilts euch, dann werdets nicht nass«, lachte Xaver gemütlich. Er öffnete die Heckklappe und half den Kindern und Müttern mit dem Gepäck.

Sie betraten die Reha-Klinik in flottem Tempo. Die Halle hatte etwas von einer Rezeption eines Hotels. Alles war in Weiß und Chrom und Glas gehalten. Eine Dame mit Schwesternhäubchen saß in einem Glaskasten und wartete gelassen ab, bis die neuen Gäste schnaufend zu ihr herangekommen waren.

»Resi, hier bringe ich dir ein paar Neuzugänge. Sei so gut und kümmere dich um sie.«

Resi lächelte Xaver strahlend an, als sei die Sonne durch die Wolken gebrochen. Dann wendete sie sich den Ankömmlingen zu.

»Grüß Gott miteinand. Hier sind ein paar Papiere, die Sie bitte ausfüllen und mir zurückgeben.«

Sie reichte den Müttern je einen Pack Din-A4-Bögen voller Fragen. Lore hörte, wie ihre Mutter stöhnte.

»Dann zeigt Xaver euch Kindern eure Zimmer. Da könnt ihr eure Koffer abstellen, bevor ihr zu ersten Untersuchungen zu den Ärzten geht. Na los, bewegts euch.«

Herr Underleitner wartete schon auf die Kinder, einen großen Schlüsselbund in der Hand, und schritt nun voran in die Tiefen des Gebäudes. Lore zog den Rollkoffer hinter sich her ihre Mutter schleppte die Reisetaschen, und beide folgten sie dem Hausmeister. Auch Julia und ihre Mutter sowie Mirko und dessen Mutter liefen in dem Tross mit, wobei Lore bemerkte, dass Mirko sein ganzes Gepäck selber schleppen musste. Seine Mutter folgte der Gruppe mit etwas Abstand, als wäre es ihr peinlich. Ein wenig erinnerte sie Lore an eine erwachsene Ausgabe von Saskia, mit ihrem perfekten Make-up und den langen roten Krallen. Ihre Frisur saß so gut, dass kein Haar es gewagt hätte, aus der Reihe zu tanzen. Wie in Beton gegossen. Irgendwie unnatürlich.

Es war aber auch möglich, dass die Frau sich einfach nur verunsichert fühlte und schüchtern war.

»Hier samma, das ist das Zimmer, in dem Lore Kröger und Julia Paschulke wohnen werden«, unterbrach der Hausmeister ihre Überlegungen. Er klapperte mit dem Schlüsselbund, suchte den richtigen Schlüssel heraus und schloss auf. Die Tür öffnete sich nach außen.

Das Zimmer war größer, als Lore gedacht hatte. Es wirkte sehr hell, weil alle Möbel in Weiß gehalten waren. Die Tür, in der sie jetzt standen, befand sich an der breiteren Seite des Raumes. Die linke Seite wurde von zwei bequem aussehenden Betten eingenommen. Eines stand quer vor dem großen Fenster gegenüber, links von der Tür, und ein zweites Bett parallel dazu an der Türseite. Zwischen den Betten gab es dicht nebeneinander zwei große Nachttische.

Genau gegenüber der Tür erhellte ein zweites großes Fenster den Raum. An der rechten Wand befand sich ein breiter Schrank.

»Na los, gehts mal rein!«, forderte Herr Underleitner sie auf. »Ihr habts ein sehr schönes Zimmer bekommen. Da, wo der Schrank zu Ende ist, befindet sich noch eine Tür, die nach rechts in ein kleines Bad führt. Nur Waschbecken und Dusche. Die Toiletten sind auf dem Flur.«

Mit einem Gefühl der Unwirklichkeit betrat Lore das Zimmer und stellte ihre Tasche auf das Bett beim Fenster. Julia, die hinter ihr war, stellte ihre Tasche mit etwas saurer Miene auf das Bett an der anderen Wand. Lore bemerkte Julias Verstimmung und wendete sich schüchtern an die neue Zimmerkameradin: »Willst du lieber dieses Bett hier?«, fragte sie und zeigte auf die Liegefläche am Fenster.

»Nee, lass ma!«, kam es leicht ärgerlich zurück. »Ick hätt halt schnella sein müssen. Is ja keen Beenbruch, ick lieje jerne anner Wand. Denn komm die Mücken alle zu dia, weil de am Fensta liechst. Mir würdense ufffressen, bis nur noch ne leerjesaugte Hülle daliecht. Ick hab so süßet Blut …«

Die beiden Mädchen lächelten einander an. Julia schien Humor zu besitzen.

»Wir müssen jetzt zu den Ärzten!«, drängte Lores Mama mit einem Blick auf ihre Armbanduhr.

Der Rest des Nachmittags verging mit allen möglichen Untersuchungen, sodass Lore froh war, als sie endlich durch alle Stationen durch war. Als sie sich wieder angezogen hatte, durfte sie zu ihrer Mutter gehen. Beide sollten eine halbe Stunde später in den Besprechungsraum kommen.

»Guten Tag, Frau Kröger. Lore, willkommen«, begrüßte sie dort lächelnd eine junge Ärztin, die einen blonden Dutt und eine Brille mit runden Gläsern trug. Ein Schild an ihrem Kittel wies sie als Frau Doktor Huber aus.

Lore und ihre Mutter reichten der Ärztin die Hand. Mit einer einladenden Bewegung forderte sie Mutter und Tochter auf, Platz zu nehmen. Vor ihr auf dem Schreibtisch lag ein Stapel von Papieren in einem Aktenordner, auf den sie jetzt noch einmal einen Blick warf, bevor sie weitersprach.

»So, Lore«, begann sie. »Es ist gut, dass dein Hausarzt dich hierher zu uns geschickt hat. Er hat dich für ein halbes Jahr unserer Obhut empfohlen, das weißt du, oder?«

»Ja«

Lores Mama nickte nur.

»Wir haben alle Eingangsuntersuchungen gemacht. Wir haben dich auch gewogen. Weißt du noch, wie viel die Waage angezeigt hat?«

Lore wurde rot.

»106,4 Kilo«, flüsterte sie und schaute zu Boden.

»Ja. Aber du bist hier, um das zu ändern. Das ist dein Startgewicht. Du sollst mal sehen, wie schnell deine Pfunde purzeln werden. Zu Anfang wirst du etwas mehr Gewicht verlieren, später nicht mehr so viel, aber stetig. Die meisten Mädchen in deinem Alter verlieren etwa anderthalb Kilo oder drei Pfund pro Woche. Rechne mal aus, wie viele Wochen du hier bist.«

»26 Wochen«, entgegnete Lore, ohne sich zu besinnen.

»Und wie viele Pfund kannst du bis zu deiner Entlassung verlieren?«

Einen Moment überlegte sie. Was war 26 mal drei? Wow, das waren ...

»78 Pfund. Das sind 39 Kilo!«

Lores Augen leuchteten. Konnte das denn wirklich stimmen?

»Genau. Du kannst gut rechnen. Das ist schön. Wie viel Kilo Gewicht am Ende der sechs Monate ist also dein Ziel?«

»67,4 Kilo«

»Richtig. Ein Mädchen deiner Größe darf in deinem Alter etwa 54 Kilo wiegen. Du wärst also dann nur noch gute zehn Kilo über deinem Normalgewicht.«

Lore nickte.

»Warum machen wir das?«

»Damit ich wieder Treppen steigen kann, ohne auf der Hälfte nicht mehr zu können. Und damit ich beim Sport wieder richtig mitmachen kann. Und damit ich nicht mehr so einen hohen Blutdruck habe. Dr. Lehmann hat gesagt, das ist nicht gut für mein Herz.«

»Das ist alles wahr. Hast du noch andere Ziele, die du erreichen möchtest?«

Die Ärztin schaute sie so freundlich und teilnehmend an, dass Lore herausrutschte: »Die anderen sollen mich nicht mehr ärgern!«

Frau Dr. Huber notierte sich etwas, dann schaute sie wieder auf.

»Tun sie das denn?«

Lore nickte beschämt.

»Wegen deines Gewichts?«

»Ja«

Ganz leise, kaum hörbar, sagte sie das, während ihr die Tränen in die Augen stiegen. Sie wischte sie mit dem Ärmel weg und schaute niemanden an.

»Nun, hier wird dich niemand deswegen hänseln. Hier sind alle übergewichtig«, beruhigte sie die Ärztin und reichte ihr ein Papiertaschentuch. Lore schnaubte hinein.

»Hast du denn keine Freundinnen, die dir helfen?«

Lore schüttelte nur den Kopf und zog die Schultern hoch.

»Hast du schon einmal selbst versucht, abzunehmen?«

»Ja, schon so oft. Aber ich habe es nicht lange durchgehalten und hinterher gleich wieder zugenommen. Meist war ich hinterher noch schwerer.«

»Ja, Diäten machen dick«, behauptete Doktor Huber. Lore sah sie überrascht an. Was sollte das denn bedeuten? Das war doch …

»Widersinnig. Das ist das Wort, das du jetzt denkst, oder?«

»Ja. Woher wissen Sie ...«

»Es geht uns nicht um eine vorübergehende Diätmaßnahme, sondern darum, dass du deine Ernährung auf Dauer umstellst. Wie schon gesagt, du wirst das alles hier lernen.«

Lore nickte. Na, das waren ja schöne Aussichten. Pudding, ade.

»Hast du eine Idee, warum du so viel mehr wiegst als die meisten anderen Mädchen in deinem Alter?«

»Ich esse so gerne Chips. Und Bonbons, Schokolade, Kuchen und andere Süßigkeiten eben«, gab sie zu und dachte an Monas Mohnschnecken. »Ich muss manchmal einfach was Süßes haben.«

Frau Doktor Huber nickte.

»Und wie fühlt sich das an, wenn du etwas Süßes möchtest? Du kannst doch auch nein dazu sagen.«

»Nein, das kann ich nicht«, weinte Lore. »Das ist eine so schlimme, eine so starke Lust auf Süßigkeiten. Ich muss das dann essen, ich kann nicht Nein sagen; hab ich doch alles schon versucht!«

»Das geht den meisten Kindern und Jugendlichen hier so. Aber du kannst es lernen, mit dieser Lust auf Süßes anders umzugehen, besser. Es ist nämlich nicht gesund, wenn man nicht Nein sagen kann. Das kann zu einer Sucht werden.«

Einen Moment war es still. Lore erschrak. War sie süchtig nach Süßem wie andere Menschen nach Alkohol?

Jetzt hakte Doktor Huber noch einmal nach:

»Ist das der einzige Grund, so viele Süßigkeiten zu essen? Weil du sie so magst und nicht widerstehen kannst? Wie fühlst du dich, wenn du Süßes isst?«

»Ich fühle mich danach viel besser«, gab Lore zu. »Manchmal esse ich auch aus Langeweile.«

»Aus Langeweile?«

»Ja. Ich bin am Nachmittag immer allein. Meine Mama muss doch arbeiten.«

Lore sah kurz zu ihrer Mutter neben sich.

Frau Doktor Huber nickte und machte sich eine Notiz auf ihrem Arbeitsblock. Einen Moment lang hörte Lore nur den Stift über das Papier kratzen.

»Gibt es noch andere Gründe, weshalb du so zugenommen hast?«

»Ich hasse Sport.«

Die Ärztin lächelte.

»Auch das wird sich hier ändern.«

Lore schüttelte traurig den Kopf.

»Glaubst du nicht, dass das möglich ist?«, fragte die Ärztin und strahlte Lore an.

»Nein.«

»Kannst du dir vorstellen, wie wir das schaffen? So viele Kilos wieder zu verlieren?«

»Keine Süßigkeiten. Und Sport«, sagte Lore dumpf.

»Das hier ist kein Gefängnis. Und auch keine Strafe. Es ist eine Chance. Für dich, für euch alle.«

Lore nickte pflichtschuldigst, aber nicht überzeugt.

»Du wirst viel lernen in deiner Zeit hier, wenn du das willst. Du lernst etwas über Lebensmittel und über das, was gesund für dich ist und dir guttut und über das, was dir nicht bekommt. Und du bist nicht allein. Alle Kinder und Jugendlichen lernen diese Dinge hier bei uns. Und du wirst nach diesem halben Jahr dein Wissen bei dir zu Hause anzuwenden lernen. Außerdem wirst du erleben, wie viel Spaß dir Sport machen kann. Und dass es nur darauf ankommt, dass dir die Bewegung guttut und weniger, was für einen Eindruck du dabei auf andere machst.«

Lore stöhnte. Sie dachte an die katastrophale letzte Sportstunde.

»Es wird nicht leicht werden für dich. Aber du selbst wirst leichter werden und es dann auch leichter haben. Was wollen wir wetten?«

Lore sah die Ärztin an, doch sie antwortete nicht. Frau Doktor Huber wendete sich an Lores Mutter.

»Für Sie und die anderen Mütter und Väter steht hier auch Lernen auf dem Programm. Sie lernen an diesem Wochenende, fettarm zu kochen. Wir werden Ihnen jede Menge Infos mitgeben und viele gesunde und leckere Rezepte. Damit es Lore in einem halben Jahr einfacher hat, ihr erreichtes Gewicht zu halten. Möglichst sogar weiter abzunehmen. Sehen Sie, die Kinder lernen hier, was eine gesunde Ernährung ausmacht. Und das müssen Sie als Mutter ebenfalls lernen.«

Auch Lores Mutter nickte. Sie sah so aus, als fühlte sie sich schuldig.

»Wissen Sie, Frau Doktor, die Lore war schon immer etwas pummelig. Schon als Kleinkind.«

»Sie muss es aber nicht bleiben. Ich bin mir sicher, dass Sie ihre Tochter beim Abnehmen tüchtig unterstützen können.«

»Das will ich auf jeden Fall!«

»Dann wird sie es schaffen, schlanker zu bleiben. Ganz bestimmt. So, und nun muss ich mich von Ihnen verabschieden, Frau Kröger. Draußen warten die Nächsten. Und dich, Lore, werde ich in den nächsten Wochen häufiger sehen. In einer halben Stunde gibt es Abendbrot. Heute ist es sogar ausnahmsweise warm, weil die Betreuer mit den Kindern heute einen Ausflug gemacht haben, von dem sie alle erst nach der Mittagszeit zurückgekehrt sind. Bis dahin können Sie mit Lore die restlichen Aufnahmeformalitäten hinter sich bringen. Du musst zum Beispiel dein Handy abgeben, vorne, bei Resi an der Aufnahme.«

Lore bekam große Augen.

»Wirklich?«, fragte sie beklommen. »Warum?«

Die Ärztin blickte ihr ruhig ins Gesicht.

»Das müssen alle Kinder und Jugendlichen tun, wenn sie hierherkommen. Es gehört zu unseren Bestimmungen. Du bekommst es einmal in der Woche für zwei Stunden wieder. Damit du deine Mutter anrufen kannst, zum Beispiel.«

Sie lächelte leicht. Lore atmete tief ein und langsam wieder aus. Dann nickte sie zustimmend.

An Lores Mutter gewendet, fügte die Ärztin an:

»Eines unserer wichtigsten Anliegen ist es, die Kinder hier wieder zurück ins Leben zu holen. Weg von Fernseher und Spielkonsolen – und dazu gehört eben heute auch das Handy – und hin zu Wanderungen in der Natur, zu Aktivitäten in der Gruppe, zu Spaß und Spiel. Die meisten Kinder haben ganz verlernt, wie viel Spaß man mit solchen Dingen haben kann.«

2. Eine neue Welt

Das Abendbrot fand in einem großen Saal statt, in dem es laut und lebhaft zuging. Ein dauerndes Stimmengemurmel war hier zu hören wie ein Grundrauschen. Lore und ihrer Mutter wurde ein Platz an einem Tisch zugewiesen, an dem auch Julia aus dem Bus saß.

»Hallo«, murmelte Lore verlegen. Sie würden Zimmerkameradinnen sein. Vielleicht war Julia ja ganz nett? Lore beobachtete sie verstohlen und bemerkte, dass Julia sie selbst auch heimlich musterte. Sie mussten immerhin eine ganze Weile miteinander auskommen. Und sie hatte nun ja keine Möglichkeit mehr, sich in die digitale Welt zurückzuziehen. Ihr Handy hatte sie vorhin abgeben müssen. Es war schon ein komisches Gefühl, so ganz ohne. Sie fühlte sich viel angreifbarer, irgendwie seelisch nackt.

Aber Julia ging es ja auch so.

»Komm, lass uns mal schauen, was hier Leckeres am Büffet zu finden ist«, unterbrach ihre Mutter betont munter ihre Gedanken. Lore verdrehte die Augen. Was sollte es da schon geben? Würde sie überhaupt satt werden? Genervt lief sie hinter ihrer Mutter her.

Es gab jede Menge Grünzeug und Gemüse. Aber auch Obst, was Lore schon eher mochte. Drei Essen standen zur Auswahl: Putenstreifen mit Kartoffeln und Salat, Grünkernbratlinge mit Kartoffeln und Salat und gedünsteter Fisch mit denselben Beilagen. Lore entschied sich für die Putenstreifen. Es roch gut und es war warm. Sie trug das Essen an ihren Platz und stocherte dort ohne große Begeisterung darin herum. Ihre Mutter machte immer so leckere Sahnesoßen zu Putenstreifen, daran musste sie jetzt denken. Sie konnte es förmlich schmecken. Dagegen fand sie dieses Essen fad. Es gab Tee dazu, keine Cola. Hungrig schlang sie ihre Portion herunter. Zum Nachtisch bekam sie eine halbe Birne. Als sie auch die verspeist hatte, knurrte ihr Magen verlangend. Peinlich berührt blickte Lore zu Boden. Doch wie zur Antwort knurrte noch ein weiterer Magen. Julia lachte.

»Dit war meener. Ick gloobe, ick bin ooch noch nich satt. Aber ick muss wohl damit zufrieden sein, wa?«

»Meinst du, ich darf mir noch so eine Portion holen? Das war viel zu wenig. Dann kann ich nachts nicht schlafen!«

Julia gluckste vor Vergnügen.

»Versuchs doch ma. Ick denk ma, sie wern dir nüscht jeben.«

»Ich muss aber noch was essen!«

Wütend stand Lore auf. Ihre Mutter hielt sie beim Arm fest, doch Lore schüttelte die Hand ab. Ihren Teller nahm sie mit.

»Ich möchte gerne einen Nachschlag!«, verlangte sie von der dunkelhaarigen Dame an der Essensausgabe.

»Wer bist du denn?«

»Lore Kröger«

»Du bist neu hier, nicht wahr?«

Es klang freundlich und mitfühlend.

Lore nickte. »Heute erst angekommen.«

»Dann wollen wir doch mal nachschauen, was du eben hattest«, sagte die Dame an der Essensausgabe und blätterte in einer langen Liste.

»Ach ja, hier. Du hattest die Putenstreifen. Eine ganze Portion. Und eine halbe Birne zum Nachtisch. Viel mehr Kalorien darfst du heute Abend gar nicht mehr zu dir nehmen. Ärztliche Anweisung von Doktor Huber.«

Wie zur Entgegnung knurrte Lores Magen abermals.

Die Dame sah sie abschätzend an.

»Bitte«, bat Lore und setzte ihren besten Hundeblick auf.

»Ich darf dir nur vom Salat noch etwas geben. Davon darfst du nach Herzenslust essen.«

Lore zog einen Flunsch. »Bitte, wenigstens eine oder zwei Kartoffeln. Wovon soll ich denn satt werden? Wie soll ich die Nacht überstehen?«

Bedauernd sah die Dame sie an. »Nur Salat. Oder gar nichts«, erklärte sie.

Auf dem Rückweg zum gemeinsamen Tisch schossen Lore die Tränen in die Augen. Ärgerlich wischte sie sie an der Schulter fort. Wie sollte sie es denn bloß schaffen, hier ein halbes Jahr zu überleben?

Einen großen Berg voll grünem Salat hatte sie auf ihrem Teller, gemischt mit Möhrenstreifen. Ohne Dressing. Sie zwang sich zu einer triumphierenden Miene, als hätte sie unbedingt noch Salat haben wollen und diesen auch bekommen.

»Siehst du, ich hab doch noch was gekriegt!«, meinte sie trotzig zu Julia. Diese schaute sie anerkennend an.

»Hätt ick nich für möchlich jehalten. Magste Salat?«

»Für mein Leben gern«, log Lore und stopfte die Blätter hungrig in ihren Mund.

Julia beobachtete sie sehr genau dabei. Sie öffnete kurz den Mund, klappte ihn aber dann wieder zu und nickte nur. Dann holte sie sich auch eine Portion Salat nach und zwinkerte Lore bei ihrer Rückkehr zum Tisch verschwörerisch zu.

Nach dem Abendbrot verschwand Lore in dem Zimmer, das sie mit Julia teilte und durchstöberte ihre Tasche. Ah ja, da war doch noch ein schönes Brot, das sie von der Reise übrig hatte. Von ihrer Mutter großzügig mit Leberwurst bestrichen. Und ein paar süße Riegel waren auch noch da. So würde sie wenigstens einschlafen können und musste nicht den bohrenden Hunger ertragen, der sie jetzt schon wieder heimsuchte. Sie setzte sich auf die Bettkante, die protestierend knarrte. Gerade wollte sie in das leckere Brot beißen, da kam Julia ins Zimmer. Vergeblich versuchte Lore, zu verstecken, was sie gerade in der Hand hielt.

»Aha, haste noch Vorräte von die Reise?«, fragte Julia interessiert.

Lore seufzte und nickte.

»Wirst du mich jetzt verpetzen?«, fragte sie kleinlaut.

»Natürlich nich«, lachte Julia und ließ sich neben Lore auf der Bettkante nieder. »Jibste mir wat ab? Sonst wird mein Magen so laut knurren, dat wa beede nich zum Schlafen kommen. Außerdem verteiln wa die Kalorien bessa uff uns beede, dann fällt dit uff die Waage nicht so uff.«

Lore tat, was Julia verlangte. Der Berliner Akzent amüsierte sie. Grinsend zerteilte sie das Brot in zwei Hälften und gab eine davon dem anderen Mädchen, auch wenn es sie ärgerte, dass Julia gerade in diesem Moment hereingeschneit war. Jetzt konnte sie ihre neue Zimmerkameradin ja nicht gut zurückweisen. Das wäre schließlich keine gute Voraussetzung für ein halbes Jahr im gleichen Zimmer. Und so hatten sie sich wenigstens beide schuldig gemacht.

»Danke«, sagte Julia.

Ihre neue Zimmerkameradin lachte.

»Dit schmeckt jut!«, bekannte Julia kurz danach, mit vollen Backen kauend. Ganz unerwartet griff sie nach einer von Lores lilafarbenen Strähnen, die ihr nach vorne über die Schulter fiel, und ließ sie durch ihre Hand gleiten.

»Coole Farbe übrijens.«

Mit einem Anflug von Misstrauen studierte Lore Julias Gesicht. Doch das zeigte keinerlei Anzeichen von Spott. Nur ehrliche Anerkennung.

»Danke«, entgegnete sie und strahlte Julia an. »Hat meine Mutter gemacht. Beides. Das Färben – und das Brot.«

»Supa lecka«, kommentierte Julia. »Haste noch mehr da?«

Lore wollte schon Nein sagen, denn das war ja schließlich ihre eiserne Reserve, doch da fielen ihr die beiden süßen Riegel aus der Tasche.

»Dit is ja mega!«, kommentierte Julia mit leuchtenden Augen. »Nachtisch!«

Innerhalb von wenigen Minuten hatten sie ihr Mahl beendet. Jetzt fühlte sich Lore schon bedeutend besser. Und auch Julia schien glücklicher zu sein. Aber alles, was sie noch von der Reise übrig gehabt hatte, war jetzt verbraucht.

Wenn sie aber an die Waage dachte, wurde ihr ganz anders. Würde Frau Doktor Huber den süßen Riegel und das Leberwurstbrot wirklich auf der Waage sehen können? Oder vielmehr das halbe?

»Weißt du, wie oft wir uns wiegen müssen?«, fragte Lore und rutschte unbehaglich auf der Bettkante hin und her.

»Nee. Aber mindestens eenmal pro Woche. Vielleicht ooch öfters.«

»Ach du meine Güte.«

Julia lachte wieder. Sie hatte ein nettes Lachen.

»Wie viel war es denn bei dir?«, fragte Lore neugierig.

»Viel zu ville«

»Bei mir auch«, gab Lore zu. Als hätten sie ein heimliches Abkommen geschlossen, fragte keine von beiden genauer nach oder nannte den Wert, der auf der Waage gestanden hatte.

Die Mädchen hatten die Spuren ihrer heimlichen Mahlzeit schnell beseitigt.

»Bessa, wia putzen uns die Zähne. Damit dit keena mehr riechen kann!«, riet Julia.

Lore hielt das für eine gute Idee und kramte nach ihrer Zahnbürste.

Ebenso wie die Zimmertür ließ sich die Badezimmertür nach außen öffnen. Das ganze Bad war in Klinikweiß gehalten. Auf der linken Seite war das Waschbecken angebracht, in der rechten Ecke füllte eine halbrunde Duschkabine einen großen Teil des Raumes aus. Einträchtig standen sie kurz darauf am Waschbecken und putzten den Leberwurstgeruch und den der Schokolade fort. Das Waschbecken war zwar breit, mit beiden Mädchen davor war der winzige Raum jedoch voll. Lore stieß mit dem Hintern an die Schiebewand der Duschkabine hinter ihr.

Über dem Waschbecken befand sich ein breiter Spiegel und darunter ein schmales Bord für Zahnputzzeug und Bürsten. Neben dem Waschbecken waren links zwei Handtuchhalter angebracht. Rechts davon gab es ein kleines Hängeschränkchen für weitere Utensilien, die die Mädchen zu verstauen hatten. Über dem Spiegel befand sich ein Handgriff, an dem Julia neugierig zog. Es klapperte und ein kühler Luftzug fiel in das Zimmer.

»Ah, ein Fenster!«, rief Lore.

»Klar, wat denn sonst?«, grinste Julia. »Nur nen Klo hätte noch jefehlt, dit hamse aba unmöchlich ooch noch rinjekricht.«

Sie begannen damit, einige Sachen ins Bad zu bringen und auf den Ablageflächen und in dem Schränkchen zu verstauen. Frische schneeweiße Handtücher hingen gegenüber der Dusche an der Türseite.

Sie räumten gerade ihre Klamotten in die vorgesehenen Schrankteile, als es an der Tür klopfte. Beide Mütter standen davor.

»Wir wollten euch beiden eine gute erste Nacht hier in der Klinik wünschen«, sagte Lores Mutter.

»Und quatscht nich de halbe Nacht!«, ermahnte die Mutter von Julia die beiden Mädchen. »Ihr scheint euch ja jut zu vastehen. Denn passiert dit leicht.«

»Ja, Mama!«

Julia verdrehte die Augen, aber so, dass nur Lore es sah. Die konnte sich ein Grinsen nicht verkneifen. Julia war wirklich lustig. Und nett.

Natürlich quatschten sie die halbe Nacht. Lore wusste bald, dass Julia noch einen nervigen jüngeren Bruder hatte und dass ihr Papa LKW-Fahrer war und ihre Mutter in einer Konditoreikette arbeitete. Wie Lore schon vermutet hatte, lebte Julia in Berlin. Genau wie sie selbst, sollte Julia ein halbes Jahr in der Klinik bleiben. Auch Julia war in der Schule wegen ihrer Pfunde aufgezogen worden, doch sie nahm das eher mit Humor. Sie schien nicht so darunter gelitten zu haben wie Lore. Und sie war echt entsetzt gewesen, als Lore ihr von ihrem letzten Geburtstag erzählt hatte.

»So wat wäre an meener Schule nich möchlich. Ham die Lehrer denn nüscht jemacht, um dir zu helfen?«

»Manche haben es versucht, aber dann wurde alles nur noch schlimmer.«

»Du musst dir wehren, Lore«, beschwor Julia sie.

»Aber wie denn?«

»Du musst schlagfertjer wer'n. Ick kann dit mit dir üben. Haste deina Mutta von diesa Aktion inner Toilette azählt? Wat diese Mädchen mit dir jemacht ham?«

»Nein«, flüsterte Lore, heiser vor Tränen, die ihr warm an den Schläfen auf das Kissen hinunterliefen.

»Warum nich?«

Julia schien ehrlich empört.

»Meine Mama hat schon genug Sorgen. Sie arbeitet so viel, damit wir durchkommen.«

»Dit mag ja alles sein«, sagte Julia resolut. »Aber meenste nich ooch, dat deine Mutta dit wissen will, wat die dir in der Schule antun? Sie kann doch jar nüscht untanehm, wenn se nüscht davon weeß. Und deshalb können diese furchtbaren Jören weitahin mit dia Schlitten fahrn, wie ihnen dit jefällt!«

Lore schluchzte auf. Sie konnte den Laut nicht unterdrücken. Das jetzt alles im Dunkeln zu erzählen, hatte die ganze Schmach der letzten Jahre wieder in ihr lebendig werden lassen. Da hörte sie etwas patschen und spürte bald darauf eine warme Hand auf ihrer Schulter.

»Dit wird schon«, flüsterte Julia, ganz nahe bei ihr. Es war so trostreich. So etwas hatte Lore noch nie erlebt. Würde sie in Julia das erste Mal eine richtige Freundin finden?

»Danke«, wisperte sie erstickt.

»Allet wird jut«, sagte Julia fröhlich und patschte wieder in ihr eigenes Bett zurück. Sie redeten noch eine ganze Weile weiter. Erst gegen zwei Uhr morgens schliefen sie erschöpft ein.

Lore erwachte, als es noch dunkel war, und zwar von einem sehr seltsamen Geräusch. Sie lauschte. War das halb unterdrücktes Weinen? Es kam von Julias Zimmerseite. Diesmal stand Lore auf, um nach der Kameradin zu sehen.

»Was hast du, Julia?«, fragte sie besorgt. Zu der stets fröhlich wirkenden Julia schienen Tränen so gar nicht zu passen. Da war es wieder. Ein Schniefen.

»Ick hab so eenen furchba schlimmen Hunga!«, bekannte das Mädchen.

»Das tut mir leid.«

Jetzt, wo Julia es gesagt hatte, spürte Lore auch ihren eigenen Magen rumoren.

»Ick hab nachts zu Hause imma den Kühlschrank jeplündert. Deshalb konnt ick nich abnehmen«, schniefte Julia.

»Wie kann ich dir helfen?«

»Du hast nich zufällig noch een Brot?«

»Nein. Das letzte haben wir uns geteilt.«

»Schade. Dann muss ick da wohl durch.«

Unbeholfen streichelte Lore dem anderen Mädchen den Rücken. »Wir schaffen das schon. Halt durch. Morgen früh gibt es wieder was zu essen«, versuchte sie die Kameradin zu trösten, während sie ein Knurren ihres eigenen Magens zu unterdrücken suchte.

»Du bist lieb«, sagte Julia schläfrig. »Ick hab dir jerne.«

Der nächste Morgen kam unerwartet früh. Ein anschwellender Ton störte Lores Schlaf. Wo kam das nur her? Unwillig öffnete Lore ihre Augen. Jetzt erst nahm sie einen Lautsprecher über der Tür wahr, der ihr gestern gar nicht aufgefallen war. Geblendet von der Helligkeit der Sonnenstrahlen, welche durch das große Fenster drangen, kniff Lore die Augen schnell wieder zusammen. Im anderen Bett stöhnte Julia.

Lore tastete sich mit den Beinen über die Bettkante. Es war ziemlich kalt im Zimmer. Ihre Waden waren sofort mit einer Gänsehaut überzogen.

»Julia, wir müssen aufstehen«, sagte sie mit belegter Stimme. Ein Stöhnen aus Julias Bett antwortete ihr.

»Viel zu früh. Kannste nich die verdammte Sonne abstellen? Ick will weita schlafen!«

Sprach's und drehte sich um, den Kopf unter die Bettdecke wühlend.

»Aufstehen«, wiederholte Lore.

Julia zog den Kopf aus der Decke und blinzelte sie missmutig an. Ihre Haare standen noch mehr kreuz und quer durcheinander als normalerweise, wie bei einem explodierten Igel. Julias Augen waren bis auf winzigste Schlitze zugekniffen. Es sah so komisch aus, dass Lore lachen musste.

»Lachste mir aus?«, murrte Julia.

Immer noch grinsend, lief Lore zum Waschbecken und holte den Kosmetikspiegel, den sie zum Geburtstag bekommen hatte. Den hielt sie Julia vors Gesicht. Widerwillig verzog sich deren Mund zu einem Grinsen.

»Na jut«, seufzte sie. »Dann müssen wa wohl. Um…«

Sie schaute auf die Armbanduhr auf ihrem Nachttisch, »halb sieme ist hier de Nacht voabei.«

Ächzend streckte sie die Beine aus dem Bett.

»Brrr. Dit is ja total kalt. Wie hältste dit nur aus?«

Blitzschnell waren ihre Beine wieder unter der Bettdecke verschwunden.

»Dann darf ich dein Frühstück mitessen?«, fragte Lore und zwinkerte der Langschläferin zu.

»Mist!«, fluchte Julia. »Nee, untersteh dir!«

Dann unternahm sie einen weiteren Versuch. Diesmal schlotterte sie sich aus dem Bett.

Um halb acht fanden sie sich im gleichen Speisesaal wie gestern Abend zum Frühstück ein. Es gab Müsli, fettreduzierten Joghurt mit Früchten, Orangensaft und Tee. Lustlos stocherte Lore darin herum. Wann immer sie einen Löffel Joghurt nahm, schüttelte sie sich und verzog das Gesicht.

»Ih, ist der sauer! Und der Saft auch!«

»Sauer macht lustich«, grinste Julia, die zu ihrer guten Laune zurückgefunden hatte.

»Aber nicht mich. Mich macht das sauer!«

Julia lachte und Lore stimmte ein.

Lore probierte von dem Müsli, doch das hatte kaum Zucker, es schmeckte ihr pappig. Sie aß es aber trotzdem, denn sie wusste, dass der Hunger ihr sonst furchtbar zusetzen würde. Den Saft verdünnte sie mit Wasser. Und sie trank Pfefferminztee mit ein wenig Süßstoff.

»Kein Wunder, wenn man hier abnimmt«, flüsterte sie Julia zu. »Das hier zu essen, macht so gar keinen Spaß!«

Julia nickte. »Wo de recht hast, haste recht.«

Nach diesem enttäuschenden Frühstück kam ein junger Mann in klinikweißer Kleidung auf Lore und Julia zu. Er war sehr groß und hatte seine langen blonden Haare in einem Pferdeschwanz zusammengefasst.

»Julia? Und Lore?«

Beide Mädchen nickten.

»Großartig. Ich bin Helge, und ich führe euch beide und drei andere Kinder, die gestern angekommen sind, im Hause herum. Damit ihr wisst, wo hier alles ist. Kommt bitte mit mir, die anderen warten schon am Ausgang des Speisesaals.«

Beide Mädchen sahen einander an, dann folgten sie Helge zu den anderen Neuankömmlingen.

Der plumpe Junge von gestern war dabei, außerdem noch zwei schwarzhaarige Mädchen, die sich ungeschickt weiß geschminkt und dazu sowohl die oberen als auch die unteren Augenlider großzügig mit dunkelgrauem Lidschatten gepudert hatten. Mit ihren tiefliegenden Augen und diesem Make-up sahen sie aus wie hohläugige Untote. Allerdings sehr dicke Untote. Dreist musterten sie Lore und Julia von oben bis unten und grinsten geringschätzig.

Helge stellte vor:

»Das sind Lore und Julia. Und hier stehen Franziska und Jaqueline. Sie sind Schwestern. Und Mirko kennt ihr ja schon von der Autofahrt gestern.«

Die Kinder nickten einander mürrisch zu. In dem Moment kam ein anderer weiß gekleideter Pfleger auf die Gruppe zu. Er winkte Helge beiseite und hielt ein Klemmbrett mit einer Tabelle in der Hand.

»Wartet hier bitte einen Moment. Es geht gleich weiter«, sagte Helge und ging zu seinem Kollegen hinüber.

Eines der Zombiemädchen warf abschätzige Blicke auf Lore und flüsterte dann der anderen etwas zu. Beide kicherten. Wieder glitten ihre spöttischen Blicke über Lore.

»Wie ein Schweinchen«, hörte Lore sie wispern. Sie wurde rot und senkte den Blick zum Fußboden. Sollte es hier genauso losgehen, wie es zu Hause geendet hatte?

Plötzlich spürte sie einen Ellenbogen in ihren Rippen. Erschrocken sah sie auf und begegnete Julias Blick, der sehr wütend war.

»Lässte dir dit von diesen wandelnden Tonnen jefallen? Eenfach so?«, zischte sie ihr zu.

Lore senkte den Blick erneut.

»Was kann ich denn dagegen machen?«, fragte sie hoffnungslos.

»Pass uff!«

Und etwas lauter sagte sie zu Lore: »Kiek ma, uffjetakelt wie Jraf Dracula. Hilfe, die jehen bestimmt nachts um und saufen Blut!«

Schneller als Lore es den beiden zugetraut hatte, drehten sich die Zombiemädchen ihnen zu und starrten zornentbrannt zu Julia herüber. Die hatte einen Zeitungsausschnitt aus der Tasche gezogen und hielt ihn Lore hin. Darauf war ein Bild aus einem Zombiefilm zu sehen. Lores Mundwinkel zuckten, aber sie versuchte, konzentriert auszusehen. Nun erst schaute Julia auf und tat so, als bemerkte sie erst jetzt den bösen Blick der Schwestern.

»Wat glotzt ihr denn so blöd?«, fragte sie jetzt. Den frohlockenden Unterton vermochte sie dabei nicht zu verbergen.

»Was sollte das mit aufgetakelt?«, näselte Franziska.

»Ach, ihr habt jedacht, wir reden über euch?« Julia klang grenzenlos erstaunt. »Ick zeig meener Freundin Lore nur nen Zeitungsausschnitt.«

In Lores Herz wurde es warm. Freundin?

Mit einem raschen Griff hatte Franziska Julia den Zettel aus der Hand gerissen. Jetzt blieb ihr der Mund offenstehen.

»Da staunste, wa?«, fragte Julia unverkennbar Berlinerisch.

»Und ich dachte…«, murmelte Franziska verwirrt.

»Dit mit dem Denken lass ma lieba sein, dit is nich deine Stärke!«, grinste Julia. »Jloobt ihr beede, ihr seid so wichtich, dass alle über euch quatschen müssen? Oda werd ihr öftas mit Zombies vawechselt?«

Lore konnte sich das Grinsen nicht mehr verkneifen. Dankbar drückte sie Julia die Hand, die sie verschmitzt ansah.

»Ihr habt doch über uns geredet! Ich sehe euch das doch an!«, schäumte Franziska hilflos. »Und was ist nicht meine Stärke?«

Das Gespräch war jetzt lauter geworden und Helge wendete sich von seinem Kollegen ab und wieder den Kindern zu.

»Hört schon auf zu streiten! Lasst den Unsinn sofort sein«, sagte er energisch. »Folgt mir lieber, ich zeige euch jetzt, wo ihr nachher schwimmen werdet.

»Schwimmen?«, tönte es erschrocken von allen im Chor.

»Ja«, lächelte Helge. »Ihr seid doch jetzt Teil des Teams. Alle schwimmen heute. Ihr auch.«

Lore verzog das Gesicht. Ausgerechnet mit Sport sollten sie anfangen? Das hatte ihr gerade noch gefehlt. Obwohl Schwimmen noch ging. Hoffentlich war das Wasser nicht so schweinekalt. Und hoffentlich waren Franziska und ihre scheußliche Schwester nicht in ihrer Gruppe.

In Gedanken rekapitulierte sie noch einmal den Trick von Julia. Die hatte ihr einfach so geholfen. Sie in Schutz genommen. Sie warf ihr einen bewundernden Blick zu. Danke, Julia, dachte sie. Es war das erste Mal, dass ihr in anderes Mädchen gegen solche Angriffe beigestanden, ja, sie sogar Freundin genannt hatte. Ein Licht war nun in ihrem Herzen, das sie sich bewahren wollte.

Langsam trotteten sie hinter Helge her, der den Gang vom Speisesaal aus mit ihnen hinunter ging, immer geradeaus. Sie kamen an der Abzweigung vorbei, die sie zu ihren Zimmern nehmen mussten, dann an den Untersuchungsräumen. Immer weiter führte der Gang, bis sie nach rechts abbogen. Hier roch die Luft auf einmal feuchter und nach Chlor. »Schwimmbad« stand auf einem Hinweisschild, mit einem Pfeil ergänzt. Helge blieb stehen.

»Hier geht es zum Schwimmen. Und hier«, er lief ein Stück den Gang zurück, auf dem sie gekommen waren und bog nach links ab, »Hier ist die Turnhalle.«

Alle Kinder stöhnten kollektiv.

Helge führte sie wieder ein Stück zurück und öffnete dann eine Brandschutztür mit einem Schlüssel. Hier begann ein ganz neuer Trakt.

»Und hier«, erläuterte er dabei »ist die Schule. Morgen müsst ihr da allein hinfinden.«

Lore nickte. Julia sah weniger begeistert aus.

»Wie solln wa denn lernen, ohne Süßigkeiten?«, flüsterte sie Lore zu. Die kicherte und gab leise zurück: »Geht schon.«

»Ick bin nich so jut inner Schule«, bekannte Julia leise, an Lore gewendet.

»Aber ich schon«, erwiderte Lore. »Ich helfe dir gerne, wenn du das willst.«

Mit großen Augen und voller Respekt starrte Julia Lore an. »Aba klar will ick!«, grinste sie. »Danke.«

»Das ist das Leichteste. Schwimmen und Sport dagegen – das ist furchtbar. Und schließlich hast du mir vorhin gegen die beiden Zombies beigestanden.«

»Meene leichteste Übung«, grinste Julia. »Haste also ooch an Untote jedacht, alsde die beeden jesehen hast?«

Lore nickte.

»He, ihr beiden«, rief Helge, und das erste Mal lag leichte Ungeduld in seiner Stimme. »Ich erzähle das nur einmal, und dann für alle! Schließt bitte wieder zu uns auf!«

Die beiden Mädchen waren so in ihre Unterhaltung vertieft gewesen, dass sie hinter der Gruppe zurückgeblieben waren. Sie hatten es beide nicht bemerkt.

»Tut uns leid«, sagte Lore. Helge nickte nur, dann setzte er die Führung fort.

»Wir gehen jetzt wieder in Richtung Speisesaal. Von dort aus werfen wir einen Blick in die Küche. Dort werdet ihr kalorienarm kochen lernen.«

Julia strahlte. Zu Lore gewendet, sagte sie: »Dit macht bestimmt Spaß.«

»Meinst du?«, fragte Lore zweifelnd.

»Aba klaa doch!«, bekräftigte Julia. »Wia ham doch janz sicha unsan Spaß, dit merk ick doch jetze schon.«

»Ich auch«, flüsterte Lore und spürte eine heiße Welle in ihr Gesicht steigen.

3. Wasserballett

Nach der Besichtigung der Küche war die Führung beendet. Helge verabschiedete sich aber erst, nachdem er jedem in der Gruppe einen Stundenplan in die Hand gedrückt hatte.

Lore schaute gleich darauf und fragte sich dann, wie spät es jetzt wohl war. Verstohlen erhaschte sie einen Blick auf die Uhr an Julias Handgelenk, deren schwarze Zeiger die Arme von Minnie Maus darstellten, auf einer rosafarbenen Grundfläche.

»Oh«

Lore bekam große Augen. Sie drehte sich so, dass sie auch einen Blick in Julias Plan werfen konnte. Mit dem Zeigefinger deutete sie auf den nächsten Programmpunkt und auf die Uhrzeit. »Wir müssen schnell zum Schwimmbad! Schau mal, da haben wir ja kaum noch Zeit!«

Julia schnappte nach Luft und schaute ebenfalls auf ihre Armbanduhr.

»Noch zehn Minuten!«

Die beiden Mädchen sahen einander an, dann liefen sie zu ihrem Zimmer, so schnell es ging, um ihre Badeanzüge zu holen.

»Ick zieh' meenen hier schon an und werfe nur Hose und Pullover über«, japste Julia, immer die praktische Berlinerin.

»Gute Idee«, gab Lore zu. Mit fliegenden Fingern zogen sie sich um, stiegen in weiche Jogginghosen, kämpften noch im Hinausgehen mit den Pullovern und eilten dann zum

Schwimmbad. Lore lief immer hinter Julia her, die einen untrüglichen Ortssinn zu besitzen schien. Sie bogen außer Atem um die letzte Ecke vor dem Hinweisschild und kamen schliddernd zum Stehen.

»Ein Glück, wir sind nicht die letzten«, grinste Lore, als sie Mirko mit hochrotem Gesicht anhetzen sah.

Schnell verschwanden sie in der Umkleide für Mädchen, rissen sich die Sachen herunter und trafen noch gerade pünktlich am Beckenrand ein.

»Ach, da haben wir ja zwei von den Neuen«, rief die Trainerin und schaute in der Liste nach, die sie vor sich auf einem Klemmbrett hatte.

»Franziska und Jaqueline Rode?«

»Nee!«, sagte Julia laut und abwehrend.

»Dann Lore Kröger und Julia Paschulke.«

Beide Mädchen nickten.

»Gut. War noch jemand in der Umkleide?«

»Bei uns nicht«, antwortete Lore. »Aber wir haben Mirko noch auf dem Gang vor der Umkleide gesehen. Der kommt bestimmt …«

In diesem Moment öffnete sich die Tür von der Jungenumkleide und Mirko hetzte auf die Gruppe zu.

»Entschuldigung«, keuchte er.

Der Blick der Trainerin richtete sich mit milder Verwarnung auf den Jungen. Dann studierte sie wieder ihre Liste.

»Mirko Tollner? Gut, dann sind wir fast vollständig. Die Schwestern Rode fehlen noch. Hat die jemand von euch gesehen?«

Kollektives Kopfschütteln antwortete ihr. Noch ein Blick auf ihre Liste, dann zuckte sie mit den Schultern und legte das Klemmbrett auf den blau gemauerten Fensterrahmen.

»Alle ins Wasser, los, los«, scheuchte sie die Gruppe. Eines nach dem anderen planschten die Kinder von der flachen Seite her in das Becken. Julia und Lore waren mittendrin. Das Wasser war angenehm warm und die Mädchen begannen, einander mit Wasser zu bespritzen. Das Wasser reichte ihnen allen nur bis knapp über die Hüfte.

»So« machte sich die Trainerin bemerkbar. »Ich bin Resi Pahl und ich werde mit euch Bewegung im Wasser trainieren, sogenanntes Aqua-Aerobic. Ihr werdet sehen, dass euch das viel leichter fallen wird als an Land. Aber es ist auch anstrengend. Ich mache euch die Bewegungen vor und ihr macht sie nach. Damit das Ganze nicht so öde ist, machen wir dazu Musik an.«

Sie ging hinüber zu dem tiefen Fensterrand und schaltete einen Bluetooth Lautsprecher an, aus dem jetzt sehr schwungvolle Musik erscholl. In dem Schwimmbad hallte sie von allen Seiten wider.

Frau Pahl nahm ihre Position am Beckenrand wieder ein.

»Könnt ihr mich alle sehen?«

»Ja«, antwortete ihr ein mehr als lahmer Chor.

»Das könnt ihr aber besser. Könnt ihr mich alle sehen?«, schrie sie in begeisterter Stimmlage den Kindern zu.

»Ja«

Diesmal klang es deutlich lauter.

»Gut. Stellt euch bitte alle so auf, dass eure Füße etwa schulterbreit auseinanderstehen, und dann hüpft ihr im Takt der Musik auf und ab. Na los!«

Sie begann selber zu hüpfen, immer mit der Musik, und eines nach dem anderen nahmen auch die Kinder den Rhythmus auf. Es platschte und spritzte gewaltig, aber Lore merkte, wie viel Spaß es ihr machte. Sie drückte sich vom Boden ab und versuchte, immer höher und höher zu springen. Es sah lustig aus, wie sie alle hochsprangen und zurück platschten, jeder so gut er oder sie konnte. Vor ihr war Mirko, der sich mit rudernden Armen um Gleichgewicht bemühte. Und Julia neben ihr hatte eine dermaßen konzentrierte Miene aufgesetzt, dass es sehr spaßig aussah. Lore lachte und machte übermütig ein paar besonders hohe Sprünge – bis sie schief aufkam und ins Wasser fiel. Die Musik war auf einmal dumpf und leise. Prustend kam sie wieder an die Oberfläche und richtete sich auf. Die anderen Kinder lachten, doch diesmal lachte Lore mit ihnen. Sie wusste einfach, dass sie diesmal nicht ausgelacht wurde.

Bald schon nahm Mirko ein Tauchbad und wenig später auch Julia.

Die Trainerin klatschte in die Hände. Die Kinder hörten auf zu springen und japsten und keuchten nach Luft. Auch Lore merkte, wie schnell ihre Atmung ging und wie stark ihr Herz schlug. Die ganze Zeit hatte sie das gar nicht wahrgenommen. Im Wasser war es eben tatsächlich leichter.

»Jetzt machen wir ein paar langsamere Bewegungen. Geht bitte alle zum Beckenrand und haltet euch fest. Dann streckt ihr das rechte Bein nach vorne, so hoch ihr kommt.«

Alle wateten zum Rand und lehnten sich mit dem Rücken dagegen, griffen links und rechts hinter sich zum Rand und hoben gleichzeitig das rechte Bein an. Julia, die neben Lore stand, bebte vor unterdrücktem Lachen. Lore sah sie verwirrt an.

»Dit sieht so aus wie nen Wassaballett. Wie dit Ballett der Nilpferde!«, japste sie, ihr Lachen nun auf Lore übertragend. Ja, das musste rasend komisch aussehen. Lore gluckste vor sich hin, während sie den Anweisungen der Trainerin folgte, die ihnen befahl, nun die Beine immer abwechselnd zu heben. Dabei drehte sich die ganze Gruppe hin und her und hob mal das linke, mal das rechte Bein. Jetzt waren sie wirklich ein Wasserballett.

Dankbar bemerkte sie, dass sie mit Julia so viel Spaß haben konnte. Wenn sie doch nur auch zu Hause eine solche Julia hätte. Zu Hause – sie wollte jetzt nicht daran denken. Zu Hause war weit weg – räumlich und zeitlich. Sie wollte jetzt so viel Spaß wie möglich haben.

Als sie nach der Stunde aus dem Wasser stiegen, merkte Lore, dass ihre Beine sie kaum noch tragen wollten. Und sie war nicht die Einzige, die sich auf schwachen Beinen herausschleppte. Eingehüllt in weiße Handtücher, kontrollierten die Kinder ihren Blutdruck mit Handgelenksmanschetten. Die Trainerin trug die Werte bei dem jeweiligen Kind ein. Erst als sie alle wieder zu den Kabinen schlurften, öffnete sich die Tür der Mädchenumkleidekabine und die beiden Zombieschwestern erschienen im Bad.

Missbilligend richtete sich der Blick der Trainerin auf die säumigen Anvertrauten.

»Seid ihr Franziska und Jaqueline ...?«

»Ja, sind wir«, entgegnete Franziska von oben herab.

»Ihr kommt zu spät. Ihr habt die Stunde verpasst.«

»War ja kaum Zeit. Wir hatten noch was anderes zu tun ...«

»Wie bitte?« Schneidend kalt war die Stimme der Trainerin. »Ihr seid hier, damit ihr euer Gewicht reduzieren sollt. Das ist hier jetzt eure einzige Aufgabe! Und meine Aufgabe ist es, euch dabei anzuleiten. Das setzt voraus, dass ihr anwesend seid.«

Franziska verdrehte genervt die Augen.

»Nun machen Sie mal daraus keine Riesensache! Wir haben einmal die Elefantengymnastik verpasst, na und? Dann legen Sie nächstens die Pläne eben so, dass wir zwischendurch auch mal Pausen haben!«

Jaqueline kicherte und stieß ihre Schwester ermutigend in die Seite.

Mit offenem Mund stand Frau Pahl da. Kurz schüttelte sie den Kopf, dann fuhr sie Franziska in gefährlich leisem Ton an: »Mein liebes Fräulein, das wird ein Nachspiel haben, das kann ich dir versichern. Gib nur einmal noch eine dermaßen patzige Antwort oder komm auch nur zu spät, dann schicken wir dich mit dem nächsten Zug wieder nach Hause. Und eurer Krankenversicherung teilen wir mit, dass ihr die Therapie verweigert. Wer, glaubst du, sind wir denn hier? Deine Dienstboten?«

Unbeeindruckt frech starrte Franziska der Trainerin ins Gesicht.

»So was Ähnliches«

»So, jetzt ist Schluss! Ihr beide kommt jetzt sofort mit zur Klinikleitung!«

Sie ging auf die Mädchen zu, nahm an jede Hand eine von ihnen und verschwand durch eine Tür, auf der »Personal« stand.

Lore hatte die ganze Auseinandersetzung mit offenem Mund verfolgt. Julia stieß sie an.

»Mach n Mund zu, kommen Fliejen rin. Und die jeben dir hier keene Extrakalorien!«

Lore grinste die Freundin an. Gemeinsam schleppten sie sich zur Umkleidekabine, denn jetzt merkten sie ihre Beine wieder.

»Ick werd nen Riesen Muskelkater kriejen!«, beschwerte sich Julia. »Dit tut ja jetze schon so weh!«

Lore nickte.

»Geht mir genauso.«

In der Umkleide ergingen sich die Mädchen in tausend Vermutungen, was denn wohl mit Franziska passieren würde.

»Die sind wa los!«, prophezeite Julia.

»Schön wär's«, seufzte Lore. »Die beiden machen Ärger.«

Das Mittagessen war wie immer ungewohnt gemüselastig und enthielt nur wenig Putenfleisch, das allerdings mit Kräutern gut gewürzt war und Lore zusammen mit den Tomaten unerwartet lecker schmeckte. Satt war sie zwar nicht geworden, aber sie konnte sich so langsam vorstellen, sich an diese andere Art von Essen zu gewöhnen.

Seltsam fand Lore nur, dass weder ihre Mutter noch die von Julia dabei war. Vielleicht aßen die beiden woanders? Doch die Gedanken an ihre Mutter verflogen mit Julia schnell.

Nach dem Mittagessen stand Lebensmittelkunde auf dem Plan.

»Ich bin schon gespannt, was die uns da beibringen«, sagte Lore.

»Na, wat schon!«, konterte Julia. »Det Mars schlecht für die Fijur is und wia lieber Mohrrüben futtan solln wie die Karnickel …«

Und sie machte ein Gesicht wie ein Hase und hielt sich die Hände wie Ohren hinter den Kopf. Lore musste lachen.

»Ja, wahrscheinlich.«

Als sie den Unterrichtsraum betraten, sahen sie als erstes die beiden Zombieschwestern in der Ecke sitzen.

»Ach, kiek ma an«, flüsterte Julia Lore zu. »Da sind se ja wieda, die Zombies. Und jewaschen und ohne die janze Schminke inner Visage. Jeht doch!«

Lore kicherte. Franziska schaute zu ihnen auf und wirkte wie ein Drache, kurz bevor er Feuer speit. Ihre Schwester dagegen zog den Kopf ein und schaute zu Boden.

»Denen hat der Rektor ordentlich den Kopf gewaschen!«, wisperte sie zurück. »Schau nur, wie sauer die aussieht.«

»Stimmt. Die jroße Schnauze is ihr verjangen!«

Sie fanden Plätze nebeneinander. Kaum hatten sie sich niedergelassen, da kam schon die Lehrerin herein.

Julia sollte recht behalten, was das Prinzip dieses Unterrichts anging. Es ging hauptsächlich um die Stoffe, die in den jeweiligen Lebensmitteln enthalten waren. Wie viel Zucker war in Cola? Und wie viel sogar in Fruchtsaft? Oder gar in Limonade? Lore staunte, als die Lehrerin ganze Stapel mit Zuckerwürfeln vor den verschiedenen Getränken aufstapelte. Nur vor dem Mineralwasser gab es keinen Zuckerwürfel. Na klar, deshalb schmeckte das Zeug ja auch so fad.

Die erste Aufgabe, die sie bekamen, bestand darin, einige Esswaren nach ihrer Kalorienzahl zu ordnen. Die mit den wenigsten Kalorien sollten ganz links, die mit der höchsten Zahl ganz rechts angeordnet werden. Sie sollten die Aufgabe in Zweiergruppen erledigen. Natürlich machten sich Lore und Julia gemeinsam an die Arbeit.

Das Mineralwasser bekam den Platz ganz links. Daneben legten sie die Möhre und den Brokkoli, dann folgte der Maiskolben und so weiter, bis sie an der anderen Seite die Cola, die Schokolade und die Bonbons legten.

Die Lehrerin teile jedem zwei kopierte Din-A4 Bögen mit Tabellen aus, auf denen der Fett-, Zucker- und Eiweißgehalt der Lebensmittel verzeichnet war.

»Bis zur nächsten Stunde malt ihr die Lebensmittel grün an, die ihr immer essen und trinken dürft. Gelb sollen die Esswaren markiert werden, die ihr manchmal essen könnt.

Und rot kennzeichnet ihr alle, die euch während dieser Maßnahme verboten sind. Bis dahin.«

Damit verließ sie den Raum.

Julia stöhnte auf. Als Lore sie verwundert ansah, zeigte Julia dem Finger auf den unteren Teil der Tabelle.

»Kiek ma, all die leckren Sachen. Dit is bestimmt rot.«

Und sie las vor, mit einem träumerischen Unterton in der Stimme: »Nutella, Schokolade, Eis, Cola, Jummibärchen – von alledem können wa uns verabschieden.«

»Ist wohl so«, sagte Lore, nicht ohne Bedauern in der Stimme.

»Und Leberwurschtschrippen is ooch nich mehr.«

»Leider«, bestätigte Lore.

»Und weeste, was dit blödeste is? Jetzt hab ick richtich Hunga jekriecht!«

Lore musste lachen. Julia schaute empört zu ihr herüber.

»Wat denn? Is nun mal so!«

»Du klingst einfach nur süß!«

»Dit is nich süß, dit is Berlinerisch. Dit lass ick mir nich nehmen!«

Lore zog die Freundin an sich. Nur das, diese eine Geste, und Julia beruhigte sich wieder.

»Na, is doch wahr…«, sagte sie noch, dann musste auch sie lächeln.

Vor dem Abendbrot mussten Lore und Julia noch in die Turnhalle.

»Oje, wo ick mir endlich wieder bewejen kann?«, grinste Julia.

»Wird schon gehen«.«

»Klar wird dit jehen. Nur ick kann dann nich mehr loofen!«

Lustlos steuerten sie die Turnhalle an.

Die gleiche Trainerin wie für das Schwimmen, Resi Pahl, wartete schon auf die Kinder, die mal zu zweit, mal allein eintrafen.

»Hallo, wollen wir mal sehen, ob diesmal alle vollzählig sind!«, rief Frau Pahl. Dann rief sie jeden auf ihrer Liste mit Namen auf und hakte diese ab.

»Schön« erklärte sie dann befriedigt. »Wir werden heute mit Bällen arbeiten. Ihr findet euch bitte zu zweit zusammen.«

Lore genoss es unendlich, dass sie wusste, mit wem sie zusammen machen konnte.

Sie sollten sich erst kleine, dann immer größere Bälle zuwerfen. Das war sehr lustig.

Frau Pahl klatschte in die Hände.

»So, und damit nicht immer die gleichen zusammen machen und ihr euch gegenseitig besser kennenlernt, rückt die Reihe rechts von mir einen Platz auf, dann hat jeder einen neuen Partner. Und dann machen wir das Ganze noch einmal.«

Julia musste zu Jaqueline aufrücken und zog, zu Lore gewendet, einen Flunsch. Lore dagegen blieb stehen und hatte Mirko als neuen Partner, der sie schüchtern anlächelte. Auch mit ihm hatte Lore eine Menge Spaß, da er die Bälle ebenso schwer erwischen konnte wie sie selbst.

Wieder das Klatschen.

»Aufrücken!«

Diesmal stand Lore einem strähnig blonden Mädchen gegenüber. Ihr ganzes Gesicht war mit Eiterpickeln bedeckt.

»Wie heißt du?«, fragte Lore, ihren ersten Schreck überwindend. Bestimmt konnte das Mädchen nichts dafür, dass sie so viele Pusteln hatte.

»Pia«, kam es fast unhörbar aus ihrem zahnspangenbewehrten Mund. Auch das noch, dachte Lore voller Mitgefühl. Sie nahm sich vor, besonders nett zu Pia zu sein.

Einige Male schon waren die Bälle zwischen ihnen hin und her geflogen, da klatschte die Trainerin wieder in die Hände.

»Wechsel«, rief sie durch die Halle.

Pia streckte der Lehrerin die Zunge heraus, so kurz, dass es nur Lore zu ihrem heimlichen Amüsement sehen konnte.

»Olle Resopal!«, murmelte sie dabei. Lore kicherte. Dieser Spitzname war echt gut. Sie würde das gleich Julia berichten. Wo war die eigentlich? Suchend blickte sie sich um. Da vorne stand Julia und ihr gegenüber ein großer, plumper Junge, den Lore für mindestens siebzehn hielt. Der war bestimmt fast einsachtzig groß, aber sicher ein Meter zwanzig breit.

»He, hier bin ich!«

Lores neuer Partner wedelte ihr mit den Händen vor der Nase herum. Erschrocken drehte sie sich ihm zu.

»Ich bin der Max.«

Der Junge strahlte sie an und bot ihr seine riesige Hand.

»Lore«, sagte sie automatisch und ergriff seine Rechte. Die war sehr warm.

»Dann los«, forderte Max sie auf. Doch kaum war der erste Ball geflogen, da klingelte es zum Ende der Stunde.

»Messt bitte alle euren Blutdruck und sagt mir die Werte!«, rief Resopal, wie Lore sie nun auch im Stillen nannte.

Jetzt erst merkte Lore, wie erschöpft sie war. Ihr Herz pumpte schnell, sie hatte einen Höllendurst. Der Schweiß lief ihr in Bächen am Rücken herunter und brannte in ihren Augen. Sie schleppte sich zur Umkleidekabine, wo sie wieder auf Julia traf.

Dort musste sie natürlich als Erstes die Freundin über den Spitznamen der Lehrerin aufklären. Diese begann zu kichern.

»Dit passt zu ihr!«

4. Hunger

Zum Abendessen waren auch die beiden Mütter wieder da. Sie erzählten, dass sie einen Kochkurs hinter sich und einen dicken Ordner mit kalorienarmen Rezepten bekommen hätten.

»Ich muss nach dem Abendbrot los, damit ich meinen Zug nicht verpasse. Ich muss doch morgen wieder arbeiten.«

Um Entschuldigung bittend, blickte Lores Mutter ihre Tochter an. Lore schluckte, nickte aber.

»Ich weiß«, krächzte sie.

Da legte sich von der anderen Seite eine warme Hand auf ihren Arm.

»Du hast ja mir«, wehte es leise und tröstlich von Julia herüber. Da schossen Lore die Tränen in die Augen. Sie brannten.

Lore nahm aus dem Augenwinkel wahr, wie Julias Mutter ihre Tochter kurz umarmte und ihr einen Kuss auf die Wange drückte.

»Machs jut, meene Kleene. Du machst dit schon. Du bist ja meene Jroße!«

Ihre eigene Mutter hielt sie zur gleichen Zeit im Arm und Lore klammerte sich an sie, während ihr die Tränen über die Wangen liefen. Für Lore war der Abschied wie immer schlimm.

»Ich komme ja Weihnachten, fest versprochen. Das geht schneller, als du denkst!«, flüsterte Lores Mama ihr zu. Lore nickte schluchzend. Schließlich löste sich Lores Mutter von ihr und kurze Zeit fühlte sie sich sehr allein. Aber Julia nahm die neue Freundin in den Arm und streichelte ihren Rücken.

»Pass man uff, wie viel Spaß wia beede ham können. Bessa, deine Mutta sieht dit jar nich, wat wia allet anstellen wern …«

Lore hickste, zwischen Abschiedsschmerz und einem Lachen. Das Lachen gewann, wenn ihr dabei auch noch die Tränen die Wangen hinunterliefen. Verschwommen sah sie ihre Mutter, wie sie sich ihr im Gehen noch einmal zuwendete und winkte, bevor sie ihren Weg zum Ausgang zusammen mit Julias Mutter fortsetzte. Lore meinte, ihre Mutter hätte ihr sogar noch einen Kuss herüber gepustet, so genau konnte sie es aber durch ihre Tränen nicht erkennen.

»Och, heult unsere Kleine, weil ihre Mami weggeht?«, fragte da auf einmal eine höhnische Stimme. Die von Franziska. Lore war die Kehle wie zugeschnürt und sie konnte nicht antworten. Doch Julia drehte sich der Sprecherin zu, und ohne Lore loszulassen, konterte sie:

»Verzisch dir, du blöde Bitch«, woraufhin Franziska tatsächlich abschwirrte, wenn auch grinsend.

»Die is doch nur neidisch«, tröstete Julia sie. »Haste jesehen, wie ihre Mutter ihr behandelt hat? Eenfach wegjejangen, keen Kuss, keen Abschied …«

Als Lore der neuen Freundin ins Gesicht sah, entdeckte sie unter dem Lächeln auch ein paar Tränen in ihren Augenwinkeln. Also war Julia nicht wirklich so cool wie sie rüberkam. Sie konnte ihre Gefühle nur besser verbergen. Lore beschloss, Julia nicht darauf anzusprechen.

Am nächsten Tag, dem Montag, war das erste Mal Schule. Hier konnte nun Lore ihrer Freundin Julia helfen. In Deutsch und Englisch war Lore wirklich gut. Das fiel auch Julia auf und sie sagte es Lore.

»Ich will ja später auch Journalistin werden«, vertraute Lore ihrer Freundin leise an.

»Dit machste bestimmt jut!«, flüsterte Julia zurück. Es tat Lore so gut, etwas Lobendes von Julia zu hören.

Es war eine kleine Lerngruppe, der sie zugeteilt wurden. Nur zu siebt bekamen sie Unterricht. Die meisten ihrer Mitschüler waren nett oder zumindest okay. Leider waren aber auch die beiden Zombieschwestern Teil der Gruppe. Es stellte sich heraus, dass gerade diese beiden mit äußerst schlechten Vorzensuren gekommen waren. Und sie zeigten wenig Interesse am Unterricht und hielten das offenbar auch noch für cool. Wann immer die Lehrerinnen Franziska oder Jaqueline drannahmen, gaben die Schwestern patzige Antworten, die nichts mit dem Unterrichtsthema zu tun hatten.

Erneut wurden die beiden Störenfriede dem Leiter der Anstalt vorgeführt, erneut waren sie danach sehr kleinlaut. Aber das gab sich schnell. Franziska wurde nur vorsichtiger in ihren Angriffen auf die Mitschüler, die gut beim Lernen mitkamen. Darunter war auch Lore. Aber Julia stand zu ihr und brachte das Mädchen immer wieder zum Schweigen. Oder sie gab eine so lustige Antwort, dass Franziska von der ganzen Gruppe ausgelacht wurde. Auf eine von Franziskas Attacken sagte Julia zum Beispiel: »Een Zombie hing am Glockenseil«, was großes Gelächter auslöste.

Zwei Jungs waren mit dabei: Max und Mirko. Das fand Lore sehr erfreulich, denn beide waren sehr nett zu ihr und Julia. Bald schon machten sie ihre Hausaufgaben zu viert. Max war gut in Mathe und half damit den drei anderen.

Und Mirko wusste viel in Chemie und Physik. Es war eine schöne und produktive Zeit, wenn sie gemeinsam lernten, und das wirkte sich natürlich auch auf die Zensuren aus.

Die Siebte war Pia, die scheue Schülerin mit den vielen Pickeln und Pusteln im Gesicht, die Lore schon vom Bällewerfen kannte. Pia war blond und neigte zum Erröten, wann immer jemand sie ansprach, und sie hatte eine leise Flüsterstimme. Wenn sie überhaupt je sprach.

Nach dem Mittagessen sammelten sich die Kinder vor den Kliniktüren zu einem Spaziergang. Als Betreuer standen Frau Pahl dabei und eine weitere Lehrerin und ein Lehrer. Die eine war Frau Franke, die die Kinder in Deutsch und Englisch unterrichtete, der Mann Herr Hönig, der Mathelehrer.

Lore freute sich schon aufs Losgehen, denn sie war schon immer gerne spazieren gegangen. Aber es war dann doch anders, als sie es von zu Hause kannte. Erst einmal war es kälter, als sie bei dem Sonnenschein gedacht hätte. Es wehte ein eisiger Wind und sie vergrub ihre Hände schnell in den Taschen ihrer Winterjacke, denn die begannen bald unangenehm von der Kälte zu schmerzen. Vor allem ging es nicht in gemächlichem Tempo nur ein paar Meter durch den Wald, sondern der Weg war weit und es gab kaum Verschnaufpausen. Und die Brote, die ihre Mutter immer auf solche Spaziergänge mitgenommen hatte und auf die Lore jederzeit Zugriff gehabt hatte, fehlten ihr auch. Zwar hatten sie alle ein Jausenpaket im Rucksack, durften es aber erst an ihrem Ziel auspacken. Das Einzige, was sie beim Wandern zu sich nehmen durften, war Wasser.

Außerdem waren Waldspaziergänge bei ihrer Mutter immer sehr wetterabhängig. Oft machten sie den Ausflug nicht, weil es zu kalt, zu windig, zu regnerisch, zu heiß oder sonst irgendwie vom Wetter her nicht passend war. Lieber kuschelten sie sich dann auf das Sofa, legten sich Chips zurecht und schauten einen schönen Film.

Lore seufzte, als sie an das weiche Sofa dachte. So weich wie ihre Mama. Und beim Gedanken an Chips lief ihr das Wasser im Munde zusammen. Stattdessen latschten sie jetzt hinter den Lehrern her, die ein ziemlich anstrengendes Tempo vorlegten und dieses auch noch als normal bezeichneten.

Bald ging es hauptsächlich bergauf und Lore begann erst zu schnaufen, dann zu keuchen. Julias Lunge war ebenso laut wie ihre eigene. Lore wurde immer langsamer und blieb schließlich ganz stehen. Sie musste sich einfach verschnaufen. Julia blieb neben ihr stehen. Die anderen Kinder überholten die beiden Mädchen, die vorne über gebeugt nach Luft japsten. Und zum größten Überfluss begann es jetzt auch noch zu regnen. Wie eisige Nadelstiche wehten ihnen die feinen Tropfen entgegen.

»Los, weiter gehts, ihr beiden!«

Die Stimme von Resopal, eindeutig. Lore versuchte, mit den Händen anzudeuten, dass sie eine Pause brauchten. Ihre Lunge ging immer noch wie ein Blasebalg.

»Wie bitte?«, fragte Resopal und zog die Augenbrauen nach oben.

»Nur… nur einen… Moment ...«, keuchte Lore.

»...ausruhen«, ergänzte Julia.

»Nachher könnt ihr ausruhen«, bestimmte die Trainerin. »Wenn wir oben sind. Los, Kinder, wir verlieren den Anschluss! Oben sind dreißig Minuten Pause vorgesehen. Wenn ihr später kommt, gilt trotzdem die Ankunftszeit derer, die als Erstes oben waren. Dann habt ihr sehr viel weniger Rastzeit als die anderen. Also los, setzt euch in Bewegung. Ihr schafft das!«

»Es regnet!«, beschwerte sich Lore vorwurfsvoll. Die Trainerin lachte nur.

»Dann habt ihr etwas Erfrischung von oben. Ist doch gut!«

Widerwillig und mühsam folgten beide Mädchen der Anweisung der Trainerin. Von jetzt an ging es nicht nur ausschließlich bergauf, der Wanderweg wurde auch immer steiler. Der Weg war hier noch breit und aufgrund der Steigung in bestimmten Abständen immer wieder durch quer gelegte Baumstämme verstärkt worden. Nur durch die stetige Ermutigung von Frau Pahl blieben Lore und Julia in zwar langsamer, aber ständiger Bewegung. Nach einer halben Stunde waren sie wieder auf Sichtweite zu den anderen vorgerückt und bald darauf hatten sie die Letzten eingeholt. Frau Pahl lobte die Mädchen sehr.

»Wie weit isses denn noch, bis wa oben sind?«, fragte Julia.

»Eine halbe Stunde wird es wohl noch dauern.«

»So weit?«, fragte Lore entsetzt.

Resopal nickte nur.

Schicksalsergeben und ohne Kraft mit Reden zu vergeuden, kletterten Lore und Julia, einander bei schwierigen Stellen helfend, die Steigung empor. Sie hörten auch die anderen stöhnen und nach Luft japsen. Und Mirko, dem das Klettern über die Baumstämme zu mühevoll war, ging immer rechts daran vorbei. Das ging so lange gut, bis er an eine sehr matschige Stelle trat, ausglitt und das Gleichgewicht verlor. Er fiel nach vorne in den Schlamm und rutschte ein paar Meter wie ein lebender Schlitten wieder herunter. Vor Lores Füßen blieb er halten. Die Kinder, die schon weiter waren, drehten sich um und lachten.

Auch Julia fing an zu prusten. Sie kicherte vor sich hin, was Lore mit einem verständnislosen Blick kommentierte. Lore bückte sich herunter und versuchte, dem Jungen wieder auf die Beine zu helfen. Dabei spürte sie so was wie einen elektrischen Schlag, der von der Hand des Jungen ausging. Hatte Mirko sich irgendwie aufgeladen? Erschrocken zuckte sie zusammen, ließ die Hand kurz los, sodass Mirko wieder zurückfiel. Nun fasste auch Julia mit an und Lore ergriff wieder seine andere Hand und gemeinsam schafften sie es, dass Mirko bald wieder auf seinen Füßen stand. Er hielt sich den rechten Arm. Seine gemurmelten Flüche erheiterten Julia noch mehr, während Lore ihm die Hand auf den Unterarm legte.

»Hast du dir wehgetan?«

Mirko blickte zu ihr hin. Augenblicklich ließ er seinen Arm los.

»Nein. War ja weich, der Matsch.«

Julia prustete wieder los. Und diesmal stimmten sowohl Lore als auch Mirko in ihr Lachen mit ein.

Dann schaute Mirko an sich herab und den Weg zu den anderen wieder hinauf.

»Jetzt kann ich den ganzen Weg noch mal machen. Und ich seh aus wie ein Wildschwein, das gerade aus der Suhle kommt.«

Dieser Vergleich brachte sogar Resopal zum Lachen.

»Also los«, sagte Mirko und setzte einen Fuß vor den anderen wieder weiter nach oben. Julia und Lore folgten ihm.

Lore hatte Durst, doch ihre Flasche Wasser war schon leer. Julia hatte ihre auch ausgetrunken. So versuchte sie, sich auf die Geräusche des Waldes zu konzentrieren. Ein stetes Rauschen drang an ihr Ohr: der Regen. Und obwohl es schon so spät im Jahr war, hörte Lore von überall die Vögel über ihnen in den Bäumen zwitschern. Frieden zog trotz der Anstrengung der Wanderung in ihr Herz ein und sie vergaß ihren Durst.

Langsam wurde es weiter vorne heller. Das Strauchwerk nahm ab oder war weniger dicht und das Licht drang wieder zu den Kindern durch. Und bald darauf hörten Lore, Julia und Mirko von über sich die ersten Freudenrufe. Die Ersten der Gruppe waren oben angekommen. In einer letzten großen Anstrengung zwangen sie sich die letzten Meter nach oben.

Sie traten an den grasigen Waldrand, der ein paar ebene Schritte weiter vorne mit einem Zaun bewehrt war. Dort standen bereits die meisten Kinder der Gruppe und versuchten, wieder zu Atem zu kommen. Lores Blick hing an den beiden Parkbänken, die am höchsten Punkt des Hügelkamms aufgestellt waren. Wie herrlich wäre es, sich einfach da hinzusetzen und auszuruhen.

Der Regen hatte aufgehört. Die drei Nachzügler liefen, so schnell sie konnten, in Richtung der Bänke. Es entspann sich ein spontaner Wettlauf, wer von ihnen zuerst dort anlangen würde. Julia kicherte und überholte Lore geschickt, indem sie sie von der Seite leicht anstieß.

»Hey!«, beschwerte sich Lore, aber Julia antwortete ihr nur mit einem Kichern. Sie hatte den entscheidenden Vorteil gewonnen und schlug, nun laut lachend, als erste an.

»Erster!«, rief sie übermütig.

»Letzter!«, rief Mirko, der in letzter Sekunde noch einmal über eine Wurzel ins Stolpern geraten war. Er rief es triumphierend.

Leider hatten alle anderen ihre Rucksäcke auf die Bänke gestellt, sodass niemand noch Platz zum Sitzen fand. Die Sonne brach durch die Wolken und die vielen kleinen Regentropfen an den Grashalmen und an den Blättern der Bäume begannen zu funkeln wie Diamanten. Fasziniert nahm Lore das wahr, stieß Julia an und zeigte ehrfürchtig auf die Zweige.

»Schau mal«, stieß sie hervor. »Wie schön!«

»Kommt mal hierher!«, rief Resopal, die sie inzwischen überholt hatte und vorne am Zaun stand.

Neugierig stießen sich Lore und Julia von der Bank ab wie zwei Boote vom Ufer. Mirko folgte ihnen, doch Lore und Julia beachteten ihn erst wieder, als er von hinter ihnen rief:

»Das schaut ja herrlich aus!«

Damit hatte er die Aussicht großartig in Worte gefasst. Lore schaute über ein Tal, das sich kurz hinter dem Zaun sehr plötzlich absenkte. Unten sah sie ein Dorf inmitten wunderschöner grüner und gelber Flächen liegen. Die Glocke der Kirche begann gerade zu läuten. Noch von hier aus war sie leise aus der Entfernung zu hören. Hinter ihnen zwitscherten die Vögel. Die ganze Atmosphäre war so voller Frieden ...

»Mach'n Mund zu, komm' Fliejen rin!«, lachte Julia und stieß sie freundschaftlich in die Seite. Jetzt erst merkte Lore, dass ihr der Mund offen stand vor Staunen und sie schloss ihn wieder. Sie schaute prüfend zu Julia herüber, doch diese sah sie einfach nur heiter lächelnd an, mit einem Funkeln in den Augen, das Lore augenblicklich versöhnte. Und nicht nur das. Lore musste auch grinsen. Sie konnte Julia nicht böse sein wegen dieses Spruches.

Sie wendete den Blick wieder der schönen Aussicht zu. All die Anstrengungen, die sie bis zu diesem Punkt gebraucht hatte, waren augenblicklich vergessen. Traumverloren ließ Lore dieses Bild auf sich wirken. Und sie nahm es in ihrem Herzen mit.

»Siehste, Lore«, unterbrach Julia ihre Träumereien. »Da strampeln wa uns ab wie sonst wat, um hia hoch zu asten, und wofür? Damit wa sehn könn, wie schön dit da unten is! Hätten wa ja ooch jleich unten bleiben könn!«

Die beiden Mädchen kicherten.

Resopal klatschte in die Hände, wie es so ihre Gewohnheit war. Lore zuckte zusammen.

»So, Kinder, jetzt dürft ihr eure Brote auspacken. Es bleiben noch fünfzehn Minuten zum Essen.«

»Nur fünfzehn Minuten?«, fragte Franziska in ihrem herablassenden Ton, sodass es wie ein Vorwurf klang.

Resi Pahl zog die dichten dunklen Augenbrauen unwillig zusammen und fixierte Franziska mit einem Blick, der das Mädchen unwillkürlich einen Schritt zurücktreten ließ.

»Fünfzehn Minuten!«, sagte sie fest. Gespannt schaute Lore in Franziskas Gesicht. Diese nickte nur und senkte den Blick. Aber kaum hatte die Trainerin sich von ihr abgewendet, zischelte sie ihrer Schwester was ins Ohr, das diese zum Kichern brachte.

»Und vergesst das Trinken nicht«, fügte Frau Pahl hinzu.

Lore meldete sich wie in der Schule.

»Ja, Lore?«

»Meine Wasserflasche ist leer – und ich hab Durst!«, beschwerte sie sich.

Lächelnd nahm Frau Pahl ihren eigenen Rucksack ab und stellte ihn zu Boden. Er schien schwer zu sein.

»Wie gut, dass ich immer noch ein paar Extraflaschen mit Wasser dabei habe.«

Sie reichte Lore eine davon und blickte fragend in die Runde. Um Lore herum war Bewegung in die Gruppe gekommen.

»Ich auch!«, rief es aus mehreren ausgedörrten Kehlen.

Auch Frau Franke und Herr Hönig machten sich an ihren Rucksäcken zu schaffen und förderten noch einige weitere Flaschen mit Wasser zutage. Diese wurden ihnen beinahe aus den Händen gerissen.

Danach liefen alle Kinder zu den Bänken hinüber und suchten ihre Rucksäcke, wühlten darin herum. Auch Lore lief hinüber zu dem ihren. Es knisterte, als die ersten Kinder ihre Brote aus dem Butterbrotpapier wickelten, und Lore beeilte sich, es ihnen nachzutun. Auf einmal merkte sie, wie viel Hunger sie hatte. Mit mehr Freude, als sie gedacht hätte, verzehrte sie ihr Brot und den halben Apfel – und trank beinahe ihre ganze Flasche Wasser leer. Auch Julia und Mirko taten sich an den Pausenpaketen gütlich. Viel zu schnell klatschte Frau Pahl erneut in die Hände.

»So, packt die Sachen wieder ein. Wir machen uns jetzt auf den Rückweg.«

Lore zog den Rucksack zu. Julia und sie selbst ordneten sich in der zweiten Reihe der Schüler ein.

»Denn könn' wa noch'n bisschen zurückfallen, dann ham wa noch Platz nach hinten!«, flüsterte Julia ihr zu.

Und es war gut, dass sie sich so weit vorne dazu gesellt hatten. Im Laufe des Rückmarsches, der in strammem Tempo verlief, fielen sie bis in die vorletzte Reihe zurück. Nur Mirko und die Horrorschwestern waren noch hinter ihnen. Zurück vor der Klinik, kam Mirko auf Lore und Julia zu.

»Also mit euch zu laufen hat mir mehr Spaß gemacht. Die beiden sind echt ätzend.«

Damit ging er an den erstaunten Mädchen vorbei und verschwand in ihrer aller momentanem Zuhause.

Frau Pahl hatte ihnen bis zum Abendbrot frei gegeben und so schleppten sich auch Lore und Julia in ihr gemeinsames Zimmer. Lore fielen fast die Augen zu und nur Julia schaffte es, sie vor dem Hinlegen noch zum Duschen zu bewegen. Danach summte es so in ihrem Geist, dass sie nur mit Mühe noch in ihr Bett fand.

»Lore, aufstehen, Abendbrot!«, drang Julias Stimme in Lores Traum, in dem sie auf einer Klippe im Wind stand und die Aussicht genoss. Langsam fand sie wieder ins Hier und Jetzt.

Mit schwindendem Widerwillen aß Lore zum Abendbrot den Gurkensalat und das Eiweißbrot. Die fettreduzierte Wurst war nicht so ganz nach ihrem Geschmack, den Käse allerdings und den warmen Pfefferminztee mochte sie sehr. Sie warf einen Blick zu Julia hinüber. Die kaute mit vollen Backen und sah recht vergnügt dabei aus. Auch ihr schien das Essen zu schmecken.

»Ga nich ma schlecht!«, kommentierte sie, nachdem sie alles bis auf den letzten Krümel vertilgt hatte. »Nur nich jenuch!«

Suchend streifte ihr Blick Lores Teller, auf dem sich noch ein paar Gurkenscheiben befanden.

»Brauchste die noch?«

Ein bettelnder Blick reichte, um Lores Herz zu schmelzen.

»Eigentlich schon«, sagte sie zögernd. Ihr Magen erinnerte sie mit deutlichem Brummen daran, dass auch sie noch nicht satt war. Als hätte sie eine Alarmklingel verschluckt. Ihre Gabel bewegte sich zu einer der Gurkenscheiben, als sie aber Julias Blick sich verdunkeln sah vor Enttäuschung, da schob sie der Freundin ihren Teller hinüber.

Julia strahlte sie an.

»Jibst du mir dit wirklich?«

»Ja«, murmelte Lore und spürte eine heiße Welle über ihre Wangen spülen. Sicher war sie jetzt knallrot.

»Dit is ja so süß von dir!«, sagte Julia mit rauer Rührung in ihrer Stimme. »Danke! Aber allet kann ick nich annehmen. Jeder zwee Scheiben von die Jurke?«

Lore lächelte Julia ins vor Freude strahlende Gesicht und nickte.

Viel zu schnell waren auch diese letzten Leckerbissen von ihrem Teller verschwunden. Der Nachdurst von der Wanderung ließ die Mädchen jede vier Tassen Tee trinken.

5. Ein nächtlicher Ausflug

Die Mädchen waren so erschöpft von dem Spaziergang am Nachmittag, dass sie sehr schnell einschliefen. Als Lore erwachte, war es noch dunkel. Die Wanduhr zeigte drei Uhr morgens. So ein Mist. Lore war hellwach. Und ihre Blase drückte. Hatte sie beim Abendbrot zu viel Tee getrunken?

Leise bewegte sie sich mit den Füßen zum Bettrand, um auf die Toilette zu gehen. Gerade hatte sie sich hochgeschwungen und saß an der Kante ihres Bettes, da spürte sie einen regelrechten Stich im Magen. Ein lautes Rumpeln aus ihrem Innern erinnerte sie an ihren bohrenden Hunger. Was hätte sie jetzt für ein fettiges Leberwurstbrot oder dick Butter auf einem Topfkuchen gegeben! Aber das gab es hier nicht.

Drüben im anderen Bett rührte sich Julia. Verschlafen fragte sie: »Biste wach?«

»Ja. Ich muss mal. Bin gleich wieder da«, flüsterte Lore zurück.

»Is jut«, antwortete Julia.

Lore hörte, wie ihre Freundin sich unruhig hin und her wälzte, als sie vom Klo zurückkam.

»Was ist? Hast du was? Geht es dir nicht gut?«

»Nee. Dit jeht mir jar nich jut. Ick hab so'n Hunga!«

Wie zur Antwort rumorte es erneut in Lores Magen und Julias Magen produzierte noch viel beunruhigendere Geräusche.

»Was können wir da machen?«, meinte Lore ratlos. »Ich hab nichts mehr hier.«

»Nich ma nen kleenen süßen Riejel? Ja nüscht mehr?«, fragte Julia fast weinerlich.

»Nein, tut mir leid.«

Lore ging zu Julia herüber, um sie zu trösten. Diesmal schüttelte Julia jedoch die Hand der Freundin ab.

»Ick brauch wat Süßet! Ick brauch dit wirklich! Ick kann dit nich mehr aushalten!«

Nun begann sie zu schluchzen. Lore tat das Herz weh, ihre einzige Freundin, die sie in ihrem Leben hatte, so verzweifelt zu sehen. Ein Gedanke nahm Gestalt an in ihrem Kopf, ein Gedanke, so verrückt, dass er funktionieren könnte.

»Komm!«, sagte sie nur und wunderte sich über ihren eigenen Mut.

»Wohin denn?«, krächzte Julia.

»Wirst du schon sehen. Nur leise!«

Im Nachthemd schlichen die beiden Mädchen über den langen Flur. Zu beiden Seiten hörten sie die anderen Kinder schnarchen. Alles schlief. Besonders vorsichtig waren sie, als sie an dem Zimmer der Nachtschwester vorbei gingen. Diese hatte ihre Tür halb geschlossen. Lore sah, wie sie in einem Roman las und dabei offenbar immer wieder halb einnickte, weil der Kopf der Schwester zur Seite sank und sie ihn dann ruckartig wieder aufrichtete. Jetzt griff sie zu ihrer Kaffeetasse ...

»Schnell« flüsterte Lore und zog Julia an der Hand hinter sich her.

Auf Julias Gesicht hatte sich ein spitzbübisches Lächeln ausgebreitet. Ein paar Ecken weiter flüsterte sie: »Ick gloobe, ick weeß, wat du vorhast!« und kicherte dabei.

»Komm!«, wiederholte Lore. »Schnell! Ich will nicht erwischt werden!«

Ein weiteres Kichern kam aus dem Dunkeln hinter ihr.

»Nee, ick ooch nich. Die Idee is mega.«

Nach ein paar weiteren Gängen befanden sie sich auf dem Flur, der zur Küche führte. Lore sah nach rechts und links, als wollte sie eine Fahrbahn überqueren. Alles schien ruhig. Schon wollten sie zur Küchentür hinüberschleichen, da sah Lore etwas Weißes aufblitzen, auf der anderen Seite. Plötzlich hämmerte ihr Herz wie wild in ihrer Brust. Sie klammerte sich an ihre Freundin, hielt sie zurück.

»Is wat?«, fragte Julia – und verstummte. Ihre Augen wurden so groß, dass Lore das Weiße darin aufleuchten sah. Lore hätte vor Schreck beinahe aufgeschrien, ein so gruseliger Anblick war das. Vor allem, weil sie mitten in der Nacht auf den kahlen und kalten Klinikfluren unterwegs waren.

Julia schien auch etwas bemerkt zu haben. Sie nahm Lore bei der Hand und zog sie energisch zurück hinter die letzte Ecke. Von dort aus riskierten die beiden ein paar Blicke, sich eng an die Wand drückend. Da kamen zwei flatternd weiße Gestalten von der anderen Seite auf die Küchentür zu. Im ersten Schreck dachte Lore, es wären Gespenster. Dann aber erkannte sie zwei ziemlich runde Gestalten in weißen Nachthemden. Kleiner als Erwachsene. Das waren zwei Kinder, die auf den gleichen Gedanken gekommen waren wie Lore und Julia.

Eine der Gestalten hielt etwas in der Hand, das metallisch klimperte und im Mondlicht kurz aufleuchtete. Ein Geräusch wie von einem Schlüssel, der sich im Schloss drehte. Dann verschwanden die Gestalten hinter der Metalltür, die sie leise hinter sich schlossen.

»Verdammte Kacke!«, flüsterte Julia und schlug sich vor die Stirn. »Wia wärn so und so nich rinjekommen. Wia hätten nen Schlüssel jebraucht!«

Lore nickte. Sie sah die Freundin an, aber diese schüttelte nur abwehrend den Kopf.

»Nee, jetze komm wa da nich rin. Wie sind die nur annen Schlüssel für die Küche jekommen? Und wer sind die?«

Lore zog die Freundin mit sich, um den Rückweg anzutreten. Julia ließ sich ziehen. Ohne weitere Ereignisse langten sie glücklich wieder in ihrem Zimmer an. Als sie die Tür erleichtert hinter sich geschlossen hatten, so wie die beiden anderen die Küchentür, atmeten sie beide auf.

»Na, dit hätte knapp werden können!«

»Ja.«

»Wer war dit nur?«, fragte Julia. »Die beeden Nachthemden, meen ick!«

»Franziska und Jaqueline, nehme ich an.«

Die Erkenntnis kam Lore, noch während sie es aussprach. »Die haben sich doch bisher noch an keine Regel gehalten!«

»Stimmt. Aber Schlüssel klaun? Dit is wat Heftijes. Dit würd ick mir ja nich ma traun!«

»Wie geht es dir jetzt? Ich meine, deinem Bauch?«

»Danke, ick hab keenen Hunga mehr! Dit eben hat mir kuriert!«

Lore nickte.

»Mir – nein, ich meine, mich auch!«

Julia lachte.

»Aus dia mach ick noch ne waschechte Berlinerin. Sollste sehn!«

Mit etwas Mühe schliefen die Mädchen wieder ein. Natürlich kam der Weckruf viel zu früh. Mühsam schälten sie sich aus den Betten und kühlten ihre brennenden Augen mit eiskaltem Wasser. Das half ein wenig.

»Na, denn wolln wa mal sehen, wer jenauso müde aussieht wie wir zwee beeden Hübschen!«, grinste Julia.

»Ich wette auf die Zombieschwestern.«

»Kann schon sein«, gab Julia zu.

Erst in der Schule sahen sie die beiden Schwestern wieder. Diese schauten sehr finster drein und waren gar nicht bei der Sache. Sie verbreiteten mit Blicken und Körperhaltung die Atmosphäre von »Lasst uns ja in Ruhe!«

Julia ließ einen langen Blick auf den beiden verweilen, dann stieß sie Lore an.

»Ick gloobe, du hast recht. Siehste die Oojenringe? Und wie die kieken?«

Ganz gegen ihren Willen musste Lore lachen. Sie tat es leise, weil die Lehrerin den Blick auf ihr hatte und sie jetzt natürlich drannahm. Aber Lore wusste die Antwort. Gefahr abgewendet.

Der Unterricht verschwamm in zunehmender Müdigkeit. Julia nickte sogar einmal kurz ein. Lore weckte sie mit einem kleinen Rippenstoß, da schreckte sie hoch.

Beide Mädchen waren froh, als die letzte Stunde vorüber war und Mittagessen anstand. Endlich.

Doch vor den geschlossenen Jalousien der Essensausgabe stand ein Mann, flankiert von mehreren Frauen. Der Mann hielt ein Mikrofon in der Hand und bat um Ruhe. Es wurde mucksmäuschenstill.

»Es ist heute Nacht etwas sehr Ernstes vorgefallen. Zwei Schüler oder Schülerinnen sind in die Küche eingebrochen. Es fehlen Lebensmittel!«

Streng wanderte der Blick des Rektors über die versammelte Schülerschaft. Niemand regte sich. Alle schienen gleichzeitig den Atem anzuhalten, so totenstill war es plötzlich im Raum. Lore und Julia blickten einander erschrocken an.

»Wenn jemand von euch etwas über diesen Vorfall weiß oder was beobachtet hat, so bitten wir darum, dass sich der betreffende Schüler meldet und uns seine Beobachtungen mitteilt!«

Schwer lastete das Schweigen im Saal. Lore sah Franziska und Jaqueline eifrig miteinander tuscheln. Immer wieder irrten Franziskas Blicke zu ihr und Julia herüber. Schließlich nickte Jaqueline zögernd. In plötzlichem Entschluss, so schien es, hob Franziska ihre Hand.

»Ja, bitte? Hast du etwas dazu zu sagen?«

»Ja!«, behauptete Franziska frech. »Ich glaube, das waren Lore und Julia.«

Sie schaute hinter sich und deutete mit dem Finger direkt auf die Genannten. Lore ergriff in eiskaltem Schrecken Julias Arm und drückte so zu, dass Julia sie böse ansah.

Lores Blick war starr auf den Klinikleiter gerichtet. Dieser schaute seinerseits Franziska mit überraschter Miene an. Einen Moment von der Ewigkeit war es absolut still.

»Woher willst du das wissen?«

»Julia ist vorhin im Unterricht eingeschlafen, so müde war sie. Und man muss Lore ja nur anschauen, um zu sehen, wie fertig die ist!«

Das Ganze kam in einem solchen Brustton der Überzeugung aus Franziska heraus, dass Lore nur staunen konnte. Ihr war die Kinnlade heruntergefallen und sie sah den bösefreudigen Blick, den Franziska ihr zuwarf. Regelrecht triumphierend.

»Was habt ihr beiden dazu zu sagen?«, wendete sich der Klinikleiter nun an Lore und Julia. Aber Lore hatte das Gefühl, er würde nur sie anschauen. In diesem Moment versagte Lore die Stimme. Sie schloss den Mund, öffnete ihn, schloss ihn wieder.

»Wie ein fetter Karpfen…«, hörte sie Franziska flüstern.

Und dann spürte Lore Julias beruhigende Hand auf ihrem Arm. Es war so was wie ein ‚Lass mich mal machen'.

»Nun?«, fragte der Klinikleiter und runzelte die Stirn.

»Sehen Sie, die kann nichts …«, setzte Franziska an, eindeutig ein Frohlocken in der Stimme.

»Dit gloobst aba ooch nur du!«, unterbrach Julia die Widersacherin. »Wia haben beede jeschlafen, den Schlaf der Jerechten. Warst du dit vleicht mit deine Schwesta?«

Der Klinikleiter winkte eine blonde Dame zu sich heran und sprach leise mit ihr. Lore erkannte die Nachtschwester von gestern, an deren Tür sie sich vorbei geschlichen hatten. Wieder durchlief Lore ein kalter Schauer und ihre Beine wurden wie Pudding.

Um sie herum tuschelten die anderen Kinder und Jugendlichen. Sie schauten mal zu der einen Partei, mal zu der anderen, wie bei einem spannenden Tennisspiel, wenn das Publikum auf eine wichtige Entscheidung des Schiedsrichters wartet.

»Schwester Renate hier« – der Klinikleiter deutete auf die Blonde – »hatte gestern Nachtwache in eurem Flur.«

Er deutete auf Lore und Julia. »Sie sagt, sie habe gegen halb vier Uhr nachts mal in euer Zimmer geschaut, Fräulein Pätzold. Eure Tür war nämlich nur angelehnt. Ihr wart beide nicht da.«

Lore wurde schlagartig kotzübel.

»Da, der da seh ich das an!«, schrie Franziska. »Die wars!«

Das Publikum murmelte lauter und rückte von Lore und Julia als den vermeintlichen Übeltätern ab.

»Aba Herr Direktor«, sagte Julia schlagfertig und sie schien dabei nicht im Mindesten aufgeregt. »Einmal inner Nacht warn wa beede uffm Klo. Beede zusammen. Vleicht ham wa da die Tür nich richtich zujemacht, dit kann schon sein! Und ja, ick bin vorhin inna Schulstunde injeratzt. Ick hatte nich jut jeschlafen inna Nacht. Ick war müde. Dit is wahr. Aba sonst nüscht von dem, wat Franziska jesacht hat.«

Julia hatte das in einem solchen Ton der Entrüstung vorgebracht, dass der Direktor sich nochmals mit seinen Mitarbeitern besprach. Nach endlosen Minuten wendete er sich abermals an die vier sich gegenseitig beschuldigenden Mädchen.

»Wir werden jetzt sowohl euch alle vier als auch eure Zimmer durchsuchen nach einem ganz speziellen Gegenstand. Diejenige, bei der wir diesen Gegenstand finden, ist mit Sicherheit die Täterin! Seid ihr damit einverstanden?«

Julia nickte eifrig und stieß Lore an, damit die auch nicken sollte. Lores Blick wanderte zu Franziska. Sie sah, wie diese auf einmal aschfahl wurde. Aber sie nickte verbissen.

Julia schaute Lore fragend an.

»Wat suchen die?«

Lore konnte nicht anders, als zu grinsen.

»Ich nehme an, den Schlüssel«, flüsterte sie zurück.

Während die beiden Mädchen sich ausgetauscht hatten, waren zwei Krankenschwestern auf sie zu gekommen. Eine war blond, die andere schwarzhaarig. Zwei andere Frauen strebten auf Franziska und ihre Schwester zu.

»Kommts mal mit«, sagte eine der Krankenschwestern. Lore und Julia folgten vergnügt der Anweisung.

Die beiden Frauen führten sie in ein Untersuchungszimmer, das gerade leer war.

»Zieht euch bitte ganz aus und gebt uns eure Sachen. Wir werden die dann durchsuchen und geben sie euch anschließend wieder zurück. Julia fängt an«, befahl die Blonde.

Gehorsam legte Julia ein Kleidungsstück nach dem anderen ab. Die Schwarzhaarige nahm die Sachen entgegen und durchsuchte jede Tasche und die Nähte von Julias Hoodie. Mit der Jeans und allen weiteren Kleidungsstücken, auch mit den Schuhen, verfuhr sie genauso. Ohne Ergebnis. Die Blonde hielt derweil die ganze Zeit den Blick auf die Mädchen gerichtet, damit sie sich nichts zustecken konnten. Mit enttäuschter Miene gab die Dunkelhaarige Julia ihre Sachen zurück.

Jetzt war Lore dran. Auch bei ihr fand die Blonde nichts Verdächtiges.

»Könn wa jehen jetze?«, fragte Julia.

»Nein«, kam die schroffe Antwort der Blonden. »Wir bekommen Nachricht.«

Also setzten sich die Mädchen nach dem Anziehen auf zwei Stühle und warteten. Lore entdeckte eine Wanduhr, auf der sie dem Minutenzeiger mit Blicken folgte, wie er langsam weiterschlich. Es dauerte eine gute halbe Stunde, da wurde an die Tür geklopft.

»Herein!«, schnarrte die Dunkelhaarige.

Resi vom Empfang stand in der halb geöffneten Tür.

»Der Schlüssel ist bei der Durchsuchung der Zimmer aufgetaucht«, berichtete sie.

Sofort schoss der Blick der Blonden zu Lore und Julia hin.

»Nein, nicht im Zimmer dieser beiden Mädchen!«, beeilte sich Resi, zu erklären.

Sofort ging der Blick der Blonden wieder zurück zu der Botin in der Tür.

»Bei Franziska und Jaqueline?«, fragte sie ungläubig.

»Bist du überrascht davon?«, entgegnete Resi in der Tür. »Den beiden hab ich das auf jeden Fall zugetraut.«

Und zu Lore und Julia gewendet, sagte sie: »Ihr könnt gehen. Es gibt jetzt Mittagessen.«

Das ließen sich Lore und Julia nicht zweimal sagen. Schnell waren sie raus aus dem Zimmer, während sich die drei Frauen noch weiter unterhielten.

»... kriegen eine strenge Abmahnung. Der Direktor hat gesagt, wenn auch nur noch einmal das Geringste vorfällt ...«, hörte Lore noch, bevor die Tür zugezogen wurde.

Vergnügt eilten Lore und Julia zum Speisesaal. Endlich waren die Jalousien oben und die Kinder drängelten sich bei der Essensausgabe. Ein angenehmer Duft zog zu Lore hinüber. Schnell stellten sie sich an, um noch etwas abzukriegen.

Lore entschied sich für Hühnerfrikassee mit Reis. Es gab einen großen Haufen Salat dazu, den Lore nicht kannte.

»Wie heißt der? Rucca?«

Julia lachte. »Ruccola«, verbesserte sie. »Dit is die einzije Cola, die die uns hier erlauben...«

Nun lachte auch Lore.

Kaum hatten sie sich gesetzt, kam Mirko vom Nachbartisch zu ihnen herüber. Er sah verlegen aus.

»Setz dir«, lud Julia ihn auf ihre unkomplizierte Art ein. Prompt zog sich der Junge einen Stuhl heran und tat, was ihm erlaubt worden war.

»Na, das war ja vielleicht eine Aufregung vorhin!«, begann er. »Wisst ihr schon, bei wem der Schlüssel zur Küche gefunden wurde?«

»Na klar!«, grinste Julia. »Bei die beeden Zombieschwestern!«

Mirko konnte sich ein schadenfrohes Grinsen nicht verkneifen.

»Genau« sagte er in halblautem Ton. »Zombieschwestern ist ziemlich treffend. Ja, Franziska hatte den Schlüssel in ihrem Bett versteckt. Die sind immer noch beim Direktor. Ich glaube, die können ihre Koffer packen …«

»Freu dir man nich zu früh«, murmelte Julia zurück. »Ick hab jehört, sie kriejen noch eene letzte Schangse.«

»Wahrscheinlich, weil Jaqueline ihre Schwester beschuldigt hat. Ganz offen, vor allen anderen. Sie hat angefangen zu weinen und gesagt: ›Das war Franziska‹ und dann: ›Siehst du, ich hab dich ja gewarnt!‹ Dann haben sie die beiden in getrennten Zimmern befragt. Und da haben beide ausgepackt, nehme ich an. Sonst könnten die jetzt einpacken. Schade eigentlich …«

»Ach wat!«, winkte Julia ab. »Die beeden stellen sich selba dit Been, da kannste druff warten. Die sind wa bald los, wat wolln wa wetten?«

Mirko kicherte. »Und was ist bei euch passiert?«, fragte er dann, den Blick auf Lore gerichtet. Diese berichtete dem Jungen nun, was sie und Julia in der Zwischenzeit erlebt hatten.

»Unsere Unschuld ist erwiesen«, schloss Lore, hier ganz Polizistentochter.

Mirko lächelte sie an. Wie absichtslos berührte Mirko Lores Hand, die vor ihr auf dem Tisch lag. Lore durchfuhr wieder ein Schauer, doch dieses Mal durchrieselte es sie sehr angenehm heiß. Voller Verwirrung zog sie ihre Hand zurück und blickte auf ihren Teller. Sein Blick war – so rätselhaft.

Julias Blick glitt schnell zwischen ihrer Freundin und dem Jungen hin und her. Ein wissendes Lächeln kräuselte auf einmal ihre Lippen. Lore konnte es wahrnehmen. Noch größere Hitze stieg in ihre Wangen empor.

Mirko grinste sie an, dann ging er wieder zu seinem eigenen Tisch herüber, wo er eifrig mit seinen Tischnachbarn sprach.

Um die Verlegenheit zu überwinden, sagte Lore: »Sag mal, wie spät ist es eigentlich?«

»Warum?«

»Wir haben nachher noch Schwimmen. Um vierzehn Uhr.«

»Ach, du liebes Lieschen!«, rief Julia erschrocken. »Dann müssen wa ja gleich los! Is schon dreiviertel Zwei!«

Hastig standen die beiden Mädchen auf. Da rief Mirko ihnen zu: »Schwimmen ist heute erst um halb drei!«

»Danke«, sagte Lore. Trotzdem gingen sie zu ihrem Zimmer, einmal, um zu sehen, wie viel Unordnung der Suchtrupp gemacht hatte und einmal, um die Schwimmsachen zu holen.

Sehr vergnügt machten sie sich ein paar Minuten später auf zur Umkleidekabine. Immer noch sprachen sie über die neuesten Ereignisse. Sehr verwühlt waren ihre Zimmer nicht gewesen.

»Na, dit wird lustich heute bei dit Wassaballett!«, lachte Julia. »Ma sehen, ob Franziska jetze wieda so ne jroße Fresse hat!«

Da war Lore auch gespannt.

Sie betraten die Umkleidekabine recht schwungvoll. In der hintersten Ecke sah Lore Franziska einen schwarzen Badeanzug überstreifen. Ein paar andere Mädchen tuschelten in der Mitte, zogen sich um und warfen immer wieder amüsierte Blicke in die Ecke. Franziska hatte sich so gestellt, dass sie die anderen nicht sehen konnte. Wenn sie ja mal auf das Getuschel in ihrem Rücken reagierte, dann warf sie einen bitterbösen Blick zu allen anderen in der Umkleide und tat ansonsten so, als ginge sie das alles gar nichts an.

Julia stieß Lore leicht in die Rippen.

»Kiek ma an, Jackeline steht janz alleene uff die andre Seite!«, raunte sie der Freundin zu. Sofort schwenkte Lores Blick herüber auf die Gegenseite. Tatsächlich, die andere Schwester stand alleine dort und bemühte sich darum, unauffällig zu wirken. Ab und zu drang ein Schniefen von ihr herüber.

»Flennt die?«

Kritisch schaute Julia das Mädchen an. Auch Lores Blick glitt zu Jaqueline herüber. Ja, tatsächlich, das Mädchen weinte.

Aus Franziskas Ecke schossen wieder ein paar tödliche Blicke herüber. Ein giftiger Blick zu Julia, ein, zwei zu ihrer Schwester hin. Dann stampfte Franziska in Richtung Schwimmhalle hinaus. Einige weitere Mädchen folgten ihr, danach Julia und Lore. Jaqueline hatte sich in ihre Ecke gedrückt und schlich erst dann hinterher, als alle anderen schon im Schwimmbad waren.

Das »Wasserballett« machte Lore wie letztes Mal viel Spaß. Der einzige Unterschied war, dass Resi Pahl diesmal Franziska weitgehend ignorierte. Weder Franziska noch Jaqueline fanden jemanden, der Partnerübungen mit einem von ihnen machen wollte. Frau Pahl schlug vor, dass die beiden die Übungen zusammen machen sollten, aber beide schüttelten nur den Kopf. Darauf notierte die Trainerin dieses unkooperative Verhalten auf ihrem Klemmbrett.

Müde sah Lore die Kinder nach dem Schwimmen aus dem Becken schleichen und ein unmissverständliches Knurren ihres Magens erinnerte sie an die erfreuliche Tatsache, dass als Nächstes das Abendessen auf dem Plan stand. Sie schleppte sich zum Speisesaal und danach ins Bett, wo sie sofort in tiefen Schlaf fiel. Julia schien es ähnlich zu gehen, denn sie war überraschend still – bis sie leise schnarchend im Bett lag.

Das Frühstücksteam bescherte Lore und Julia am nächsten Morgen ein leckeres Müsli. Nie hätte Lore gedacht, dass sie ein so gesundes Essen würde genießen können. Früher hatte sie sich immer über die »Körnerfresser« lustig gemacht. Sie sei doch kein Vogel, hatte sie immer gesagt. Und nun saß sie hier und mochte das Müsli mit Haferflocken, frischem Obst und Magerjoghurt richtig gerne. Sie staunte über sich selbst.

Auch diesmal gab es wieder eine Ansage, allerdings nach dem Frühstück. Helge nahm das Mikro.

»Heute steht nach dem Mittagessen das große Wiegen auf dem Plan. Ihr geht also alle zum Arzt. Dort könnt ihr auch alle eure kleineren und größeren Sorgen und Probleme loswerden, die mit dem Abnehmen einhergehen. Am Abend machen wir einen allgemeinen Spieleabend mit ganz viel Spaß.«

Ein schriller Pfeifton ertönte. Lore hielt sich erschrocken die Ohren zu, daher hörte sie nur gedämpft, dass Helge seinen Worten noch weitere hinzufügte: »Das war alles. Einen schönen Tag euch allen!«

Knack. Helge hatte das Mikro ausgestellt.

In der Schule waren heute nur fünf Stunden Unterricht, alles Fächer, die Lore sehr gerne mochte. Zuerst zwei Stunden Englisch, danach zwei Stunden Deutsch und dann Kunst.

Lore konnte gut malen. Aber sie staunte nicht schlecht, als sie sah, was Julia auf diesem Gebiet leistete.

Lore hatte Julia bei Englisch und Deutsch unauffällig geholfen. Viele Aufgaben sollten sie sowieso zu zweit bearbeiten, da war es einfach, Julia was zu erklären. Da die Lerngruppen hier so klein waren, kam jeder häufiger dran. Da konnte sich niemand unauffällig im Hintergrund halten. Nicht einmal Pia. So sehr die es auch versuchte, mit der Wand hinter sich zu verschmelzen – die Lehrer sahen sie doch und nahmen sie auch dann dran, wenn sie sich nicht meldete.

Das Zeichnen zum Schluss machte Lore am meisten Spaß. Und auch Julia schien sich merklich zu entspannen.

Bald schon gab es Mittagessen und danach ging Helge herum und verteilte an alle irgendwelche Zettel. Julia sah ihn auf den Tisch zu steuern, an dem sie zusammen mit Lore saß.

»Der will uns beschtimmt sagen, wann wa beim Arzt dran sind. Wetten?«

Lore nickte, noch mit vollen Backen kauend. Und richtig, Helge legte vor Lore ein halbes Din-A4-Blatt, auf dem stand: »Bitte erscheine um 15.30 Uhr bei Frau Dr. Huber«. Auch vor Julia legte er ein solches Blatt hin. Die las es, verzog das Gesicht und schob es zu Lore herüber, die ihres wiederum zu Julia herüber wischte. Bei Julia stand als Termin 16 Uhr, bei der gleichen Ärztin.

»Die kenn ick schon, die is nett!«, murmelte Julia, als wollte sie sich selbst überzeugen.

»Ja, nett ist die!«, bekräftigte Lore.

6. Der Spieleabend

Um Viertel nach drei brachen die Freundinnen von ihrem Zimmer aus auf. Sie fanden die Räumlichkeiten der Ärztin rasch. Lange warteten sie nicht, da wurde Lore schon rein gerufen. Zuerst wurde ihr Blut abgenommen und sie musste Pipi in einen Becher machen. Dann kam sie in das Sprechzimmer der Ärztin. Langsam und vorsichtig wie bei einem Drahtseilakt betrat sie das weiß gehaltene Zimmer.

»Lore, schön, dass du da bist!«, begrüßte die Ärztin sie herzlich. Lore machte den Mund auf, um zu antworten, doch ihr fiel nichts ein, was sie hätte sagen können. Also klappte sie den Mund wieder zu und nickte stumm. Frau Dr. Huber reichte ihr die Hand über ihren Schreibtisch und bedeutete Lore, sich ihr gegenüber zu setzen.

»Na, Lore, wie bist du in den ersten Tagen hier zurechtgekommen?«

»Gut« sagte Lore.

»Hast du Fragen? Oder hast du Sorgen? Kann ich dir bei irgendetwas helfen?«

»Nein.«

»Gut« versetzte die Ärztin. »Dann wollen wir doch mal sehen, ob die Waage schon ein kleines Ergebnis zeigt. Wenn nicht, dann ist das auch nicht so schlimm. Manche Dinge brauchen ihre Zeit. Komm, stell dich bitte auf die Waage.«

Lore stand auf.

»Mit Klamotten?«

»So wie beim letzten Mal.«

Gehorsam kletterte Lore auf die Waage. Doch sie schaute nicht zu der roten Digitalanzeige, sie wollte nicht sehen …

»Na, dann wollen wir doch mal sehen …«, begann Frau Dr. Huber. »Hey, der Wahnsinn, Madel! Ich gratuliere dir, Lore! Du wiegst knapp zwei Kilo weniger! Drei Pfund und vierhundert Gramm!«

»Was?«, fragte Lore verdutzt. Ungläubig schaute sie auf die Anzeige der Waage. Tatsächlich, nur noch 104,5 Kilo!

Langsam, aber unaufhaltsam breitete sich ein Ballon aus Glück und Freude in Lores Brust aus, der einen kleinen Freudenschrei zur Folge hatte. Fast zwei Kilo wog sie jetzt weniger! Drei Pfund und vierhundert Gramm! Sie würde ihrer Mama eine SMS schicken, sobald sie ihr Handy haben durfte. Und sie würde ihre Freude mit Julia teilen. Hoffentlich hatte diese auch so viel abgenommen.

»Musstest du viel Pipi machen?«, fragte die Ärztin sie.

»Ja«

»Das ist das Wasser, das in den abgebauten Fettzellen gebunden war. Das wird jetzt frei und verlässt als Pipi deinen Körper. Sei nicht enttäuscht, wenn dein Gewichtsverlust nicht so schnell weitergeht. Um ein Kilogramm Fett zu verlieren, musst du 7000 Kilokalorien einsparen. Du als Mädchen verbrauchst etwa 2000 bis 2500 Kilokalorien am Tag. Selbst ohne alle Nahrung könntest du ein Kilo Fett erst nach drei bis vier Tagen verbraucht haben. Das ist aber nicht gesund. Wenn man gar nichts isst, lernt man keine gesunde Ernährung. Und der Körper stellt auf Sparflamme um. Das wollen wir vermeiden.«

»Also habe ich noch gar kein Fett verloren?«, fragte Lore enttäuscht.

»Du hast Gewicht verloren, und das ist großartig. Bei allen Menschen ist es am Beginn des Abnehmens so, dass man hauptsächlich Wasser verliert. Wundere dich also nicht, wenn dein Gewicht über einige Zeit gleichbleibt. Dein Körper ist eben seit der Steinzeit bestrebt, seine Fettvorräte zu halten. Dennoch bleibt die Tatsache, dass du beinahe zwei Kilo weniger wiegst, weil du gut mitgemacht hast. Das ist wirklich großartig!«

Lore strahlte. »Danke!«

Die Ärztin ging mit Lore noch ein paar Fragebögen durch, dann durfte sie gehen. Fröhlich pfeifend und sehr schwungvoll hüpfte sie durch die Gänge zu ihrem Zimmer und wartete ungeduldig auf Julia. Nicht einmal Franziska, die mit finsterer Miene hinter ihr her starrte und »Du wirst schon sehen, das mit der Küche gibt Rache«, murmelte, während Lore an ihr vorbeilief, konnte Lores Laune trüben.

Julia platzte bester Laune in das Zimmer.

»Ick hab een janzet Kilo wenjer uff die Rippen! Stell dir dit ma vor!«

»Gratuliere!«, strahlte Lore. »Bei mir sind es sogar fast zwei Kilo!«

»Mehr?«

»Nein, weniger!«, lachte Lore.

»Is ja mega! Dit feiern wa nachher. Is ja Spieleabend!«

»Ja. Da bin ich ja mal gespannt.«

»Ick ooch! Und weeste, wat dit beste is? Die ollen Zombieschwestern dürfen nich mit dabei sein!«

»Nein?«, fragte Lore und runzelte die Stirn. Was hatte Franziska vorhin noch zu ihr gesagt?

»Du, Franziska hat vorhin gesagt, das gibt Rache mit der Küche.«

Julia lachte und machte eine wegwerfende Handbewegung.

»Och, lass ihr doch. Die weeßet nich besser, die quatscht nur …«

»Na, hoffentlich«, schloss Lore das Thema ab. Doch wohl war ihr dabei nicht.

Schon beim Abendbrot spürte Lore eine Atmosphäre gespannter Erwartung. Die Kinder und Jugendlichen an den umliegenden Tischen sprachen eifrig aufeinander ein, was ein allgemeines Raunen im Speisesaal erzeugte, eine fühlbare Unruhe.

Als die Ersten fertig waren und aufstanden, schlossen sich ihnen überraschend viele andere Kinder an. Auch sie verließen ihre Plätze und machten sich noch kauend auf den Weg zum Ausgang. Auch Lore und Julia hielt es nun nicht mehr länger auf ihren Plätzen. Erfasst vom Sog der Gruppe, sprangen sie auf und liefen den anderen hinterher. Diese drängten in einen Trakt des Gebäudes, den Lore noch nicht kannte. Dort war die Tür zu einem weiten, partymäßig geschmückten Saal geöffnet, in den sich die Flut der Kinder ergoss. Es gab Sofas, kleine Tische und jede Menge Stühle, auf denen es sich schon bald diejenigen Kinder bequem machten, die schneller gewesen waren.

Lore fragte immer brav: »Ist hier noch frei?«

Die Antwort war schon zweimal »Nein, ich halte diese Plätze frei« oder »Nein, besetzt« gewesen. Beim dritten Mal platzte Julia der Kragen.

»Himmel, Arsch und Zwirn«, schimpfte sie aufgebracht. »Ick seh hier keenen. Haste die untam Tisch versteckt? Jespenster sind keene injeladen, soweit ick weeß. Also, rück schon beiseite, bisschen Platz broochen wia ooch, wa?«

Zögernd und unwillig, aber überrumpelt, gaben die Kinder dort tatsächlich ein wenig mehr Raum frei, sodass sich die beiden Mädchen noch mit an den Tisch quetschen konnten. Es war eng, aber gemütlich.

Mit verschwörerischem Blick beugte sich Julia zu Lore vor und raunte ihr ins Ohr: »Eijentlich wollte ick ja uffda Kautsch Platz nehm. Nächstes Mal müssen wa schnella sein!«

Sehnsüchtig glitt ihr Blick zu den wenigen Sofas herüber, auf denen sich zumeist Jugendliche herum lümmelten. Lore kicherte.

»Wie willst du die denn da vertreiben? Die schubsen uns doch wieder runter.«

»Na, dit solln die ma mit mia vasuchen. Dit is denn mit eenemmal gleich zweemal: dit erste und dit letzte Mal!«

Wieder lachte Lore.

»Was habt ihr denn für Heimlichkeiten?«, fragte eines der Mädchen, die noch an ihrem Tisch saßen. »Es ist total unhöflich, zu flüstern!«

Das Wort »total« dehnte sie affektiert.

»Dit jeht dir nüscht an, Kleene!«, konterte Julia gut gelaunt. Der böse Blick des anderen Mädchens schien sie gar nicht zu stören. Es schien sie sogar zu amüsieren, denn ihre Mundwinkel zuckten verdächtig.

Lore nahm das alles wahr und ihr Respekt vor Julia wuchs. Wenn sie das doch auch lernen könnte, so cool zu sein.

Lore blickte sich in dem Saal um. Überall war der Raum mit bunten Luftschlangen geschmückt: auf den Tischen, über den Lampen, über der Stereoanlage. Die Stimmung war allgemein sehr gut. Nur an ihrem eigenen Tisch gefiel ihr die Stimmung nicht. Also sagte sie, um das Eis zu brechen: »Ich bin Lore und das ist Julia. Und wer seid ihr?«

Mürrisch knurrte das Mädchen von eben: »Sarah«.

Das blonde Mädchen daneben, das einen schon deutlich erwachseneren Eindruck machte, fand mehr Worte: »Hallo, willkommen an unserem Tisch. Ich bin Yvonne. Und das« – sie zeigte auf einen dunkelhaarigen jungen Mann an ihrer Seite – »ist mein Bruder Jan.«

Jan wurde prompt rot und blickte peinlich berührt auf den Tisch. Die Eitergipfel seiner Pickel leuchteten unangenehm neonfarben.

»Oje«, flüsterte Julia wieder. »Komm dem nich zu nahe. Dit wird ne Riesensauerei, wenn dem seine Pickel platzen ...«

Lore prustete vor Lachen, winkte aber ab, als Yvonne ihr einen forschenden und nicht sehr freundlichen Blick zuwarf.

»Das hatte nichts mit euch zu tun.«, beeilte sich Lore, dem Mädchen zu versichern.

Sie erhielt einen Rippenstoß von Julia. Erschrocken sah sie die Freundin an. Die schüttelte nur leicht mit dem Kopf.

»Dit jeht ihr doch jarnüscht an, wat wia hier quatschen«, sagte sie leise. Lore nickte ebenso leicht. Julia hatte recht.

Ein allgemeines Raunen lag über dem Saal, welches schlagartig verstummte, als Resi Pahl, die Trainerin, an das Mikrofon trat.

»Ich begrüße euch alle zu unserem heutigen Spieleabend. Ihr alle habt gut mitgemacht in unseren Programmen. Viele von euch haben in der letzten Woche ein paar Pfund Gewicht verloren. Das ist großartig.«

Sie klatschte Applaus und zwei der Ärztinnen, die hinter ihr standen, taten es ihr gleich. Sofort brandete auch von den Kindern Beifall auf.

»Als Erstes will ich ein paar unserer Neuankömmlinge nach vorne rufen. Jeder, der aufgerufen wird, kommt zu mir und sagt euch, wie viel Pfund er oder sie jetzt weniger wiegt. Dann bekommt derjenige von mir ein Gewicht in die Hand, das er oder sie auf die große Waage in der Ecke legt.«

Ein Spotlicht schwenkte zu einer Waage rechts im Raum.

»Ich werde das Gerät jetzt einschalten.«

In dem Moment bildete sich an der Wand dahinter eine deutlich lesbare 0,00 kg in roter Schrift ab.

»Nun zu unseren Abnehmhelden«, fuhr Frau Pahl fort. »Als Erstes rufe ich auf – Lore Kröger.«

Lore blieb fast das Herz stehen.

»Mach'n Mund zu und steh auf«, drängte sie Julia und schob sie kräftig nach vorne. Wie benommen kam Lore auf die Beine und bemühte sich, gerade zu laufen, während sie nach vorne ging. Ihre Beine fühlten sich an wie Wackelpudding. Irgendwie schaffte sie es bis zur Trainerin.

»So, Lore, du bist erst seit dem letzten Samstag hier. Nun sag uns allen: Wie viele Pfund hast du in dieser kurzen Zeit schon abgenommen?«

»Drei Pfund und vierhundert Gramm«, krächzte Lore ins Mikrofon.

»Wow! Das ist toll! Das runden wir für die Waage auf vier Pfund auf! Was sagt ihr?«

Johlender Beifall antwortete der Trainerin.

Lore fühlte, wie ihr etwas Heißes in die Wangen stieg. Sie kam sich vor wie in einem Traum. Frau Pahl drückte ihr vier kleine Gewichte in die Hand, die sie zur Waage brachte. »2,00 kg« erschien auf der Anzeige.

Unter dem anhaltenden Gejohle und Applaus ihrer Mitstreiter erreichte sie wieder ihren Platz. Julia umarmte sie und strahlte sie an.

Julia wurde als Nächste aufgerufen, trug ihre zwei Pfund zur Waage.

»3,00 kg«.

Mirko hatte drei Pfund verloren und ergänzte sein Quäntchen auf der Waage.

»4,5 kg«.

Und so ging es immer weiter. Als sie durch waren, zeigte die Waage unglaubliche 112 kg. Auch dieser Wert wurde ausgiebig beklatscht, bevor der eigentliche Spieleabend begann.

Lore und Julia versuchten sich beim Backgammon, wo Lore tatsächlich den zweiten Platz belegte, obwohl sie das Spiel vorher noch gar nicht gekannt hatte. Julia war besser bei Mühle, wo sie Lore regelmäßig schlug und schließlich die beste des Abends wurde. Viel Spaß hatten sie auch beim Orangentanz, bei dem sie eine Orange zwischen ihren Stirnen balancieren mussten. Das Teil fiel immer wieder runter. Zweimal durfte das passieren. Wenn die Orange das erste Mal hinunterfiel, musste das Paar eine zusätzliche Orange an der Brust und nach dem zweiten Mal noch eine zwischen Lores und Julias Oberschenkeln festhalten. Das ging natürlich nicht ohne viel Gelächter und Gekicher ab. Lore und Julia waren rot vor Gegacker, als ihnen schließlich alle drei Früchte auf einmal wegrollten und zu Boden kollerten. Lachend verließen sie die Tanzfläche und suchten außer Atem wieder ihre Plätze auf, wo sie jeder ein Glas Wasser herunterstürzten.

»Dit war jut!«, lachte Julia immer noch. Von ihrem Platz aus konnten sie jetzt die anderen beobachten, die sich noch im Wettkampf befanden. Sie bogen sich vor Lachen, welche merkwürdigen Körperhaltungen die Tänzer einnahmen, um das Wegrutschen der Apfelsinen zu verhindern.

Ihre eigenen Orangen durften sie hinterher essen. Lore tat der Rücken weh vom Lachen. Überall hatten sich Kinder in

Ecken versammelt und spielten Brettspiele, Karten oder andere Spiele. Lore und Julia gingen herum, schauten mal hier zu, mal da und entschieden sich schließlich für eine Mau-Mau-Runde.

Viel zu schnell war dieser Abend zu Ende. Wie es Lore vorkam, mitten im Spaß, quietschte wieder das Mikrofon und Frau Pahl sagte an:

»So, ihr Lieben, wir machen jetzt langsam Schluss. Ich bitte euch, in den nächsten fünfzehn Minuten eure Spiele zu beenden. Es war sehr schön und lustig mit euch.«

Ein Raunen der Enttäuschung ging durch den Saal. Aber da war nichts dran zu ändern. Lore blickte auf Julias Uhr. Es war schon fast elf! Das hätte sie nicht gedacht.

»Letzte Runde!«, sagte Mirko, der gerade die Karten mischte. Die anderen nickten. Und Julia gewann diese Runde.

Angeregt schwatzend strömten die Kinder aus dem Saal und verteilten sich in die Richtung ihrer Zimmer.

»Und die Zombies haben das alles verpasst!«, grinste Lore. Julia stieß sie an und lachte.

»Ja. Selba schuld, die beeden!«

In dieser Nacht redeten sie noch lange von ihren Beobachtungen an diesem besonderen Abend, bevor ihnen schließlich doch die Augen zufielen.

Ohne Erbarmen tönte das Wecksignal am nächsten Morgen. Verschlafen stöhnend quälte sich Lore auf die Füße.

»Guten Morgen«, gähnte sie in Julias Richtung. Von dort erscholl nur ein Brummen, wie von einem gereizten Bären, der im Winterschlaf gestört wird, dachte Lore. Prompt musste sie kichern.

»Wat jibts da zu lachen!«, verlangte Julia zu wissen. Lore sagte es ihr. Da musste Julia auch lachen und kullerte von ihrem Bett. Das wiederum fand sie auch wieder komisch und lachte, bis ihr die Tränen über die Wangen rollten.

Auch Lore lachte, bis sie sich abstützen musste. Völlig entkräftet, aber immer noch kichernd, rappelten sich die Freundinnen auf, um sich auf Frühstück und Schule vorzubereiten.

Der Unterricht strömte so dahin. In Deutsch und Englisch konnte Lore Julia hin und wieder helfen. In Physik fiel ihr das schon bedeutend schwerer. Das heutige Experiment machten sie zusammen mit Mirko, der sich da gut auskannte. Sie verfassten gemeinsam ein ordentliches Versuchsprotokoll nach einem festgelegten Schema. Im letzten Teil der Stunde erarbeiteten sie gemeinsam in der Gruppe, welches physikalische Phänomen sie gerade beobachtet hatten und wie sich diese Beobachtungen in das Denkgebäude der modernen Physik einpassen ließen. Normalerweise schnallte Lore an diesem Punkt immer ab. Diesmal jedoch verstand sie, was der Lehrer ihr beibringen wollte. Darüber geriet sie ganz aus dem Häuschen.

»Noch nie«, wurde sie nicht müde zu betonen, »hat mir jemand das so gut erklären können! Ich dachte immer, das könne keiner kapieren – oder doch zumindest ich nicht! Aber diesmal ...«

»Ja«, seufzte Julia ungeduldig und verdrehte die Augen. »Ick habs ja jeschnallt. Du hast was kapiert. Wie schön. Wirste mir vor der Arbeet ooch erleuchten?«

Lore musste lachen.

»Klar, wenn du das willst ...«

»Ick will!«, rief Julia in düsterer Entschlossenheit.

Mirko lachte hinter ihnen. Lore drehte sich zu ihm um. Er grinste sie breit an.

»Vielleicht können wir zusammen lernen«, schlug er vor. »Ich habs nicht so mit den Sprachen. Dafür kann ich Chemie und Physik ...«

Lore sah in Julias Gesicht. Dann wendete sie sich wieder Mirko zu und reichte ihm die Hand.

»Deal!«

Mirko drückte ihre Hand angenehm kräftig. Seine große Hand war warm und trocken.

Von nun an liefen einige Dinge leichter. Das gemeinsame Lernen mit Mirko lief gut. Die ersten Arbeiten in dieser Schule waren für alle erfolgreich. Besonders Julia konnte ihre Noten deutlich verbessern.

Regelmäßig bewegten sie sich im Schwimmbad und draußen in der freien Natur. Und auch wenn Lore bei diesen Anstrengungen oft die Luft wegblieb, merkte sie mit der Zeit, wie gut ihr das alles tat.

Die Horrorschwestern ließen sie weitgehend in Frieden, seit sie nicht nur Julia, sondern jetzt auch Mirko auf ihrer Seite hatte. Ihre früheren Erlebnisse verblassten immer mehr, sie kamen ihr unwirklich vor, als wären sie einem anderen Mädchen zugestoßen und nicht ihr.

Zum Gesundheitsprogramm gehörten auch Besuche bei einer Psychologin. Der erzählte Lore nach und nach von dem, was die Kinder in ihrer früheren Klasse ihr angetan hatten. Aber nachdem sie hier keine solchen Erlebnisse mehr hatte, mochte sie sich nicht mehr so gerne an die Demütigungen erinnern, die sie hatte erdulden müssen. Sie wollte diese Seite einfach umblättern und nicht mehr daran denken müssen. Aber genau das ließ die Psychologin nicht zu, ganz im Gegenteil: sie ermunterte Lore, immer wieder darüber zu reden.

»Dass du Mobbing ausgesetzt warst, ist nicht dein Fehler«, erklärte die Psychologin. »Dir muss klar werden, dass das alles nichts mit dir zu tun hatte. Du bist in Ordnung, genauso, wie du bist.«

»Wenn ich genauso in Ordnung bin, wie ich bin, warum haben mich die anderen Kinder dann immer geärgert? Warum war ich dann immer die Blöde?«

»Du bist keinesfalls blöde, ganz im Gegenteil.«

Die Psychologin lächelte aufmunternd. »Es ist schwer zu sagen, welche Gründe die anderen Kinder hatten und es ist auch nicht wichtig. Weil du es nicht ändern kannst. Du kannst nur dich ändern, nicht die anderen. Vielleicht spielt Neid eine Rolle. Deine Klassenkameraden könnten neidisch auf deine schulischen Erfolge, auf dein liebevolles Elternhaus, auf alles sein, was sie vielleicht nicht haben. Dazu bist du ihnen aufgefallen, denn du konntest und wolltest sicher nicht alles so mitmachen, was die anderen getrieben haben.«

Voller Mitgefühl glitt ihr Blick über Lores Gestalt.

Wieder nickte Lore, fühlte aber Tränen in ihren Augen brennen. Sie dachte an die vielen Male, als ihr die Puste weggeblieben war, während die anderen über den Schulhof rannten und einander jagten. Bald war Lore diejenige, auf die alle Jagd gemacht hatten. Sie war so leicht zu fangen. Und dann war sie ausgeschieden und hatte zuschauen müssen. Gnadenlos war das alles. Erneut rollte ihr eine warme Träne über die Wange.

»Immer, wenn die anderen mich geärgert haben, haben sie gesagt, ich hätte keinen Humor«, gab Lore zu. Ihre Stimme klang leise, doch sie hörte selbst, wie empört sie darüber war. Dennoch fragte sie: »Meinen Sie, das stimmt? Müsste ich das alles leichter nehmen? Warum kann ich das nicht?«

Die Psychologin sah sie gedankenverloren an. Dachte sie jetzt drüber nach, wie sie es Lore am schonendsten beibringen konnte, dass sie humorlos ist? Nach einer kleinen Pause stellte Frau Dr. Sommer eine Gegenfrage:

»Was ist für dich Humor?«

»Wenn man über Situationen lachen kann, die einem zustoßen.«

Die Therapeutin nickte.

»Und was meinst du genau damit? Fällt dir ein Beispiel dazu ein?«

Lore überlegte kurz mit gerunzelter Stirn. Dann sagte sie: »Na, zum Beispiel, wenn mir mein Bleistift runterfällt oder mein Radiergummi. Dann kann ich entweder fluchen und wütend werden oder ich mache einen Witz darüber.«

»Das ist ein gutes Beispiel«, lobte die Psychologin. »Du bist ein kluges Mädchen und du hast einen guten Begriff von Humor. Was ist denn der Unterschied zwischen deinem Beispiel, wenn du Witze darüber machst, weil dir der Bleistift runtergefallen ist – und den anderen Kindern, die dich geärgert haben?«

Lore bekam große Augen.

»Bei dem Bleistift mache ich Witze über mich. Beim Ärgern machen die anderen Witze über mich. Wenn sie Humor hätten, würden sie die Witze über sich selbst machen – und nicht über andere!«

»Genau!«

Die Ärztin strahlte sie an. »Ich glaube, du hast hier eben einen ganz großen Schritt gemacht. Du hast erkannt, dass es nichts mit Humor zu tun hat, wenn jemand sich über andere lustig macht. Behalte das gut im Gedächtnis. Du kannst den anderen das zwar nicht erklären. Aber vielleicht hilft es dir, wenn du weißt, dass die anderen unrecht haben.«

Lore nickte, schluckte. Sie war sich nicht sicher, inwiefern ihr das helfen würde.

»Du hast Mobbing erlebt«, fuhr die Psychologin fort. »Berichte mir doch, wie du es geschafft hast durch diese Situationen zu kommen? Was macht dich aus, dass du so stark sein kannst? Was lässt dich so stark sein?«

»Wie meinen Sie das?«, fragte Lore und wischte sich die Tränen vom Gesicht. Sie fühlte sich schrecklich. »Ich bin stark?«

»Du bist sehr stark. Diese Erlebnisse haben etwas mit deinem Selbstwertgefühl gemacht, deshalb kannst du deine Kraft nicht mehr spüren. Was das genau ist, schauen wir uns später noch mal an. Aber du hast es geschafft, den Kopf nicht in den Sand zu stecken. Dazu musstest du Kraft investieren. Genau das ist dir gelungen. Was zeichnet dich aus? Was hast du für Ressourcen – damit meine ich, was hast du aus dir heraus, was dich stark macht? Und gibt es vielleicht auch andere, äußere Umstände, die dir in diesen Situationen guttun?«

Lore starrte die Therapeutin an. Sie war nicht sicher, was Frau Dr. Sommer von ihr erwartete.

»Was macht dir Freude? Wie sammelst du Kraft?«

Lore nickte. Jetzt hatte sie begriffen, was die Psychologin meinte. Aber war sie tatsächlich stark?

»Ich mag Musik. Und ich male gerne. Hab ich in der letzten Zeit zu selten gemacht.«

Die Therapeutin nickte. »Das ist gut. Dann haben wir ja schon zwei Kraftquellen, die du nutzen könntest. Kreativität ist etwas Wunderbares. Gibt es noch mehr, was du gerne tust?«

Lore lächelte auf einmal. Malen und Musik als Kraftquelle? Sie fand diesen Gedanken recht hilfreich und überlegte. Dann sammelte Lore mit Hilfe der Psychologin einige Punkte zum Thema ihrer Kraftreserven, die ihr einfielen, und notierte sie auf einem Blatt: der Wichtigste dabei war ihre Kreativität, die ihr dabei half, die Dinge anders zu beschreiben. Und Musik als Möglichkeit zum Stressabbau. Waldspaziergänge nannte Lore auch, weil sie die Vögel so gerne singen hörte. Und ihre Mama.

»Siehst du, du hast viele Kraftquellen. Ich bin sicher, du wirst das alles in den Griff bekommen«, ermutigte die Therapeutin sie am Ende der Stunde. Lore war sich da nicht so sicher. Wie sollte sie mit Malen und Musik die anderen davon abhalten, sie zu beschimpfen und zu misshandeln? Und wieso meinte Frau Dr. Sommer, sie sei stark, obwohl sie doch zu schwach war, sich gegen ihre Klassenkameraden durchzusetzen? Auf einmal liefen die Tränen wieder aus Lores Augen, tropften dunkel auf ihren Pullover. Sie verstand einfach noch nicht, wie ihr das alles weiterhelfen sollte. Und jetzt war sie zu erschöpft, es zu versuchen.

Abgespannt schlich Lore nach der Sitzung zu ihrem Zimmer. Julia war nicht da. Das war Lore in diesem Fall nur recht. Sie legte sich auf ihr Bett und ließ die Sitzung noch einmal Revue passieren. Danach wanderten ihre Gedanken ein paar Tage zurück, als sie über Mediensucht gesprochen hatten. Lore war das damals gar nicht so klar gewesen. Frau Dr. Sommer hatte sie gefragt, welche Art zu leben ihr besser gefällt: wie bei ihr daheim vor dem Fernseher und dem Handy, das datenmäßig aus allen Nähten platzte wegen der vielen und großen Daddelspiele – oder das Leben hier, mit Spieleabenden, Waldwanderungen, Schwimmen und anderen »echten Aktivitäten«, wie sie das nannte. Damals hatte Lore gesagt, das könne man doch nicht vergleichen. Die Therapeutin hatte ihr die Aufgabe gestellt, darüber nachzudenken. Und in der letzten Sitzung hatte sie eingeräumt, dass ihr das Leben hier besser gefiele. Frau Doktor Sommer hatte sie gefragt, warum. Lore hatte zugegeben, dass sie sich regelrecht in die Welt der Spiele und des Fernsehens geflüchtet hatte, weil ihr eigenes Leben so wenig Spannendes und Positives bot. Ganz im Gegenteil.

»Aber hier hast du doch jetzt eine Freundin«, hörte sie die Stimme von Frau Dr. Sommer in ihrem Kopf noch feststellen. Da hatte sie genickt.

»Hast du denn hier immer noch das Bedürfnis, aus deinem Leben in eine andere Welt zu flüchten? Ich meine nicht gelegentlich, sondern fast in deiner gesamten Freizeit?«

Lore hatte den Kopf geschüttelt und die Psychologin hatte ihr vorgeschlagen, wenigstens ein Spiel auf ihrem Handy zu löschen. Das war ihr in dem Moment ganz vernünftig erschienen. Schließlich brauchte sie kein digitales Ersatzleben, wenn sie richtig leben konnte. Doch als sie sich jetzt wieder Gedanken dazu machte, welches ihrer Spiele sie bereit wäre, zu löschen, mitsamt den mühsam erreichten Spielständen, da saß sie plötzlich mit den Mario Brothers im Rennauto und raste auf einer Art Carrerabahn im Kreis.

Sie erwachte davon, dass jemand ihre Schulter schüttelte. Lore war völlig desorientiert, wusste nicht mehr, wo sie war. Sie erkannte, dass Julia vor ihr stand.

»Hey, Lore, wach uff! Wir müssen zum Wassaballett. Na los, erheb dir!«

Erschrocken riss sie die Augen auf. Ihr Herz schlug ihr bis zum Hals und sie legte die Hand auf die Brust. Dann setzte sie sich auf. Das ganze Zimmer drehte sich.

»Hab ick dir erschreckt?«

Lore nickte nur. Dann stieß sie sich vom Bett ab und schnappte sich ihre Schwimmsachen.

»Dit wolltick nich«, versicherte ihr Julia. »Wir müssen aba in zehn Minuten da sein.«

Lore lächelte matt.

»Schon gut. Danke fürs Wecken.«

»Wat is denn los mit dia?«, fragte Julia. Dann schlug sie sich die Hand vor die Stirn. »Ach ja, du warst ja grade bei die Psychotante. Dit erschöpft dir ja imma so.«

Sie legte eine Hand tröstend auf Lores Arm. »Komm, wird höchste Eisenbahn fürn bisschen Spaß!«

Grinsend lief Lore hinter Julia aus dem Zimmer. Sie hatten doch immer Spaß.

7. Mirko

So liefen die Wochen dahin, immer schneller und schneller. Die Spieleabende fanden regelmäßig statt, etwa einmal im Monat. Auch bei dem Spieleabend im Dezember waren die Horrorschwestern nicht dabei, was Lore und Julia besonderen Spaß machte. Und plötzlich zeigte der Kalender den 20. Dezember. Weihnachten stand vor der Tür. Und die meisten Mütter auch – in dem Fall vor der Kliniktür.

Am 22. Dezember kam Lores Mutter, einen Tag später auch die von Julia. Es gab eine herzliche Begrüßung, bei der wieder Tränen flossen.

Mütter und Töchter hatten sich eine Menge zu erzählen. Lores Mutter lobte ihre Tochter für die guten Ergebnisse beim Abnehmen und ihre wirklich guten Schulnoten. Sie zeigte Lore, wie sehr sie sich darüber freute, dass ihre Tochter nun eine Freundin gefunden hatte, mit der sie unzertrennlich schien.

Es schneite genau in der Nacht zum 24. Dezember. Lore erwachte von Julias aufgeregten Rufen: »Lore, wach uff, kiek mal raus in de Natur! Uffm Fenstabrett liecht richtich hoch Schnee! Und draußen is ooch allet weiß!«

Schnell war auch Lore am Fenster. Ja, die weiße Pracht hatte das ganze Tal um die Klinik herum über Nacht in eine Zauberlandschaft verwandelt.

Nach dem Frühstück stürmten jede Menge Kinder warm eingepackt nach draußen und veranstalteten eine riesige

Schneeballschlacht. Mit vor Eifer und vor Kälte glühenden Wangen stolperten Lore und Julia wieder hinein, lachend und triefend vor Schneematsch. Sie waren nicht die Ersten. Eine halb getaute Spur führte durch den Eingang.

Der Weihnachtsabend war etwas ganz Besonderes. Der Hausmeister und alle Pfleger und Lehrer hatten sich große Mühe gegeben. Auch die Küche hatte ihr Bestes getan, um etwas Gesundes und gleichzeitig etwas besonders Schmackhaftes zu zaubern. Sogar Kekse gab es, wenn die auch nicht so süß waren, wie Lore es gewöhnt war.

Ausgelassen sangen sie Weihnachtslieder. Lore, die eine gute Stimme und das dementsprechende musikalische Gehör hatte, hielt sich lachend die Ohren zu, als sie Julia sehr laut und immer haarscharf neben dem Ton »Jingle Bells« singen hörte.

Mama hatte ihr nur eine Kleinigkeit mitgebracht: ein gerahmtes Foto von Lore und ihr, auf dem auch noch ihr Papa drauf war.

»Papa wäre ja so stolz auf dich!«, flüsterte sie dabei. »Ich habe jetzt nicht mehr für dich, tut mir leid. Ich habe mir freigenommen und die Fahrkarte war ziemlich teuer ...«

»Mama«, rief Lore beschämt. »Mein schönstes Geschenk ist, dass du hier bist!«

Und sie lagen sich beide mit feuchten Augen in den Armen.

Viel zu schnell kam erneut der Abschied.

»Du rufst mich an, ja? Und wenn du was brauchst ...«, bat Lores Mutter und gab ihr einen letzten Kuss, bevor sie nach draußen zu ihrem Taxi musste.

»Ja, klar, mach ich«, antwortete Lore, gefasster als noch beim Abschied vor einigen Wochen. »Mach dir keine Sorgen, Mama, was soll ich brauchen? Mir gehts gut hier!«

Ein Auto hupte vor der Kliniktür. Das Taxi. Eine letzte Umarmung und Lores Mutter eilte nach draußen.

Einen Trost hatte Lore ja noch: für Sylvester war ein bunter Spieleabend angekündigt. Darauf freute sie sich sehr. Julia und sie spekulierten schon seit Tagen darüber, wie das wohl werden würde. Und sie wurden nicht enttäuscht. Die Betreuer hatten sich viele lustige Spiele ausgedacht und sie durften alle bis Mitternacht aufbleiben. Am Ende dieses Abends, der natürlich viel zu rasch vorüberging, gab es sogar noch ein großes Feuerwerk. Lore machte sich selbst in der ersten Morgenstunde des frischen, neuen Jahres ein Versprechen: sie würde noch weiter abnehmen, so gut sie konnte – und sie würde jede Minute hier und mit Julia genießen. Zufrieden und erschöpft schlief sie ein, während aus Julias Bett schon lange leise Schnarchlaute drangen. Am nächsten Morgen durften sie alle bis zehn Uhr schlafen.

Wieder begann die Zeit, die über Weihnachten und Sylvester etwas langsamer verlaufen war, ihre Reise zu beschleunigen. Es wurde Frühling. Sowohl Lore als auch Julia nahmen noch einige Kilo ab, die sie bei weiteren Spieleabenden symbolisch auf die Waage legten. Immer leichter fielen ihr körperliche Anstrengungen, immer mehr Spaß verspürte sie dabei. Auch Mirko wurde schmaler im Gesicht.

In letzter Zeit war Lore aufgefallen, dass Mirko sie immer wieder verträumt ansah. Es war ihr beinahe unangenehm. Sie fühlte sich beobachtet.

Eines Abends machte sie sich mal wieder Luft darüber bei Julia.

»Andauernd glotzt der mich an. Immer fühle ich seine Blicke im Rücken. Das ist doch nicht mehr normal!«, schimpfte sie.

Julia zuckte nur grinsend die Schultern.

»Vielleicht ist der in dir verschossen ...«

»Immer ...« Verdattert unterbrach Lore sich. Der Mund stand ihr offen und sie war ein paar Sekunden still.

»Meinst du?«, fragte sie dann in ganz anderem Tonfall.

Julia grinste.

»Dit haste noch nich jemerkt? Dit sieht ja nen Blinda mit'm Krückstock!«

Lore schwieg. Doch langsam, ganz allmählich, breitete sich ein sehr glückliches Lächeln auf ihrem Gesicht aus. Sie hatte es noch nicht bemerkt. Aber Julia konnte recht haben. Noch nie war irgendjemand in sie verliebt gewesen.

»Und was soll ich jetzt machen?«, fragte sie ratlos.

»Jarnüscht!«, riet ihr Julia. »Der muss selber inne Pötte kommen. Abwarten und jenießen ...«

Lore seufzte und schaute verträumt in den Sonnenuntergang vor dem Fenster. Ob Mirko jetzt dorthin schaute? Ob er gerade an sie dachte? Ob er ...

»Och, nee!«, beschwerte sich Julia. »Jetzt nich gleich zwee von der Sorte ...«

Und seufzte so laut und übertrieben, dass Lore lachen musste.

In den nächsten Tagen wartete Lore auf ein Zeichen von Mirko. Doch es tat sich nichts. Er schien genauso wenig zu wissen, was er tun sollte, wie Lore selbst. Als nach einer Woche immer noch nichts passiert war, wendete sie ihre Aufmerksamkeit wieder ihren üblichen Aktivitäten zu. Mirko beachtete sie nur noch am Rande.

Eine weitere Woche später fand sie in ihrem Mathebuch einen Zettel. Wer bloß konnte ihr einen Brief zugesteckt haben? Und warum? Stirnrunzelnd faltete sie ihn auseinander.

»Liebe Lore«, las sie. »Ich möchte dich gerne einmal alleine treffen. Mittwochabend vor dem Schwimmbad, 21 Uhr. Bitte komm. Ein Verehrer«.

»Endlich!«, rief sie aus. »Julia, ich muss dir mal was vorlesen.«

Und sehr zufrieden verlas sie die ihr zugedachten Zeilen.

Julia grinste von einem Ohr zum anderen.

»Mirko«, sagte sie lakonisch. »Janz bestimmt!«

Lore nickte eifrig. »Glaub ich auch.«

»Jehste hin?«

»Na klar!«

»Ick bin jespannt wie een Flitzebojen...«

Am nächsten Abend machte sich Lore in erheblicher Aufregung auf den Weg zu ihrem »Rangdewu«, wie Julia sagte. Zwei Stunden hatte Lore vor dem Spiegel gestanden, sich umgezogen, sich geschminkt, mit ihren Haaren experimentiert, wieder etwas anderes angezogen – bis Julia gerufen hatte: »Dit reicht jetze! Bist schön jenuch!«

Nun bog Lore um die letzte Ecke vor dem betreffenden Flur. Niemand war zu sehen. Sie warf einen Blick auf die Uhr, die Julia ihr für diesen Abend geliehen hatte. Fünf Minuten zu früh. Sie musste sich unbedingt eine eigene Armbanduhr zulegen.

Wieder schweifte ihr Blick über den Korridor – da näherten sich auf einmal Schritte. Sie drückte sich hinter die Ecke und spähte dahinter hervor – es war Mirko. Er schaute sich um, schien nach jemandem Ausschau zu halten. Nach ihr. Auch er warf immer wieder nervöse Blicke auf seine Uhr. Den Moment nutzte Lore, um die Ecke zu umrunden.

Mirko blickte auf. Der Ausdruck in seinen Augen war beinahe erschrocken.

»Hallo«, druckste er und sah zu Boden. Wahrhaftig, er errötete.

»Hallo Mirko«, antwortete Lore leise. Sie stand vor ihm und war im Leben noch nie so verlegen gewesen. Und ihm schien es ebenso zu gehen.

Langsam kletterte sein Blick an ihrer Gestalt empor, zog sich hoch wie ein Bergsteiger. Als er ihr Gesicht erreichte, leuchtete ein dermaßen glückliches Lächeln in seinem Gesicht auf, dass Lore eine heiße Welle in ihren Wangen und Ohren fühlte.

Selig traumverloren staunte er sie an – und brachte kein Wort hervor.

»Du hast mich hergebeten?«, fragte Lore und biss sich gleich wieder auf die Lippen. Was Blöderes konnte ihr auch nicht einfallen.

»Ich – dich?«, fragte Mirko.

»Ja. Du mich«, nickte Lore stirnrunzelnd. Was war nur los mit dem Kerl? Wusste er das denn nicht mehr?

»Aber ...«, setzte Mirko verwirrt an. Dann fummelte er an der Tasche seiner Jeans und förderte einen Zettel zutage. Genauso einen, wie sie ihn auch gefunden hatte. Stumm reichte er ihn ihr.

Lore las: »Ich möchte dich einmal alleine treffen. Bitte komm am Mittwoch um 21 Uhr zum Schwimmbad. Eine Verehrerin.«

»Was?«, rief Lore. »Ich habe den gleichen Zettel gekriegt! Dann warst das gar nicht du?«

Wut und Enttäuschung stiegen in ihr hoch und sie drehte sich um. Tränen schossen in ihre Augen. So schnell sie konnte, hastete sie wieder in Richtung ihres Zimmers.

»Warte!«, hörte sie Mirkos Stimme hinter sich rufen. Sie blieb stehen, spürte seine Hand auf ihrem Arm. Er drehte sie zu sich herum. Ganz nahe stand er jetzt vor ihr.

»Es hätte von mir sein können«, flüsterte er halb erstickt.

»Wirklich?«

»Ja«, hauchte er – und küsste sie blitzschnell auf die Wange. Lore spürte seine warmen Lippen noch länger dort, obwohl er sich schon umgedreht hatte und geflüchtet war. Sie hob eine Hand an die Stelle und blickte traumverloren hinter ihm her. Ein Junge mochte sie so sehr, dass er sie geküsst hatte. Noch nie war ihr so etwas Wunderbares geschehen. Das musste sie gleich Julia berichten – sobald sie sich mit ihren Beinen, die im Boden festgewachsen zu sein schienen, wieder fortbewegen konnte.

»Jungs«, lachte Julia. »Allet Feichlinge!«

»Ein sehr süßer Feigling!«, lächelte Lore.

»Wenn de meenst ...«

Julia schaute genervt zur Zimmerdecke.

»Übrijens, da lässt sich jerade ne Spinne auf deinen Kopp runter ...«

»Ihhh ...«

Donnerstag in der Schule war Lore ein wenig abgelenkt. Wenn sie nicht gerade zu Mirko hinüberschaute, zerbrach sie sich den Kopf darüber, wer die Zettel geschrieben haben könnte. Und Mirko schien es genauso zu gehen. Er wirkte abgelenkt und nicht bei der Sache. Und immer, wenn ihre Blicke sich begegneten, lief Mirko rot an. Bedauerte er den Kuss, den er ihr so spontan gegeben hatte?

Die Unterrichtsgeräusche nahm Lore heute nur gedämpft wahr. Irgendjemand redete und redete, aber sie konnte sich nicht darauf konzentrieren. Immer, wenn sie es kurzzeitig versuchte, entglitt ihr das Thema wieder. Plötzlich spürte sie Julias Ellenbogen in ihren Rippen. Julia stieß sie an. Sie schaute der Freundin ins Gesicht, zog die Augenbrauen hoch. Was gab es denn so Wichtiges? Julia schaute bezeichnend nach vorne und wieder zu ihr hin. Was – o nein, die Lehrerin! Ihr wurde auf einmal bewusst, dass es sehr ruhig war im Klassenraum. Etwas zog ihren Blick nach vorne. Frau Franke schaute zu ihr hin, die Augenbrauen zusammengezogen. Sie sagte kein einziges Wort.

»Können ...«. Lore räusperte sich, um ihre Stimme zu klären. »Können Sie die Frage bitte wiederholen?«, bat sie dann. Eine heiße Welle schwappte ihren Hals empor, stieg ihr in die Wangen und weiter bis zur Stirn. Hinter ihr kicherte und flüsterte es bösartig. Aus der Richtung, wo Franziska saß. So ein verdammter Mist aber auch!

Sie hatte die Frage beantworten können. Aber den ganzen restlichen Tag fragte Franziska in ihrer Hörweite, ob irgendetwas für Lore wiederholt werden müsste.

Lore war sauer. Sie fühlte sich schwer genervt von all den kleinen Spitzen, denen sie heute ausgesetzt war. Und immer noch wusste sie nicht, wer die gleichlautenden Zettel geschrieben hatte.

Julia ging ihre dauernde Fragerei zu dem Thema dermaßen auf die Nerven, dass sie schließlich die Augen verdrehte.

»Nu lass doch ma jut sein damit. Ist doch ejal, wer die Zettel jeschrieben hat. Wenn er dir jesacht hat, der Wisch hätte auch von ihm sein können, denn is doch allet jut!«

Lore nickte. Aber innerlich beschäftigte es sie doch noch weiter. Wer war der Zettelschreiber?

Am nächsten Tag kündigte Frau Pahl einen Ausflug in die nahe Ortschaft an.

»Ihr habt alle so toll mitgearbeitet, habt ordentlich abgenommen. Als Resultat davon hängen eure Hosen aber schon fast in den Kniekehlen. Ihr sollt euch neue Jeans aussuchen, kleinere, die euch besser passen. Eure Eltern haben uns auf ein Schreiben unsererseits hin Geld für euch überwiesen. Das teile ich euch aus, wenn wir im Ort sind.«

Großer Jubel belohnte diese Ankündigung. Auf einmal drehte sich das gesamte aufgeregte Gespräch nur noch um das Shoppen gehen. Vor allem bei den Mädchen.

Lore und Julia steckten dabei genauso eifrig die Köpfe zusammen wie die anderen Schülerinnen. Die Nacht war ziemlich kurz, weil Lore und Julia Pläne schmiedeten, was sie sonst noch machen könnten – wenn sie sich überhaupt außer Sichtweite der Lehrer bewegen durften.

Früher als sonst wurden sie geweckt. Mühevoll quälten sie sich aus dem Bett, machten im Bad nur das Nötigste und taumelten todmüde in den Speisesaal. Nach dem Frühstück ergriff sie aber erneut die Euphorie über den Ausflug.

Sie sammelten sich am Eingangsbereich. Es waren insgesamt fünfzig Kinder und Jugendliche, welche in zehn Minibussen in den Ort gefahren wurden.

Dort parkten die Busse alle auf einem zentral gelegenen Parkplatz, von dem aus sie nur wenige Schritte in die Fußgängerzone der Innenstadt gehen mussten. Die Trainerin teilte an jeden Schüler und jede Schülerin einhundert Euro aus.

»Immer mindestens zu zweit!«, schärfte sie den Kindern ein. Aufgeregt schnatternd und mit knisternden Geldscheinen ausgestattet, pilgerten Lore und Julia den anderen Kindern in Richtung Fußgängerzone hinterher. Gleich beim ersten Klamottenladen blieben sie stehen, schauten in die Auslage. Für diesen Laden schien es nur spindeldürre Menschen zu geben. Unnatürlich schmale Hosenbeine waren mit storchendünnen Puppenbeinen ausgestellt. Seufzend zog Julia Lore weiter. Da ertönte hinter ihnen eine Stimme:

»Darf ich euch um eure modische Beratung bitten?«

Lore und Julia fuhren beide herum. Mirko stand da, puterrot im Gesicht, aber mit entschlossener Miene.

Lore bekam keinen Laut heraus, so verblüfft war sie. Ihr war, als wäre für einen langen Moment die Zeit stehen geblieben. Julia hatte dieses Problem nicht. Sie lachte nur fröhlich.

»Da trauste dir aber wat!«

Mirko zuckte die Schultern und schaute Lore an, als sei sie eine himmlische Offenbarung. Lore strahlte zurück.

»Na denn – komm mit, wenn de dir traust.«

»Klar!«, japste Mirko, die Augen immer noch bei Lore.

So versuchten sie ihr Glück zu dritt. Erst das dritte Geschäft führte auch Übergrößen, die sie alle immer noch benötigten.

»Ick gloob, selbst wenn ick echt schlank wern sollte – solche Sparjelbeene werd ick nie haben, dass ick in sowas da rinpasse!«, lachte Julia und deutete auf ein weiteres Schmalhosenmodell, das in dem Laden aufgestellt war.

Nach und nach probierten sie sich durch alle Jeansmodelle in ihren neuen Größen, die das Geschäft aufbieten konnte. Unter viel Gelächter und eifrigen Gesprächen entschied sich Mirko für eine dunkelblaue Jeans. Lore nahm eine schwarze. Und Julia entschied sich für eine pinkfarbene Hose.

»Gewagt«, kicherte Lore. Mirko grinste nur.

»Denn eben jewaacht! Wer nich waacht, der nich jewinnt!«, lachte Julia fröhlich.

Lore hatte noch zwanzig Euro übrig und investierte zehn davon in eine eigene Armbanduhr, die sie in der Auslage eines Geschäftes entdeckt hatte.

Danach schlenderten sie weiter, bis sie zu einer Eisbude kamen. Lore konnte nicht anders, sie musste einfach stehen bleiben.

»Hmm, lecker!«, seufzte sie. »Die haben Erdbeereis – mit Sahne. Das hatte ich schon so lange nicht mehr!«

Auch Julias Blick hing an den Eissorten.

»Schokoeis. Und Vanillje!«, schwärmte sie.

»Und Haselnuss«, ergänzte Mirko träumerisch. »Kommt, lasst uns einfach mal ein Eis essen. Nur eine Kugel jeder. Die sind doch so klein ...«

Die Mädchen nickten.

»Wir brauchen mal wieder etwas Spaß beim Essen. Klar, jeder eins.«

Sie bestellten es in einer Waffel.

»Wenn schon, denn schon!«, sagte Lore.

Eisschleckend durchstreiften sie weiter die Innenstadt des Ortes. Groß war sie nicht. Bald schon setzten sie sich auf zwei Bänke neben einem Platz, um in Ruhe die letzten Reste aus ihren Eiswaffeln zu vertilgen.

»Na, das gibt eine Extra-Trainingsstunde!«, sprach eine Stimme die drei Diätbrecher an. Lore schrak zusammen und fuhr herum. Dabei fiel ihr das Eis beinahe aus der Hand. Die Sprecherin war Resi Pahl. Und sie klang ziemlich verärgert.

»Was haben wir euch denn die ganze Zeit beigebracht? Und so nutzt ihr euer Wissen? In Ordnung ist das nicht, das wisst ihr, oder?«

Alle drei nickten betreten. Dann sagte Mirko: »Frau Pahl, es war meine Schuld. Ich habe die anderen verleitet ...«

Ein dankbarer Blick von Lore belohnte ihn.

Frau Pahl schüttelte den Kopf. Sie blieb ernst, aber ihre Mundwinkel zuckten.

»Das ist äußerst galant von dir, Mirko, dass du die Schuld auf dich nehmen willst. Aber die beiden Madel hätten ja Nein sagen können ...«

Mirko senkte den Kopf.

»Stimmt«, gab Lore zu. »Ich wollte das Eis auch essen. Ich denke, Julia hat nur wegen uns ...«

»Quatsch!«, fuhr Julia Lore dazwischen und funkelte sie böse an. »Ick konnte einfach nich widastehen!«

Frau Pahl nickte ernst.

»Das müsst ihr wohl alle noch lernen, bevor ihr hier entlassen werdet. Ich bin sehr enttäuscht von euch. Ich erwarte euch drei heute Abend im Schwimmbad. Eine halbe Stunde nach dem Abendbrot. Pünktlich!«

Mit mühsam verhaltenem Ärger, wie es schien, wendete sie sich von den drei Kindern ab.

»Frau Pahl!«, rief Mirko ihr hinterher. Sie drehte sich zu dem Jungen um, die Stirn gerunzelt.

»Was ist denn noch?«

»Waren wir die Einzigen?«, fragte Mirko.

Ein strenger Blick traf ihn und er zog unwillkürlich den Kopf ein.

»Nein!«, presste sie dann hervor. »Es gibt noch ein paar andere Schüler, die es nicht lassen konnten.«

Nun drehte sie sich endgültig um und eilte davon.

Lore sah Mirko an, dann Julia. Die begann auf einmal zu prusten. Lore und kurz danach auch Mirko stimmten in das Gelächter mit ein. Wer weiß, wie viele andere noch zum Strafschwimmen mussten. Und irgendwie war das alles doch sehr komisch.

Lore konnte nicht anders, sie bewunderte Mirko für seinen Mut, diese Frage zu stellen.

»Wie spät ist es jetzt eigentlich?«, fragte Lore und warf einen Blick auf ihre neue Armbanduhr. Wow, schon fast fünf Uhr nachmittags! Erschrocken sprang sie auf die Füße.

»Wir müssen zu den Bussen zurück!«, rief sie alarmiert.

Julia und Mirko schauten ebenfalls nach der Zeit, dann sprangen auch sie auf und liefen alle zusammen in Richtung Parkplatz.

Bis die drei den Parkplatz in Sicht hatten, waren sie alle ganz außer Atem, so sehr hatten sie sich beeilt. Lore sah die ersten Busse schon abfahren. Da begann sie noch schneller zu rennen, die anderen hinter ihr her keuchend.

»Halt!«, rief sie dabei und wedelte mit den Armen. »Wartet auf uns!«

Schnaufend und mit üblen Seitenstichen langten sie an dem Auto an, das sie hergebracht hatte. Es war bereits angefahren. Lore klopfte verzweifelt an die Fensterscheibe. »Nehmt uns mit, bitte!«

Der Fahrer hielt wieder an und stellte den Motor ab. Er ließ langsam das Seitenfenster hinuntergleiten.

»Ach, da kommt ihr ja doch noch!«, sagte er und grinste. »Und ich dachte schon, ihr wollt laufen! Macht mal auf da hinten.«

Die Schiebetür öffnete sich und die drei stiegen mit immer noch jagenden Herzen ein. Erleichtert ließen sie sich auf die Polster fallen. Kaum hatten sie sich angeschnallt, fuhr der Wagen los, mit einer engen Kurve beginnend, die den in der Mitte sitzenden Mirko dicht an Lore presste. Die keuchte. Diese plötzliche Nähe benahm ihr den Atem. Außerdem roch Mirko nach Schweiß – nicht unangenehm, aber doch deutlich. Ob sie selbst auch so roch? Ein unauffälliges

Schnuppern in Richtung ihrer Achselhöhle überzeugte sie, das dem so war. Ihre Augen brannten von dem Schweiß, der ihr eben beim Rennen in die Augen gelaufen war. Sie wischte sich mit dem Handrücken über die Stirn, fühlte, wie nass sie war, wischte ein paar verklebte Haarsträhnen aus der Stirn.

Die anderen schienen auch mit ihren Körpern beschäftigt zu sein, sie konnte sie noch immer schnaufen hören. Auch ihre eigene Atmung beruhigte sich nur langsam, ebenso wie ihr Herz und ihr Puls, welcher in ihren Ohren rauschte.

Schneller als gedacht hielt der Wagen vor dem Klinikeingang. Mühsam stieg Lore aus und sah, wie sich auch die beiden anderen quälten, um aus dem Fahrzeug zu kommen.

Noch eine halbe Stunde bis zum Abendbrot, stellte sie mit einem prüfenden Blick auf ihre neue Uhr fest.

»Ich muss dringend duschen!«, rief sie und eilte durch den Eingang und zu dem Zimmer, das sie mit Julia teilte.

»Ick ooch!«, rief diese ihr hinterher. »Lass mir noch warmet Wassa üba!«

Lore grinste und verschwand in der Dusche. Wie gut das tat! Als sie zehn Minuten später herauskam, stand Julia schon vor der Kabine.

»Na endlich!«, sagte sie erleichtert. »Wart uff mir.«

»Na klar!«, rief Lore im Hinausgehen. Dann rauschte das Wasser.

»Lass uns die Schwimmsachen gleich mitnehmen!«, rief Lore ins Badezimmer.

Beim Abendbrot beeilten sie sich. Dann machten sie sich auf den Weg zum Schwimmbad. Dort tummelte sich in der Umkleidekabine fast die gesamte Gruppe. Julia feixte.

»Na, denn warn wir ja wirklich nich die eenzijen! Dit is ja die janze Truppe!«

Lore nickte und musste grinsen. Kein Wunder, dass Frau Pahl sauer war.

Die Trainerin schaute auf die Uhr, als die Mädchen das Schwimmbad betraten.

»Los, ins Wasser mit euch!«, befahl sie harsch. Lore stieg hinein, neben ihr Julia, die ein unverwüstliches Lächeln auf dem Gesicht trug.

»Na, die is ja mächtich sauer!«, stellte sie flüsternd fest, sodass nur Lore es hören konnte. »Dit wird ja man nett, dit Wassaballett!«

»Hier wird nicht geschwatzt!«, fuhr Frau Pahl Julia mit grimmigem Blick an. Sie bückte sich und stellte die Musik an. Sonst war die Musik zwar durchaus schwungvoll gewesen, aber immer gemischt mit getragenen Stücken. Das, was Resopal jetzt anstellte, war extrem schnell. Lore und Julia blickten einander an. Das erste Mal sah Lore in Julias Miene so etwas wie Schreck.

Als Lore am nächsten Morgen aufstehen wollte, taten ihr alle Knochen weh. Beim Frühstück setzte sich Mirko zu Lore und Julia. Alle drei klagten sie über schmerzende Muskeln.

»Oje«, stöhnte Lore. »Und nachher haben wir noch mal Schwimmen und Wassergymnastik!«

Die beiden anderen stöhnten auf.

»Stimmt!«, sagte Mirko lakonisch.

»Ick weeß nich, wie ick dit nachher schaffen soll! Meen Aasch tut mia vielleicht weh!«

Mit schmerzenden Oberschenkeln standen sie auf und quälten sich zu den Schulräumen hinüber.

Zwei Stunden Mathe, zwei Stunden Englisch und eine Doppelstunde Deutsch erwarteten sie dort.

»Nächste Woche schreiben wir einen Test!«, kündigten alle drei Lehrer ihnen an. Julia verdrehte die Augen. Lore legte beruhigend eine Hand auf Julias Arm und drückte sacht. Dankbar nickte diese der Freundin zu.

»Kann ick in Englisch bei dir abschreiben?«, fragte Julia leise, als sie auf dem Weg in ihr gemeinsames Zimmer waren.

»Nee!«, lachte Lore. »Das hast du nicht nötig, das schaffst du selbst. Wir üben zusammen.«

»Na, wennde meenst, dat dit hilft ... bei mir hoffnungslosem Fall ...«

Lore lachte. »So'n Quatsch. Natürlich packst du das! Englisch ist keine Hexerei!«

»Ick würd wat um nen Zauberstab jeben in Englisch. Und in Deutsch ooch ...«

»Ich weiß. Aber dann würdest du ja nichts lernen.«

»Na und?«, lachte Julia und streckte Lore die Zunge heraus. Lore lachte.

Sport wurde genauso schlimm, wie Lore und Julia es befürchtet hatten. Resi Pahl nahm nicht die geringste Rücksicht auf die Schmerzen, mit denen sich die Schüler quälten, die gestern bei ihr in Sonderbehandlung gewesen waren. Im Gegenteil, sie trieb besonders Lore und Julia erbarmungslos an, scheuchte sie im Becken hin und her und sah es mit grausamer Genugtuung, wie ihre Schüler aus dem Becken wankten. Die Blutdruckwerte waren alarmierend. Doch Frau Pahl zeigte kein Mitgefühl, sprach auch kein Lob aus. Es würde noch eine Weile dauern, bis sie ihnen allen vergeben würde.

8. Franziska kocht

Am nächsten Nachmittag durften Lore, Julia und Mirko das erste Mal kochen. Die Köchin der Klinik erwartete die Gruppe schon, die zögernd die Lernküche betrat, ein Raum, der vom eigentlichen Küchenbetrieb nebenan abgesondert war. In der Gruppe waren außer unseren drei Helden die beiden Zombieschwestern, Max und Pia, das stille Mädchen aus ihrer Lerngruppe. Lore fragte sich jedes Mal, wenn sie sie sah, wie das Mädchen wohl ohne diese ganzen Pickel aussehen würde.

»Herein, immer herein mit euch!«, rief die Lehrköchin und wedelte mit den schlaffen nackten Unterarmen. Gehorsam drängte die Gruppe in den Raum, blieb aber dicht bei der Tür stehen.

»Kommt ruhig näher! Nicht so schüchtern!«

Max und Mirko, die die vorderste Reihe bildeten, traten noch drei Schritte vor bis zu Frau Schrader, der Köchin. Dabei machten sie den hinter ihnen stehenden Platz, welche weiter vorrückten. Lore, die hinter den Zombieschwestern stand, sah, wie sich Franziska im Vorwärtsschreiten zu ihrer Schwester beugte und ihr was ins Ohr flüsterte, offenbar etwas Boshaftes, denn Jaqueline hielt sich beide Hände vor den Mund und kicherte.

Neben Lore war Julia und hinter ihnen hatte sich Pia versteckt.

»Ihr macht heute Seelachsschnitzel mit Kartoffeln und einem schönen gemischten Salat. Zwei von euch werden also Kartoffeln schälen, der Rest putzt und zerkleinert das Gemüse. Wenn ihr damit fertig seid, dann zeige ich euch, wie man eine Salatsoße zubereitet und was wir mit dem Seelachs machen, damit er lecker, aber kalorienarm bleibt.

Zum Schluss dürft ihr das Ergebnis eurer eigenen Kochkunst aufessen.

Also: Wer schält und schneidet die Kartoffeln? Nun?«

Frau Schrader stemmte die Ellenbogen in die gut gepolsterten Hüften und zog die Augenbrauen hoch.

Zögerlich meldeten sich Max, Franziska und Jaqueline.

»Gut«, bestimmte die Köchin und zeigte auf Jaqueline und auf Max. »Ihr beiden. Kommt einmal her zu mir. Wie heißt ihr?«

Sie sagten es ihr.

»Gut. Max, du langst bitte mal ganz oben ins Regal und holst für uns den großen Topf herunter. Nein, nicht der. Der daneben. Genau«, erklärte sie weiter, als ein über das ganze Gesicht strahlender Max das richtige Gefäß in der Hand hielt.

»Bitte hier auf die Arbeitsplatte stellen. Jaqueline, du holst bitte die Kartoffeln, die sind da drüben im Vorratsschrank. Ja, danke. Lege das Netz bitte neben den Topf. Jetzt braucht ihr nur noch Schälmesser oder Sparschäler. Die sind hier drin, in dieser Schublade. Prima, dann könnt ihr ja schon mal loslegen.«

Jetzt wendete sie sich der übrigen Gruppe zu.

»Na los, schaut euren Kollegen nicht bei der Arbeit zu, helft ihnen lieber. Im Vorratsschrank sind Tomaten, Gurken, Eisbergsalat und Möhren. Im Kühlschrank ist Schafskäse. Husch, husch, in der Küche bewegen wir uns hurtig.«

Als hätte der Blitz zwischen den Schafen eingeschlagen, stob die Gruppe auseinander, um sich kopflos nützlich zu machen. Julia war zum Kühlschrank geeilt und erreichte ihn fast gleichzeitig mit Franziska, welche sie geschickt ausbremste, indem sie mit ihrem Körper die Kühlschranktür blockierte. Lore sah es mit Staunen aus dem Augenwinkel, während sie mit Pia und Mirko das Gemüse aus dem anderen Schrank nahm. Plötzlich gab es am Kühlschrank einen Tumult: Lores Blick wurde unwillkürlich davon angezogen, wie Franziska und Julia miteinander rangelten. Franziska hatte Julia bei ihren Haaren ergriffen und zerrte sie daran nach unten, während Julia ihrer Gegnerin gerade fest eine vor das Schienbein donnerte. Beide Mädchen kämpften verbissen vor der offenen Kühlschranktür.

»Auseinander! Aber sofort!«, erklang es da im scharfen Befehlston aus dem Mund der Köchin. »Sind wir denn hier im Kindergarten, oder was?«

Frau Schrader sah aus wie eine Gewitterwolke, ihre Augen schossen Blitze.

Die Mädchen ließen voneinander ab, Julia griff sich aber den Schafskäse und trug ihn, etwas zerzaust und mit der Miene einer erfolgreichen Jägerin, wie eine Beute zum Tisch. Franziska humpelte hinter Julia her. Düster bohrte sich ihr Blick in Julias Rücken.

»Was war denn da gerade los bei euch?«, fragte die Köchin in tadelndem Ton. »In meiner Küche wird nicht gerangelt, habt ihr das verstanden?«

Franziska nickte und biss sich auf die Lippen. Lore konnte ihr ansehen, dass ihr das äußerst schwerfiel. Julia hatte eine undurchdringliche Miene aufgesetzt.

»Sie hat mich von hinten getreten, als ich am Kühlschrank ...«, setzte Julia in brüchigem Ton an.

»Es interessiert mich nicht, wer angefangen hat!«, unterbrach sie die Köchin. »Vertragt euch, ihr beiden, aber sofort!«

Die beiden Mädchen schauten einander feindselig an, schwiegen aber beide.

»Na, los, gebt euch die Hand!«

Wie gegen einen großen Widerstand reichten sich die Kontrahentinnen die Rechte. Doch ihre Blicke sprachen Bände von dem, was jetzt passieren würde, wenn sie allein wären.

Lore, Mirko und Pia standen immer noch vor dem Vorratsschrank. Jetzt setzten sie sich wieder in Bewegung in Richtung der Arbeitsplatte. Sie nahmen sich Brettchen und Messer und drängten sich zwischen Julia und Franziska, sodass diese die Außenplätze einnahmen.

»Wir haben hier Messer!«, flüsterte Mirko Lore zu. »Besser, die zwei stehen nicht nebeneinander.«

Lore nickte. Sie begann damit, die Tomaten zu waschen und klein zu schneiden. Nach einer kurzen Weile setzte Mirko in bewunderndem Ton hinzu: »Julia hats der blöden Kuh aber gegeben. Gut so.«

Auch diesmal stimmte Lore zu, obwohl es ihr einen Stich versetzte. Und im gleichen Moment dachte sie verwirrt: *Was ist bloß los mit mir? Ist das Eifersucht? So ein Quatsch.*

Schweigend und fleißig schnitt Lore erst Tomaten, danach Gurken. Mirko neben ihr war nicht ganz so schnell, seine Stücke fielen viel gröber aus als ihre. Eine ganze Zeit später flüsterte Mirko in ihr Ohr: »Du kannst das echt gut. So toll kriege ich das gar nicht hin.«

»Klar schaffst du das. Du musst dir nur etwas mehr Mühe geben. Schau mal ...«

Und sie zeigte ihm, wie sie das machte.

»Hier könnt ihr etwas lernen, Leute«, klang da auf einmal die Stimme der Köchin hinter ihr, so plötzlich, dass sie vor Schreck fast das Messer fallen ließ. Alle Blicke richteten sich auf Frau Schrader, welche mit einem dicken Zeigefinger auf Lores Brettchen deutete.

»Mach das noch einmal, zeig es allen, Madel. Wie heißt du?«

»Lore«, krächzte Lore. Sie war verwirrt. Was sollte sie den anderen zeigen? Sie hielt in ihrer Bewegung inne.

»Na los, mach schon, Lore. Zeig den anderen, wie du diese kleinen Würfel so schnell schneiden kannst!«

Stumm nahm Lore das restliche geschälte Gurkenstück und schnitt es der Länge nach in Streifen, aber nicht ganz durch. Dann wiederholte sie die gleiche Prozedur senkrecht zu ihrer bisherigen Schnittrichtung und legte die Gurke, das Fruchtfleisch zusammenhaltend, auf ihr Brettchen. Nun musste sie nur noch die vorgewürfelten Scheiben abschneiden, und lauter kleine Würfel lagen auf ihrem Schneidebrett.

»Gut!«, lobte die Köchin. »Das macht ihr bitte jetzt alle so, dann seid ihr schneller fertig.«

Murmelnd machten sich die anderen an die Arbeit. Nur Franziska ignorierte die Anweisung verbissen und schnitzte weiter an ihren Möhren herum.

Die Köchin stellte eine große Schüssel vor Lore, die in der Mitte stand.

»Hier tut ihr bitte die ganzen Würfel hinein. Erst die Gurken- und Möhrenstückchen, dann die Salatblätter und zum Schluss die Tomaten und den Käse.«

Die Kinder gehorchten. Als alle Zutaten in der Schüssel waren, sah Lore erst, wie viel da zusammengekommen war. Richtig viel.

»Was machen die Kartoffeln?«, fragte die Köchin und spähte zu Jaqueline und Max herüber. »Oh, ich sehe, ihr seid fertig. Stellt den Topf bitte schon mal auf den Herd und setzt die Kartoffeln auf. Stellt die Küchenuhr auf dreißig Minuten. Danke. So, und nun zeige ich euch, wie ihr eine Salatsoße macht. Kommt alle her zu mir. Ich zeige euch jetzt, wie man eine Vinaigrette macht. Diese beliebte Salatsoße besteht vor allem aus Essig und Öl.«

Jaqueline und Max gesellten sich zur Gruppe.

»Weil in der Kochkunst vieles aus Frankreich kommt und Essig auf Französisch Vinaigre heißt, wurde diese Soße danach eben Vinaigrette benannt. Ihr könnt den Essig auch durch Zitronensaft ersetzen. Darüber hinaus brauchen wir feine Zwiebelwürfel, Senf, Zucker, Salz und Pfeffer dafür.«

Jaqueline stand neben Lore, zufällig, wie diese meinte. Da hörte sie die Stimme ihrer Feindin nahe bei ihrem Ohr: »Freu dich, nachher gibts Senge!« Zugleich spürte sie einen Tritt in den Oberschenkel, den sie als Pferdekuss kannte.

Lore verbiss sich einen Schmerzenslaut, dachte an Julia und Mirko und trat Jaqueline mit Nachdruck auf den rechten Fuß. Im Gegensatz zu Lore heulte diese sofort laut auf – übertrieben laut, wie Lore fand.

»Was ist denn jetzt schon wieder los?«, schnappte die Köchin, welche gerade Essig und Öl, Senf, Zwiebelwürfel, Pfeffer, Salz und Zucker miteinander zu einer Suspension verquirlte.

»Die«, jammerte Jaqueline und zeigte auf Lore »hat mir auf den Fuß getreten!« Dabei verzog sie schauspielerisch das Gesicht zu einer Leidensmiene.

»Ach was, das kann schon mal vorkommen. Mach keine Tragödie daraus, Madel.«

Und mit einem Blick auf Lore sagte sie: »Los, entschuldige dich bei ihr. Dann können wir vielleicht endlich weitermachen!«

»Entschuldigung«, quetschte Lore heraus. Es klang eher wie eine Drohung. Doch Frau Schrader war zufrieden und wendete sich wieder ihrer Vinaigrette zu. Sie fügte noch Salz hinzu und probierte vorsichtig.

»Hmmm. Schon ganz gut«, murmelte sie, in Gedanken offenbar ganz bei ihrer Soße. »Ihr könnt«, erklärte sie weiter, »auch noch ein paar frische Kräuter hinzugeben. Wenn wir schon beim Französischen bleiben, eignen sich hier die Kräuter der Provence recht gut.«

Sie nahm ein Glas aus dem Schrank vor sich und hielt es hoch.

»Diese hier sind die besten. Seht ihr, wie grün der Inhalt ist? Das ist nicht das übliche getrocknete Heu, welches seinen Geschmack schon verloren hat, bevor ihr das Glas öffnet. Riecht einmal daran!«

Mit verklärtem Gesicht reichte sie das Glas an Max weiter, welcher seine Nase über die Kräuter brachte und tief einatmete. Er schüttelte sich und reichte das Glas weiter an Lore. Ein sehr aromatischer Geruch stieg ihr in die Nase, eine Komposition aus Thymian und Rosmarin und einigen weiteren Kräutern, die sie nicht näher zu benennen wusste. Sie schloss genussvoll die Augen. Dann schlug sie ihre Augen wieder auf und gab das Glas an Mirko weiter, der den gleichen Fehler machte wie Max: Er atmete den Kräuterduft zu intensiv ein, gab das Glas gerade noch rechtzeitig an Julia weiter, bevor er niesen musste.

Bald hatte das Glas einmal die Runde gemacht und die Köchin maß mit dem Teelöffel etwas von den Kräutern ab, die sie zu der Soße gab. Wieder verquirlte sie das Ergebnis sorgfältig, bevor sie die Suspension über den Salat verteilte.

»Jetzt werden wir uns dem Fisch widmen.«

Sie zog ein Blech mit den Fischfilets hervor und schaute die Gruppe an. Ein intensiver Geruch nach Fisch erfüllte den Raum.

»Was machen wir jetzt damit?«

Franziska zuckte mit den Schultern und rollte die Augen zur Decke. Jaqueline starrte schon die ganze Zeit auf ihre Füße. Pia, die wie üblich noch kein einziges Wort gesagt hatte, glotzte wie ein Karpfen mit leerem Blick auf den Fisch.

»Keiner von euch? Na gut. Wir waschen die Filets als erstes und tupfen sie mit Küchenpapier trocken.«

Während sie erklärte, trat sie an die Spüle und tat, was sie sagte.

»Wir spülen dabei auch die eventuell noch vorhandenen Schuppen ab. Und wir spüren es, während wir am Rand entlang tasten, ob noch Gräten drin sind. Es empfiehlt sich, diese vor dem Braten zu entfernen.«

Sie schnitt am Rand des Filets mit einem scharfen Messer einen halben Zentimeter ab.

»Na los, jetzt seid ihr dran! Es ist für jeden ein Filet da.«

Bewegung kam in die Gruppe. Lore wartete geduldig, bis sie an der Reihe war, ein Fischfilet zu nehmen, es abzuspülen und trocken zu tupfen. Sorgsam tastete sie über den Rand, fühlte ein paar Gräten und schnitt den Rand zurecht.

Die Köchin beobachtete sie alle. Als auch Pia mit der ersten Aufgabe fertig war, fuhr die Köchin fort:

»Hier sind Zitronen. Eine habe ich durchgeschnitten und ausgepresst. Den Saft träufele ich nun über das Filet. Das tu ich, um den letzten Rest des Fischgeruchs einzudämmen.«

Noch während sie sprach, goss sie ein wenig Zitronensaft über ihr Filet und verteilte ihn mit den Fingern.

Lore tat es ihr nach und reichte die Zitronenpresse mit dem restlichen Saft an Julia weiter. Auch sie kam damit hin. Mirko musste eine weitere Zitrone auspressen für sich und die beiden nächsten. So ging es weiter, bis auch Pia fertig war.

»Nun« fuhr Frau Schrader fort, »salzen und pfeffern wir unseren Fisch. Zum Schluss wälzen wir das Filet sehr fein in Mehl. Nur ein Hauch.«

Auch diese Anweisung führten Lore und ihre MitschülerInnen gewissenhaft aus.

»Seht her«, erklärte die Köchin nun. »Hier haben wir große Bratbleche. Die werde ich jetzt erhitzen. Ich tu ein wenig Öl darauf und verteile es mit einem Backpinsel. Wir verwenden hier Rapsöl. Wenn es heiß genug ist, legen wir alle unsere Stücke auf das Blech. Mit einem Holzlöffel könnt ihr feststellen, ob die nötige Temperatur schon erreicht ist. Seht ihr, wie sich da feine Blasen am Holz bilden? So, jetzt ist es so weit.«

Und mit einer geschickten Bewegung legte sie ihr Fischfilet auf das Blech. Es zischte und spritzte auf. Lore tat es der Köchin nach und zog ihre Hände schnell genug weg. Franziska, die ihr Stück als nächste auf das Bratblech legte, jaulte auf.

»Was hast du denn, Madel?«, fragte die Köchin.

»Es hat gespritzt!«, beschwerte sich Franziska.

»Ach, wirklich?«, fragte die Köchin und zog ironisch die Brauen empor. »Das gehört dazu. Daran müsst ihr euch gewöhnen. Zeig mal her.«

Mit weinerlicher Miene zeigte Franziska Frau Schrader ihre rechte Hand. Diese betrachtete den Handrücken genau, stieß die Hand dann von sich fort.

»A geh, Madel, da ist rein gar nichts zu sehen! Schäm dich, das steckt man weg!«

Auch Franziska schaute jetzt genau ihre Hand an.

»Doch, da sind rote Punkte«, wendete sie ein. Die Köchin lachte.

»Wenn Sie mich nicht ernst nehmen, dann geh ich zum Direktor und beschwere mich ...«, fauchte Zombie Nummer eins.

Da lachte die Köchin noch lauter. »Klar. Mach das. Dann erzähle ich ihm aber von deiner Nummer vorhin vor dem Kühlschrank. Sollen wir uns wirklich auf solch ein Niveau begeben?«

Ein leicht angekokelter Geruch verbreitete sich in der Küche. Mit leichtem Grinsen in den Mundwinkeln sagte die Köchin: »Pass lieber auf deinen Fisch auf. Ich glaube, du musst ihn umdrehen. Nimm den Wender und pass auf, dass er nicht zerbricht! Das gilt für euch alle!«

Auch Lore beeilte sich, der Anweisung nachzukommen. Sie schaffte es, ihr Filet in einem Teil zu wenden und atmete auf. Innerlich frohlockte sie, als sie sah, dass Franziskas Stück in drei Teile zerbrach. Franziska fluchte grob und warf Lore und Julia einen bösen Blick zu. *Das werdet ihr noch bereuen,* schien der Blick zu sagen. Lore warf einen flüchtigen Blick zu Julia herüber, die ebenfalls lächelte.

Das Essen war eine schöne Angelegenheit. Lore hatte selten ein Essen so sehr genossen wie dieses. Auch Julia, Mirko und Max schien es zu schmecken, sogar der stillen Pia. Nur

Franziska stocherte in ihrem zerbrochenen Fisch herum und ließ den Salat auf dem Teller.

Auf dem Weg in den Gang vor der Lehrküche flüsterte sie Julia zu, was Jaqueline ihr vorhin angedroht hatte. Julias Miene verfinsterte sich.

»Dit sollse nur mal probiern!«, presste sie leise hervor, jedoch nicht leise genug.

»Wer soll was probieren?«, fragte Mirko, der hinter den beiden Mädchen ging, fröhlich zurück.

Beide Mädchen drehten sich zu ihm um und legten gleichzeitig den Zeigefinger über die Lippen.

»Psst!«

»Ein Geheimnis?«, fragte er weiter.

Die Mädchen zögerten. Dann vertraute Lore ihm an, was sie eben ihrer Freundin offenbart hatte.

»Diese bitch!«, flüsterte er aufgebracht. »Ich bring euch zu eurem Zimmer. Dann soll die ruhig mal was versuchen!«

»Wenn, denn versuchen die dit beede jemeinsam. Und bestimmt nich jerade denn, wenn du dabei bist und uns helfen kannst«, grollte Julia.

Lore kam ein Gedanke. Sie ergriff Mirko, der sich schon enttäuscht abwenden wollte, beim Arm. In dem Moment durchzuckte sie das Gefühl, als hätte sie einen Weidezaun angefasst. Es war wie ein leichter elektrischer Schlag. Vor Überraschung blieb ihr der Mund offenstehen. Dann bemerkte sie bei Mirko den gleichen Blick. Auch er starrte sie perplex an.

»He, wat is denn mit euch los?«, fuhr Julia ungeduldig dazwischen. »Wat wollteste saren, Lore?«

Diese schüttelte benommen den Kopf und sammelte sich einen Moment.

»Wie wäre es denn, wenn wir jetzt allein zu unserem Zimmer gehen, und du schleichst hinterher, Mirko? Die beiden Zombies stehen ja da drüben noch und tuscheln. Die haben was vor. Die warten, dass wir losgehen. Dann kommen die garantiert hinter uns her. Wenn du hinter denen bist, dann kriegen die von hinten Ärger, mit dem die gar nicht rechnen.«

»Guter Plan.« Mirko grinste breit. »Darauf freu ich mich schon. Das machen wir so. Einverstanden, Julia?«

»Klar!«

»Gut, dann bis gleich!«, sagte Mirko leise. Dann noch einmal laut: »Machts gut, ihr beiden«, um danach um die nächste Ecke in Richtung der Jungenräume zu verschwinden.

Julia stieß Lore in die Seite und lachte leise.

»Ick bin so stolz uff dir!«, flüsterte sie. »Dit wird een Spaß.«

Und sie setzten sich in Bewegung zu ihrem Raum. Beide Mädchen lauschten instinktiv hinter sich und redeten daher kein Wort. Sie hörten Schritte, die leise sein sollten – es aber nicht waren. Plötzlich ein Rennen. Unwillkürlich stoben die beiden in der Mitte auseinander – und Franziska schoss, getrieben von ihrem eigenen Gewicht, zwischen ihnen hindurch. Jaqueline aber kam schliddernd neben ihnen zum Halten und boxte nach Julia. Diese wich mühelos aus und lachte. Inzwischen war Franziska zurück und schlug nach Lore, die ebenfalls zurückwich, sodass der Schlag ins Leere ging. Jetzt trat Franziska nach Lores Schienbein und traf. Der Schmerz explodierte in ihrem Bein. Lore schrie auf und sank zu Boden. Da tauchte plötzlich wie aus dem Nichts Mirko auf.

»Ihr wagt es, Freundinnen von mir anzugreifen?«, donnerte er wie der durch sein Stichwort gerufene Held eines Bühnenstückes. Erschrocken ließen Jaqueline und Franziska von ihren Gegnerinnen ab und suchten das Weite, so schnell sie konnten. Mirko rannte hinterher und trat wenigstens noch Franziska in ihren breiten Hintern. Sie heulte auf, also hatte er gut getroffen.

Dann kehrte er zu den Angegriffenen zurück, ein siegesbewusstes Leuchten auf dem Gesicht. Julia bedeckte den Mund und kicherte. Lore aber strahlte ihren Helden in einer Weise an, dass dieser noch einmal so breit grinste. Sie fühlte eine solche Bewunderung, wie sie das nur von den Helden aus Romanen kannte. Wie Superman kam Mirko ihr vor.

Mirko reichte ihr die Hand und zog sie auf die Beine.

»Geht es wieder?«, fragte er voll Mitgefühl.

Lore nickte, konnte ihren Blick dabei jedoch nicht von ihm wenden. Aus einer spontanen Regung heraus stellte sie sich auf die Zehenspitzen und drückte ihm einen Kuss auf die Wange. Sie spürte, wie ihr das Blut in den Kopf schoss. Auch Mirko errötete, hatte jetzt aber solch ein unirdisches Lächeln auf dem Gesicht, versunken in ihre Betrachtung, als hätte er gerade eine himmlische Vision. Ganz von allein fanden sich ihre Hände. Wieder war da dieses Kribbeln ...

Plötzlich klatschte es zweimal laut und eine Stimme sagte: »Hey, ihr beeden. Kommt zurück! Hia, uff da Erde sind wa! Dit schnallt ihr zwee nur jerade nich!«

Verlegen senkten Lore und Mirko gleichzeitig den Blick, ließen einander hastig los und traten jeder einen Schritt zurück. Dann schauten sie zu Julia hinüber.

»Ick wollte mir nur ooch bei dir bedanken. Bist'n Kumpel, Mirko!«

Damit streckte sie dem Jungen kameradschaftlich die Hand entgegen, die dieser nahm und heftig drückte.

»Jederzeit wieder!«, grinste er. »Gegen die beiden blöden Ziegen sowieso immer!«

Dann winkte er noch einmal kurz, drehte sich um und ging hoch erhobenen Hauptes seiner Wege. Obwohl »ging« nicht ganz der richtige Ausdruck war. »Schwebte« traf es besser.

»Is schon jut, ick habs kapiert!«, rief Julia in komischer Verzweiflung, als sie beide ihr Zimmer betreten hatten.

»Was hast du kapiert?«

»Ihr seid voll vaknallt! Aba heftich!«

»Ver ...«, erwiderte Lore. »Na, der schon, aber ich ...«

»Du ooch!«, nickte Julias und lachte. »Hätteste dir mal sehn sollen eben. So was von ...«

»Gar nicht!«

»Und ob!«

Lachend rangelten die beiden Mädchen miteinander und fielen auf Lores Bett, welches laut ächzte. Nun lachten Lore und Julia noch lauter.

Als sie sich wieder beruhigt hatten, sagte Julia: »Is schon n feiner Kerl, der Mirko. Issa wirklich. Wie der eben dazwischenkam ...«

»Wie Superman ...«, schwärmte Lore und sprach jetzt ihren Gedanken von vorhin laut aus.

Julia prustete los und gackerte vor sich hin.

»Wie wer?«, japste sie, als sie wieder Luft bekam. »Echt jetzt?«

»Na ja ...«, dehnte Lore verlegen. »So kam er mir vor.«

»Is jut. Wennde meenst...«

Wieder kicherte sie. Und Lore fiel mit ein.

9. Schmetterlinge und eine Feindin

Von nun an trafen sich Lore und Mirko öfter in ihrer Freizeit. Lore erzählte ihm von sich, erzählte davon, wie ihre alte Klasse sie behandelt hatte. Mirko umarmte sie ungeschickt und drückte sie an sich. Er war unerwartet warm und sie begann zu schwitzen. Und sie bekam keine Luft mehr.

»Nicht so doll«, beschwerte sie sich atemlos.

»Entschuldige.« Er lockerte seinen Griff. »So besser?«

»Ja«, lächelte sie.

Ganz natürlich fanden ihre Hände ineinander, wenn sie nebeneinanderher gingen. Bei Lore löste das alles eine ganze Kaskade neuer Gefühle aus. Es kribbelte in ihrer Hand, da, wo sie sich gegenseitig berührten. Langsam kroch dieses Kribbeln ihren Arm empor und verzweigte sich, denn ein Strom ging direkt zu ihrem Herzen und ließ es schneller schlagen, glücklicher. Der andere wanderte in ihren Bauch. Waren das die berühmten Schmetterlinge, von denen immer die Rede war? Sie genoss das Gefühl, denn es fühlte sich toll an. Und Mirko schien es genauso zu gehen. Das spürte sie einfach. Eine Welle der Seligkeit schwappte zu ihr hinüber, wenn sie ihn anschaute.

Immer wieder trafen sie sich abends. Manchmal schauten sie einander nur tief in die Augen, nur das, und sagten kaum ein Wort. Dann küsste Mirko sie scheu auf die Wange, wenn er sie zu ihrem Zimmer zurückgebracht hatte.

Eines Abends schaute er ihr wieder lange in die Augen. Diesmal aber hatte Lore das Gefühl, es würde ihn etwas bedrücken. Sie ergriff seine Hand und fragte: »Was hast du? Was ist es? Kann ich dir helfen?«

»Ja«, gestand Mirko und lief rot an. Er senkte den Blick verlegen auf seine riesigen Schuhe.

»Was kann ich tun?«

»Ja sagen ...«, flüsterte Mirko und versenkte seinen Blick wieder in ihre Augen. Lore war, als würde sie in diese schönen grünen Augen stürzen wie in einen Brunnenschacht.

»Wozu soll ich ja sagen?«

Heiser kamen diese Worte aus ihr heraus.

»Wenn ich dich frage – na ja, wenn ich…«

Er seufzte tief auf, dann fragte er entschlossener: »Willst du mit mir gehen?«

Lore spürte, wie ihr Herz laut in ihren Ohren klopfte.

»Ja. Das tun wir doch schon die ganze Zeit.«

Mirkos Gesicht leuchtete auf.

»Ich weiß. Aber ich wollte es – es sollte – offiziell ...«

»Du bist süß!«, sagte Lore und nahm ihn in den Arm. Und Mirko senkte den Kopf langsam immer weiter zu ihr herunter, wie magnetisch angezogen von ihren Lippen, und küsste sie auf den Mund. Lore spürte auf einmal etwas Warmes, Schleimiges, und entzog sich ihm erschrocken.

»Entschuldige bitte«, krächzte Mirko beschämt. »Ich dachte ...«

»Was hast du gedacht?«, ermutigte Lore ihn.

»Ich dachte, wir könnten es ja einmal versuchen. Einen richtigen Kuss, meine ich. Mit der Zunge.«

Er grinste verlegen. »Es macht nichts, wenn du noch nicht so weit bist. Wir können ja später ...«

Entschlossen umarmte Lore den Jungen, zog seinen Kopf zu sich hinunter und dann versuchten sie es noch einmal. Ungeschickt spürte sie seine Zunge an der ihren herumwirbeln. Er schmeckte süß. Nicht, dass es ihr jetzt der Zungenkuss besser gefiel. Es fühlte sich so an, als würde sie mit einer Auster knutschen. Aber auch sie dachte, das gehörte dazu, wenn zwei miteinander gingen.

Wie betäubt schlüpfte sie eine halbe Stunde später wieder in ihr Zimmer. Julia blickte von ihrem Buch auf und sah sie erwartungsvoll an.

»Weißt du, was eben passiert ist?«, platzte Lore heraus.

»Nee, keene Ahnung. Azähl ...«

»Mirko« - hier verdrehte Julia die Augen.

»Wat is mit Supaman?«

»Er hat mich gefragt ...«

»...ob du ihn heiraten willst? Soll ick Trauzeujin sein?«

»Nein, das nicht«, kicherte Lore.

»Ob du ihm seine Socken stopfen kannst?«

»Nein. Ob ich mit ihm gehen möchte ...«

»Na, so wie du jerade kiekst, haste ja jesacht, hab ick recht?«

»Ja«, hauchte Lore und sah im Spiegel des Fensters gegenüber, wie sie rot anlief.

»Oje. Na, denn. Willste nich noch für den Vokabeltest morjen lernen? Ick frag dir ab und du mir?«

»Meinetwegen. Aber ich habe dir noch nicht alles erzählt. Er hat mich geküsst. So richtig. Mit der Zunge.«

»Echt?« Julias Interesse schien zu erwachen. »Und, wie wars?«

»Schleimig und warm. Irgendwie komisch.«

»Ihhh!«

»Wir üben das ja noch«, verteidigte sich Lore. Da musste Julia so sehr lachen, dass sie eine ganze Zeit nichts mehr sagen konnte, weil sie keine Luft mehr bekam. Es sah so komisch aus, dass auch Lore mitlachen musste. Sich erholend, schaute Julia ihre Freundin mitleidig an.

»Deine Noten jehen innen Keller, dit weeste, oder?«

Lore senkte den Blick.

»Na klar. Ich kann aber immer nur an ihn denken.«

»Du bistn hoffnungsloser Fall. Ick kann dir nich helfen, dir besser zu konzentrieren. Aba ick kann dir die Vokabeln abfrajen, damit du den Test nich ooch noch versemmelst. Und ick ooch nich ...«

Sie griff zu dem Englischlehrbuch und blätterte darin. Dann begann sie, Lore abzufragen.

Mirkos Antrag und seine zunehmend besseren Küsse brachten Lore völlig durcheinander. Sie erwischte sich dabei, wie sie ständig mit den Gedanken abschweifte. Julia stieß sie dauernd in die Seite im Unterricht, und so sehr sie das nervte, so dankbar war sie, weil sie sonst gar nichts mehr mitgekriegt hätte. Ihr Herz fühlte sich so warm an, so erfüllt und lebendig. Dagegen war der Unterrichtsstoff trocken, tot und theoretisch und konnte nicht mit dem konkurrieren, was sie gerade mit Mirko erlebte. Sie staunte darüber, sie war dankbar und stolz zugleich – und in ihrem Bauch tummelten sich massenweise Schmetterlinge. All diese Gefühle brachten Lore zunehmend aus dem Konzept. Ihre Zensuren litten deutlich darunter.

Seltsamerweise wurde Mirko besser in der Schule. Er schien sich mächtig ins Zeug zu legen und zeigte ihr jede seiner besseren Noten mit leuchtenden Augen. Lore frustrierte das sehr.

Mirko strengte sich in allen Bereichen mehr an. Beim Sport war er schon nach zehn Minuten so rot wie eine Tomate und ließ sich weder von alarmierenden Puls- und Blutdruckwerten noch von Strömen von Schweiß aufhalten. Sein Ehrgeiz schien grenzenlos. Lore hingegen hatte das Gefühl, ihre Tagträume über ein Zusammensein mit Mirko nähmen ihr alle Energie.

Die Psychologin sprach sie eines Nachmittags darauf an:

»Ich habe gehört, deine Leistungen in der Schule gehen in den Keller. Magst du mir sagen, woran das liegen könnte? Hast du Sorgen oder Probleme?«

Lore wurde rot und senkte den Blick. Sie betrachtete ihre Hände, welche sie im Schoß knetete. Dann zuckte sie die Schultern und schwieg.

»Du kannst es mir ruhig anvertrauen, wenn du einen Kummer hast, das weißt du hoffentlich«, sagte Frau Dr. Sommer sanft und leise. Lore nickte, sprach aber nicht und kniff die Lippen fest zusammen.

»Gut« seufzte die Psychologin. »Du kannst jederzeit zu mir kommen, wenn du es dir anders überlegst.

Sprechen wir über deinen Medienkonsum. Fehlt dir das Internet und das Fernsehen hier?«

»Nein«, gab Lore einsilbig zu.

»Und Süßigkeiten? Schokolade? Pudding? Kuchen?«

Lore lief das Wasser im Mund zusammen. Sie schluckte, dann sagte sie: »Vermisse ich nicht so arg.«

»Hättest du das vorher gedacht? Ich meine, als du hergekommen bist. Hättest du gedacht, dass es ein gutes Leben ohne Süßigkeiten – oder doch zumindest mit sehr wenig davon – für dich geben kann?«

Lore schüttelte den Kopf, schaute aber wieder zu der Psychologin hoch.

»Warum schaffst du es hier ohne Medienkonsum und mit so wenig Süßem und Fettigem? Was meinst du?«

Wieder zuckte Lore mit den Schultern.

»Keine Ahnung. Es geht einfacher hier.«

»Warum geht es hier einfacher? Was ist der Unterschied zwischen der Klinik und deinem Zuhause?«

»Na, erstens gibt es hier keine Extrasüßigkeiten. Die Mahlzeiten sind so gemacht, dass wir nicht zu viel essen können. Und zweitens habe ich hier eine gute Freundin gefunden. Und einen Fr...«

Erschrocken verstummte sie. Die Therapeutin lächelte wissend.

»Deine Freundin ist da sehr wichtig. Du hast jetzt jemanden, mit dem du was unternehmen kannst und reden. Das ist sehr wichtig. Du hast mir erzählt, dass du zu Hause keine richtige Freundin hast.«

»Weil ich so furchtbar dick war – bin – wollte niemand meine Freundin sein ...«, flüsterte Lore langsam.

Die Therapeutin notierte etwas, dann sah sie wachsam zu Lore hinüber.

»Das alleine ist sicher nicht der Grund. Ich denke, der Grund ist eher, dass du in der Klasse schwer gemobbt wurdest. Jeder, der mit dir befreundet gewesen wäre, hätte sich dem auch ausgesetzt – das haben die anderen Mädchen in deiner Klasse sicherlich gedacht. Obwohl das nicht immer stimmen muss.«

Nachdenklich tippte Frau Dr. Sommer sich mit dem Bleistift gegen die Oberlippe. Eine Pause trat ein. Lore konnte das Summen der Leuchtstoffröhren hören.

»Was machen eigentlich die Jungs hier? Lassen sie dich in Ruhe? Ärgern sie dich? Helfen sie dir?«

Eine heiße Welle stieg in Lores Kopf und sie begann zu schwitzen. Wieder schaute sie in ihren Schoß.

»Lass mich raten: Die meisten Jungs sind ganz nett zu dir?«

»Ja«, flüsterte Lore heiser. In ihren Wangen wurde es noch heißer als bisher.

»Hast du einen Freund gefunden?«

Jetzt sank Lore in ihrem Sitz zusammen und zog die Augenbrauen zusammen. Ein rascher Blick ins Gesicht der Psychologin zeigte ihr, dass Frau Dr. Sommer sie belustigt anlächelte.

»Sie machen sich lustig über mich!«, klagte sie.

Erstaunt hob die Therapeutin die Brauen.

»Aber nein, das tu ich nicht. Ich freue mich nur für dich, dass du hier Freunde gefunden hast. Vielleicht sogar einen Jungen, der sich für dich interessiert. Das ist wunderbar.«

Überrascht sah Lore Frau Dr. Sommer in die Augen.

»Es sind ganz neue Gefühle, die dich jetzt beschäftigen, oder?«, fragte die Psychologin weiter.

Beschämt nickte Lore.

»Mag er dich denn auch?«

»Ja«

»Das ist etwas Wunderbares. Du entdeckst da gerade etwas Neues, etwas, das dich sehr glücklich, aber manchmal auch sehr unglücklich machen kann. Bist du glücklich? Oder unglücklich?«

»Eigentlich glücklich. Aber – ich kann immer nur an ihn denken.«

»Also bist du abgelenkt?«

Lore nickte.

»Und wie ist das bei ihm?«

»Er ist deutlich besser geworden in der Schule ...«, ihre Stimme brach und eine Träne stahl sich unter ihren Wimpern hervor. »Wieso wird er besser und ich immer schlechter?«

Die Psychologin atmete tief ein und aus. Dann reichte sie Lore ein Taschentuch.

»Ich denke, er geht anders mit seinen Gefühlen um. Sicher will er dich beeindrucken, dir zeigen, was er alles leisten kann, damit du ihn bewunderst. Bewunderst du ihn dafür?«

»Nein!«, kam es erbittert von Lore. »Es stimmt, immer zeigt er mir seine Einsen und Zweien. Und ich hab nur noch Dreien und Vieren. Obwohl ich übe. Ich kann mir einfach nichts merken. Mitten in der Arbeit muss ich an ihn denken – und alles ist wie leer geblasen.«

Sie hörte selbst den jammernden Ton, in dem sie das alles vorgebracht hatte.

Die Therapeutin betrachtete sie eine Weile schweigend. Dann sagte sie: »Wir können daran arbeiten, wie du es schaffen kannst, dich mehr auf dich selbst zu konzentrieren. Dann wirst du die Gedanken an deinen Freund, vor allem die Tagträume, auf Zeiten beschränken lernen, zu denen es dir nicht schadet. Versuche doch auch einmal, dich selbst und ihn zu beeindrucken. Versuche einfach, mehr bei dir selbst zu sein, in deiner eigenen Mitte. Es ist nicht leicht, aber ich kann dir ein paar Techniken zeigen, die dir helfen werden, wenn du sie konsequent umsetzt. Willst du das?«

Lore nickte. Und so verbrachte sie den Rest der Stunde damit, eine Meditationstechnik zu erlernen, die ihr die verlorene Konzentration zurückbringen sollte.

Mithilfe dieser Technik fing sich Lore wieder, was ihre schulischen Leistungen anging. Jetzt genoss sie das Zusammensein mit Mirko sogar noch mehr, weil sie kein schlechtes Gewissen mehr hatte. Sie lernten manchmal auch zusammen, mit Julia ging es jedoch viel besser.

Vier Monate war Lore nun schon im Klinikinternat und sie genoss es mehr, als sie es sich zu Anfang hätte vorstellen können. Da hatte sie aber auch noch nie eine richtige Freundin gehabt, geschweige denn einen Freund. Sie schauderte, als sie zurückdachte an die Hölle, aus der sie gekommen war.

Ihr Gewicht war stetig gesunken und die Ärzte waren sehr zufrieden mit ihr. Auch ihre Mutter hatte beim letzten Videotelefonat über Whatsapp gestaunt und ihr gesagt, wie stolz sie auf sie wäre. Die Erinnerung daran bescherte ihr immer noch eine tiefe innere Freude, die warm in ihr empor spülte. Es war alles gut und sie ging nun schon seit einem Monat mit Mirko. Ein Lächeln stahl sich auf ihr Gesicht. So konnte es weitergehen. Trotz Franziskas Versuchen, ihr das Leben doch noch zu vermiesen.

»He, träum nich, Lore, wir ham gleich Wassaballett!«, erinnerte Julia sie. Immer noch lächelnd, schnappte Lore sich ihren Sportbeutel und lief mit Julia zum Bad.

»Wat haste nu schon wieda jedacht?«, fragte die Freundin.

»Ich habe gedacht, wie viel Glück ich habe, dass ich hierhergekommen bin. Und dass ich dich kennengelernt habe. Und natürlich ...«

»Mirko, ick weeß«, seufzte Julia. »Schön, dassde mir ooch zu schätzen weest. Dit isn netter Zug von dir!«

Lore lachte.

Kaum waren sie beide im Becken, drängte sich Franziska zwischen Julia und Lore. Jedes Mal, wenn sie die Seiten wechselten, trat sie Lore gegen die Wade. Und sie tat so, als müsse sie sich an Lore festhalten und kniff sie grob.

»Hör auf damit!«, zischte Lore. Ein weiterer Kniff in den Arm war die Antwort.

»Lass das jetzt mal!«, rief Lore, vor Wut nun lauter werdend.

Auf einmal war es, abgesehen von der Musik, ganz ruhig. Alle starrten Lore an. Das war ihr peinlich, sie hätte das Aufsehen gerne vermieden. Aber es schien ja nicht anders zu gehen.

»Was ist da los?«, rief Frau Pahl streng. »Lore?«

»Die kneift und tritt mich dauernd!«, klagte Lore.

Frau Pahls Blick verfinsterte sich und wanderte zu Franziska.

»Ist ja gar nicht wahr!«, stritt diese die Vorwürfe ab.

Frau Pahl schüttelte den Kopf.

»Franziska, überspann den Bogen nicht. Ab mit dir ans Ende der Reihe, neben Max.

»Das bereust du noch!«, zischte Franziska Lore ins Ohr, bevor sie sich aufmachte, der Anweisung zu folgen.

Lore wurde einen Moment lang ganz schlecht. Dann aber erinnerte sie sich daran, dass sie ja jetzt nicht mehr alleine damit zurechtkommen musste. Sie atmete tief auf und konzentrierte sich auf die Bewegungen, die von ihr verlangt wurden.

In der Umkleide wurde es noch einmal nervig. Nachdem Franziska die ganze Zeit still gewesen war, starrte sie jetzt provozierend auf Lores unbekleideten Körper.

»Ih, du siehst ja sowas von widerlich aus!«, sagte sie dann laut zu Lore.

»Haste innen Spiegel jekiekt?«, schoss Julia für ihre Freundin zurück. »Denn haste recht. Eklig siehste aus!«

Die anderen Mädchen lachten.

Mit vor Wut rotem Gesicht schoss Franziska zu Julia herum und zeigte mit dem Finger auf sie.

»Du hältst dich da raus. Das geht dich nichts an!«

Und zu Lore gewendet, fuhr sie fort: »Dich mein ich. Und so was hat nen Freund. Ich fass es nicht. Wenn der dich nackt sieht, dann kotzt der bestimmt!«

»Das geht dich nichts an!«, wies Lore diese Eifersüchtelei zurück.

»Und ob! Igitt, wenn ihr Kinder hättet! Das wäre sowas von zum Kotzen, wie die aussehen würden. Mischung zwischen Hängebauchschwein und Fettsau!«

Bei diesem Wort sah Lore rot. Sie hob die Fäuste und wollte, nackt, wie sie noch war, auf Franziska losgehen und ihr das Grinsen aus dem Gesicht schlagen.

»Dir stopf ick gleich dein loses Maul, du Schlampe!«, schimpfte da auf einmal Julia dazwischen. Gleichzeitig hielt sie Lores Arm fest.

»Ja?«, höhnte Franziska. »Dann versuchs doch mal!«

Bedrohlich dicht trat Julia an Franziska heran, sofort gefolgt von Lore. Die Angreiferin sah sich nach ihrer Schwester um. Der schien die Angelegenheit jedoch zu heikel zu sein, denn sie flüchtete soeben still durch die Tür in den Gang.

Allein schien Franziska doch der Mut zu schwinden. Sie trat vor der doppelten Bedrohung einen Schritt zurück und fiel im nächsten Augenblick auf die Bank, die ihr Gewicht mit einem Knacken quittierte.

»Mit etwas Jlück haste jetzt nen Splitter im Aasch!«, kommentierte Julia und beugte sich ganz dicht zu Franziska herunter. »Ick wollte dir noch sajen, dat mir dit sehr wohl wat anjeht, wenn du mit meene Freundin Streit suchst. Verhalt dir lieber stille, dit steht dir besser zu Jesichte!«

»Lern du lieber mal richtiges Deutsch!«, zischte Franziska zurück. »Du verwechselst dauernd mir und mich.«

»Bessa mia und mich als mein und dein!«, gab Julia schlagfertig zurück. Lore lachte auf. Sie dachte an die Aktion mit der Klinikküche und dem Schlüssel. Auch die anderen Mädchen in der Umkleidekabine kicherten und gicksten.

Mit rotem und vor Wut verzerrtem Gesicht kam Franziska auf die Beine. Drohend nahe stand sie vor Julia, die ihr gelassen entgegenblickte. Plötzlich ergriff sie Julias Arm und drückte ihn so heftig, dass die Stellen weiß wurden, wo sich Franziskas Finger im Julias Unterarm bohrten.

Da stieß Lore, erstaunt über ihren eigenen Mut, Franziskas Arm mit beiden Händen beiseite.

»Lass die Finger von meiner Freundin!«, knurrte sie dabei.

Julia warf ihr kurz einen erstaunten Blick zu, schaute aber sofort zurück zu Franziska, ließ diese nicht aus den Augen, und das war gut so: Franziska hatte sich nämlich keineswegs geschlagen gegeben. Sie trat jetzt nach Lore und verfehlte sie nur, weil Julia sie schnell beiseitezog. Da trat sie nach Julia. Diese wich geschickt aus und schubste Franziska an den Schultern um, dass diese mit Schwung zum zweiten Mal zurück auf die Bank fiel.

»Ihr verfluchten F...«

Weiter kam sie nicht, denn da trat Julia ihr fest auf den Fuß und wendete sich dann abrupt von Franziska ab. Lore tat es ihr gleich.

»Au, das war Absicht, ihr Scheißkühe!«

»Wat war Absicht?«, fragte Julia, sich halb umdrehend. Immer noch saß ihre Gegnerin auf der Bank, während Julia und Lore standen.

»Ihr seid mir auf die Füße gelatscht!«, beschwerte sich Franziska.

»Oh, entschuldige bitte«, höhnte Julia halb lachend. »Wennde ooch so jroße Quadratlatschen hast ...«

»Das war doch nur Rache für vorhin im Schwimmbecken«, murrte Franziska weinerlich und massierte ihre Füße.

»Da, habt ihr's ooch jehört?«, rief Julia triumphierend laut. »Jetzte hat sies zujejeben. Dit war Absicht. Getreten und jekniffen hatse. Vorhin hatses noch abjestritten. Dit is ne janz hinterhältje Lügnerin. Undn Feichling dazu!«

»Ihr blöden Säue!«, schrie Franziska auf.

Langsam drehte sich Julia wieder zu ihr um und begann zu schnuppern. Sie schnupperte zuerst nach rechts, dann nach links und dann in Richtung Franziska.

»Riecht ihr dit ooch?«, begann sie. »Irgendwat stinkt hia.«

Und mit beinahe theatralischer Geste deutete sie auf Franziskas Schuhe.

»Da ham wa ja die Übeltäta!«, rief sie wie unter plötzlicher Erkenntnis. »Dit sind deine Mauken! Kiekt ma, die sind von innen janz braun anjeloofen. Ihhh ... kackste da imma rin? Oda haste die Maukenfäule?«

Die Umstehenden lachten.

»Ja«, fiel Lore ebenfalls lachend ein. »Maul- und Klauenseuche und Lügnerin! Ihr habt es alle gehört. Sie hat es zugegeben. Und der Gestank hier drin kann genauso gut aus deinem Lügenmaul kommen, Franziska!«

Murmelnd schauten nun alle Mädchen, die noch in der Kabine waren, auf Franziska. Und es waren keine freundlichen Blicke. Unter dieser massiven Front gegen sie verstummte die Unruhestifterin. Sie blickte zu Boden und lief so rot an wie ihr Pullover, der immer noch neben ihr lag. Ihre finstere Miene jedoch sprach für Lore eher von Sinnen auf Rache als von Scham über Franziskas eigenes Tun.

Lachend erreichten Julia und Lore ihr Zimmer.

»Hahaha, dit lief ja besser, als ick jedacht hätte. Hast dir übrijens echt jut jehalten, Lore. Hatses endlich zujejeben, die blöde Kuh. Die will Rache. Dit jibt noch viel Spaß!«

»Denkst du?«, fragte Lore zweifelnd. »Mir wäre es lieber, die würde rausfliegen oder mich in Ruhe lassen.«

»Och, dit jibt doch nen bisschen Würze im Leben. Wat wär dit langweilig, wenn es bloß noch jute Noten und Eierkuchen jäbe.«

»Ich könnte gut auf die Franziskas dieser Welt verzichten. Ich kann mich immer noch nicht so gut gegen die wehren.«

»Du hast ja mir. Lerne also wat von die Meisterin«, grinste Julia. Lore musste lachen.

»Ja, Meisterin«, sagte sie dann etwas spöttisch.

»So lass ick mirs jefallen.«

Jetzt lachte Julia offen.

»Dit ham wa doch vorhin jut jemacht. Sollst ma sehen, wennde nach Hause kommst, denn lehrste die janze Bande dit Fürchten!«

Schlagartig wurde Lore wieder ernst. Sie wollte noch nicht daran denken, nach Hause zu fahren.

So ging ein weiterer Monat ins Land, ohne dass Lore sich dessen so wirklich bewusst wurde. Er lief einfach immer weiter. Sie bekam in der Schule wieder Zweien, das mit Mirko lief großartig und Julia fragte sie immer neugierig aus, wenn sie von den Treffen mit Mirko zurückkam. Außerdem hatten die beiden Freundinnen kichernd festgestellt, dass Max ständig seinen Blick bei Julia hatte.

»Wetten, dass du auch bald einen Freund hast?«, grinste Lore und stieß ihre Freundin an.

»Quatsch mit Soße«, wehrte Julia unwillig ab, lachte dann aber mit.

»Der braucht ne Ermutigung«, spann Lore den Faden weiter. »Ist ja schlimm mit anzusehen, wie er will, aber sich nicht traut. Der braucht so was wie die Zettel, mit denen es mit Mirko und mir angefangen hat. Und ich weiß immer noch nicht ...« Lore brach ab. Dann fuhr sie in ganz anderem Ton fort: »Wieso guckst du auf den Boden und wirst rot? Warst du das damals mit den Zetteln?«

Die unerquickliche Stille, die nun folgte, war brüllend laut. Dann nickte Julia beklommen.

»Ja. Ick war dit. Und nu kannste mir hassen!«, stieß sie in trotzigem Ton hervor. Jäh wendete sie sich ab.

Lore war verblüfft. Jetzt ergab das alles einen Sinn. Auch, dass Julia nicht mit ihr darüber spekulieren wollte, wer die Notizen geschrieben hatte. Aber Julia deswegen hassen? Nein. »Du hast es doch nur gut gemeint«, sagte Lore und berührte Julia am Arm. Genauso plötzlich, wie sie sich eben abgewandt hatte, wendete Julia sich Lore nun wieder zu. Tränen liefen über ihre Wangen.

»Ick schäm mir so deswejen«, weinte sie. Lore nahm die Freundin fest in ihre Arme.

»Aber warum denn das?«

»Weil ick dit heimlich jemacht hab. Hinter deinem Rücken. Dit jehört sich nich!«

»Aber es war trotzdem nicht verkehrt. Ich danke dir, wenn ich dich auch darum bitte, solche Sachen künftig mit mir abzusprechen.«

»Natürlich« schluchzte Julia an Lores Schulter. Sie drückte Lore fest an sich, dann machte sie sich frei und schaute der Freundin verlegen ins Gesicht. Das ihre war ganz rot und fleckig.

»Ick mach mir jetzt mal lieba frisch. So will mir Max bestimmt nich sehen.«

Am Nachmittag stand eine lange Wanderung an. Im frühlingshaft erwachenden Wald war das schön. Es wehte ein laues Lüftchen, es war bei Weitem nicht mehr so kalt wie bei ihrer ersten Wanderung im November.

Lore lief zwischen Mirko und Julia mit dem hinteren Teil der Gruppe. Kurze Zeit später ließ sich auch Max bis zu ihnen zurückfallen. Es ging schon gefühlte fünf Stunden bergauf, sodass Lore kaum noch Luft bekam und ihr die Oberschenkel schrecklich wehtaten. Und nicht nur sie hatte Schwierigkeiten. Alle stöhnten sie wegen der Anstrengungen, die ihnen abverlangt wurden. Die Jungs versteckten ihren Schmerz aber mehr unter Scherzen und coolem Pokerface. Mirko hakte Lore unter, um sie ein bisschen zu ziehen. Als sich diese Methode als wenig effektiv erwies, fasste er sie mit seinem rechten Arm um die Hüfte und schob. Das ging besser. Und Lore, für die es nun leichter war, belohnte Mirko mit einem Kuss auf die Wange. Lore sah aus dem Augenwinkel, wie begehrlich Max zu Julia hinüber schielte. Er schien zu überlegen, wie er es schaffen konnte, dieser die gleiche ritterliche Unterstützung zukommen zu lassen wie Mirko ihr. Aber Julia stapfte mit entschlossener Miene voran und zeigte vorerst noch keine Schwäche. Lore grinste. Sie war sehr gespannt, wann Julia sich helfen lassen würde – und ob überhaupt. Der Weg war schließlich noch weit.

Eine halbe Stunde später ruhten sie alle vier auf ein paar Baumstämmen aus. Als sie wieder auf die Füße wollten, brach Julia unversehens in die Knie. Max fing sie auf, dass sie nicht vollends zu Boden stürzte. Sie schien überrascht und erschrocken zugleich.

»Was ist mit dir? Kannst du nicht mehr?«, fragte Lore besorgt.

»Doch, klar kann ick noch«, wehrte Julia ab. »Dit war bloß ne kleene Schwäche inne Beene ...«

Alle mussten sie lachen.

»Darf ich dich gegen weitere Schwächeanfälle stützen?«, fragte Max mutig. Erst schien sie das ablehnen zu wollen, aber nach einem Blick zu Lore nickte sie zustimmend.

»Meenetwejen. Aba nur die ersten Meter, denn kann ick dit ooch wieda alleene!«

Max grinste und hielt sie genauso umfasst wie Mirko seine Lore. Als Lore kurze Zeit später einen Blick auf das Gesicht von Max erhaschen konnte, musste sie grinsen. Seine Miene sprach von solcher Seligkeit, als wäre er auf dem Weg in den Himmel und nicht auf einer anstrengenden, aufwärts führenden Wanderung.

Jeder noch so steile Weg erreicht irgendwo einen Gipfel und so führte der Pfad schließlich auf eine Lichtung.

»Bänke!«, rief Mirko erleichtert und ließ sich mitsamt seiner süßen Last auf eine solche fallen. Das alte Holz protestierte. Max und Julia taten es ihnen nach, wobei Julia sich inzwischen von Max' Umklammerung befreit hatte. Der glückliche Ausdruck war jedoch immer noch auf dem Gesicht des Jungen, während Julias Miene eher verdrossen war.

»Dit war ja wie die Besteijung des Mount Everest!«, japste Julia. »Jut, dass wia jetzt uffm Jipfel sind.«

Nach der Wanderung durften sie alle eine halbe Stunde ausruhen, dann mussten sie zum Arzt. Lore hatte auch in dieser Woche wieder ein Kilo abgenommen.

»Das ist prima«, lobte Frau Dr. Huber. »Wenn du so weiter machst, dann darf dich deine Mama in vier Wochen abholen.«

Schreck fuhr Lore eiskalt in die Glieder.

»Abholen?«, wiederholte sie verständnislos.

Die Ärztin lächelte.

»Aber natürlich. Freust du dich denn gar nicht auf zu Hause?«

»Schon, aber ...«

Lore dachte an ihre Freunde hier, an Mirko und an die schönen Spieleabende. Das würde dann alles aufhören. Tränen stiegen ihr in die Augen.

»Was hast du denn?«, fragte die Ärztin beunruhigt. »Gibt es irgendetwas, das ich wissen müsste?«

Still schüttelte Lore den Kopf und schluckte den Kloß in ihrem Hals hinunter, so gut das gehen wollte. Ein Leben ohne Julia konnte sie sich nicht mehr vorstellen. Und ohne Mirko. Aber sollte sie das jetzt alles sagen?

»Nein. Es gefällt mir nur so gut hier. Mir war nicht bewusst, wie viel Zeit schon seit meiner Ankunft vergangen ist ...«

Die Ärztin lächelte ermutigend.

»Was du hier gelernt hast, sollst du dann in deinen eigenen Alltag übertragen. Das wird dir bestimmt gelingen.«

Wieder nickte Lore. Doch wirklich überzeugt davon war sie nicht.

An diesem Abend traf sie sich wieder mit Mirko. Der schien ihr nicht so fröhlich zu sein wie noch auf der Wanderung.

»Bedrückt dich was?«, fragte sie ihn, nachdem sie eng umarmt beieinander gesessen hatten, ohne viel zu sprechen.

Mirko schwieg, schüttelte nur den Kopf.

»Wirklich nicht?«, hakte sie nach. »Ist irgendwas mit deinen Eltern? Ist jemand krank geworden? Hast du Sorgen?«

»Mach dir keine Gedanken«, sagte er schließlich heiser und küsste sie. »Ich liebe dich. Es wird alles gut.«

»Ich liebe dich auch.«

Nach einer kleinen Pause fragte Lore noch einmal nach: »Was wird gut?«

Doch er schüttelte nur wieder den Kopf und lächelte traurig. Lore bekam an dem Abend nichts mehr aus ihm heraus.

Mirkos Bedrücktheit nahm in den nächsten Tagen zu. Lore konnte sie förmlich greifen. Am Sonntag hielt sie es nicht mehr aus. Sie musste Mirkos Geheimnis auf den Grund kommen.

»Du hast doch was!«, stellte sie fest. »Was ist es?«

»Bitte sei mir nicht böse«, flüsterte Mirko.

»Warum sollte ich dir böse sein?«

»Weil ich ...«

Er brach ab. Lore schwieg, sah ihn nur an. Mirko hielt ihrem Blick nicht stand, bedeckte das Gesicht mit beiden Händen. Ein Stöhnen drang hinter dieser Maske hervor. Dann nahm er die Hände herunter und gestand ihr: »Ich werde am nächsten Sonntag abgeholt. Wir haben nur noch eine Woche, in der wir uns sehen können. Natürlich«, fügte er eilig hinzu, »werden wir uns schreiben und skypen und all das. Ich will dich auf jeden Fall auch besuchen. Aber Hamburg ist weit weg für mich.«

Lore nickte. Tränen waren ihr in die Augen gestiegen. Sie wischte sie ungeduldig fort.

»Und warum«, krächzte sie, »sollte ich dir böse sein? Ich meine, das ist doch nicht deine Entscheidung ...«

»Nein, das stimmt«, räumte Mirko ein. »Aber ich hab mich so ins Zeug gelegt, so viel abgenommen, dass ich jetzt eben eher entlassen werde. Ich wollte dich beeindrucken ...«

Beschämt schaute er auf seine riesigen Füße. Lore sah es wie durch einen Schleier, denn ihr rollten nun doch ein paar Tränen über die Wangen.

»Nicht weinen. Bitte nicht«, bat er sie in weichem Ton. Und dann umarmte er sie und küsste sie, küsste ihr die Tränen von den Wangen.

Nun war es also heraus. Mirko würde als Erster gehen müssen. Jede freie Minute verbrachten Lore und Mirko nun zusammen, als wollten sie die Zeit festhalten, diese zwingen, langsamer zu vergehen oder, noch besser, anzuhalten. Aber gerade jetzt, wo Lore sich wünschte, alles würde langsamer gehen, lief die Zeit umso schneller. Bald schon war Mittwoch, dann Freitag, Samstag, Sonntag.

Am Vormittag gingen Mirko und Lore noch einmal gemeinsam spazieren. Mirko hatte sein Handy schon wieder ausgehändigt bekommen und machte von ihnen beiden noch ein paar Selfies.

Als sie wieder zur Klinik kamen, stand ein dunkelblauer Ford Kombi vor dem Eingang der Klinik im absoluten Parkverbot. Mirko stöhnte.

»Meine Mutter!«

Die Fahrertür öffnete sich und eine schlanke Frau entstieg dem Fahrzeug. Sie hatte einen schicken grauen Hosenanzug an. Gegen die Sonne blinzelnd, erkannte sie ihren Sohn und winkte ihn unwirsch zu sich. Kaum waren sie in Hörweite, rief sie ihnen zur Begrüßung ungeduldig entgegen: »Hast du schon gepackt? Wir wollen los, die Reise ist lang. Und ich will nicht im Dunkeln fahren!« Lores Gegenwart ignorierte sie völlig.

»Hallo Mama!«, sagte Mirko kühl. »Darf ich dir meine Freundin Lore vorstellen?«

Ein schneller, abschätziger Blick scannte Lores ganze Gestalt.

»Noch so ein Dickerchen. Na, was kann man auch anders erwarten!«, schnappte Mirkos Mutter. Lore lief rot an und schaute zu Boden.

»Lore ist kein ...«, setzte Mirko empört an, doch seine Mutter unterbrach ihn, ging über seinen Protest hinweg, als hätte er nichts gesagt.

»Sieh zu, dass du packst, und verabschiede dich von deinen Bekannten hier. Ich sehe, du hast dich wenigstens mal angestrengt. Ich hoffe, das machst du zu Hause auch weiter, dann wirst du vielleicht irgendwann einmal präsentabel sein ...«

Mehr hörte Lore nicht, weil Mirko sie mit sich fortgezogen hatte und sich die Kliniktüren hinter ihnen schlossen.

»Ist sie immer so?«, fragte Lore leise.

»Ja. Leider. Mein Vater ist ganz anders. Viel lieber. Aber auch etwas kräftiger, genau wie ich.«

»Warum holt dich nicht dein Vater ab?«

»Der ist beruflich in der Schweiz und kann nicht weg. Ich hoffe aber, dass er bald wieder nach Hause kommt. Ich vermisse ihn. Und unseren Hund.«

»Ihr habt einen Hund?«, fragte Lore neugierig.

»Ja, einen Bernhardiner. Ganz behäbig und träge – und auch zu dick.«

Mirko zwinkerte Lore zu. Da musste sie lachen.

»Wer passt denn jetzt auf den Hund auf?«

»Meine große Schwester.«

»Ist sie wie deine Mutter?«

Jetzt lachte Mirko. »Um Himmels willen, nein! Eher so wie du und ich.«

»Und wieso ist deine Mutter als Einzige schlank?«

Mirko zuckte mit den Schultern. »Weiß nicht. Sie ist immer in Bewegung. Ständig nervös. Kriegt kaum einen Bissen runter beim Essen. Es kann ganz schön ungemütlich werden mit ihr. Die saugt doch glatt am Sonntag Staub, wenn wir anderen noch beim Frühstück sitzen, uns unterhalten und der Hund unter dem Tisch liegt.«

»Ist ja schrecklich!«

Mirko nickte resigniert.

»Ja, manchmal schon. Aber sie wird mich wenigstens unterstützen, was das weitere Abnehmen angeht. Und sie hat mir letztens gesagt, wie stolz sie auf mich ist wegen der besseren Schulnoten.«

Lore nickte und streichelte Mirko über den Arm.

»Sie hat dich doch lieb. Alles andere wäre ja auch unnatürlich. Du bist ihr Sohn.«

»Ja, das schon«, seufzte Mirko. »Aber sie hätte netter zu dir sein können.«

Jetzt nickte Lore und ein Kloß stieg in ihre Kehle. Die Worte von Mirkos Mutter schmerzten wie ätzende Säure.

»Sie meint es nicht so«, beruhigte Mirko sie und nahm sie in den Arm. So standen sie im Gang fest umarmt beieinander.

»He, auseinander, ihr beiden!«, kam da auf einmal eine scharfe Stimme. »Mirko, du sollst jetzt packen! Ich hoffe, ihr habt euch gerade verabschiedet. Viel Zeit zu warten habe ich nämlich nicht!«

Betont langsam drehte sich Mirko zu seiner Mutter um.

»Wie gehst du mit mir und meiner Freundin um?«, fragte er furchtlos zurück. »Lore kommt mit in mein Zimmer und hilft mir packen. Und du wartest bitte vorne. In einer halben Stunde komme ich mit meinem Gepäck, dann können wir fahren!«

»Was?«, kreischte Frau Tollner auf. »Das ist ja wohl eine Unverschämtheit! Ich bestimme, wann wir fahren. Und wenn du«, sie sah auf ihre brilliantenbesetzte Uhr, »nicht in einer Viertelstunde draußen beim Auto bist, dann fahre ich ohne dich los! Das wird ja immer schöner!«

In diesem Moment kam Helge, der sich um so viele Dinge kümmerte, auf Mirkos Mutter zu.

»Entschuldigen Sie bitte, ist das Ihr Auto vorne vor unserer Einfahrt? Ich möchte Sie bitten, es wegzufahren.«

Wie eine gereizte Schlange wendete sie sich nun der neuen Störquelle zu.

»Wie bitte? Ich habe mich wohl verhört! Ich komme extra den weiten Weg hierher, um meinen undankbaren Sohn abzuholen, und Sie erlauben mir nicht einmal, vor ihrer Einfahrt zu halten? Es ist ja nur für ein paar Minuten ...«

»Ich muss leider darauf bestehen. Vor der Tür ist absolutes Halteverbot. Sicher haben Sie das Schild übersehen.«

»Sie wollen mir vorschreiben, wo ich parken darf? Das wird ja immer besser! Da ist doch Platz genug!«

»Es gibt hier hinter dem Haus einen großen Parkplatz. Ich zeige ihn Ihnen gerne ...«

Damit geleitete Helge die immer noch zeternde Frau aus dem Klinikeingang.

»Komm, wir gehen auf mein Zimmer. Hilfst du mir packen?«

Lore nickte. Sagen konnte sie nichts, der Hals war ihr wie zugeschnürt. Mirko gab ihr einen leichten Kuss auf die Wange.

Max, mit dem Mirko sein Zimmer teilte, war nicht da.

»Der ist jetzt bestimmt mit Julia unterwegs!«, zwinkerte Mirko grinsend. Doch für Lore war dieser Gedanke wie ein schwerer Stein. So sehr sie der Freundin das Glück auch gönnte, das sich zwischen Julia und Max entspann – sie würde ihr eigenes Glück mit Mirko vermissen, ja, sie vermisste es jetzt schon. Deshalb machte sie sich nur wenig begeistert an die Arbeit, mit Mirko zusammen die Schränke und Schubladen auszuräumen, in denen er seine Sachen hatte.

»Denk auch ans Badezimmer«, krächzte sie.

»Stimmt«, rief Mirko und klaubte seine Zahnbürste und ein paar andere Toilettensachen zusammen und warf sie in eine Reisetasche. Seine Badelatschen folgten. Und seine Schulhefte. Dann war alles wieder im Koffer und in der Tasche verstaut. Mit zitternden Lippen sah Lore Mirko noch einmal tief in die Augen.

»Ich werde dich so vermissen«, presste sie hervor.

»Ja, ich dich auch. Ich liebe dich. Du hast meine Telefonnummer. Und wir sind bei Whatsapp verbunden. Und bei Instagram. Wir sehen uns wieder. Bald«, versprach er und zog sie noch ein letztes Mal an sich. Ein Schluchzer antwortete ihm.

»He«, lächelte er zärtlich. »Soll ich dich so in Erinnerung behalten? Fleckig und ganz verheult?«

Da musste Lore unter Tränen lächeln.

»Ja, das ist mein Mädchen«, flüsterte Mirko. »Zeigs ihnen allen.«

Er küsste sie und zusammen sanken sie ganz ohne ihr Zutun auf das Bett, das noch bis jetzt Mirkos gewesen war. Eng umschlangen sie sich mit den Beinen, küssten sich tief und innig, streichelten einander. Lore hatte das Gefühl, etwas Glühendes wollte sich aus ihrer Brust heraus schmelzen. Das war ihr Herz. Sie war zugleich ungeheuer glücklich und verzweifelt. Denn flüchtig ist der Moment.

Ein lautes Klopfen an der Tür unterbrach jäh die Stimmung zwischen Lore und Mirko. Sie ließen einander los, als hätten sie sich gerade verbrannt.

»Mirko, ich zähle bis drei. Wenn du dann nicht draußen bist, dann kannst du sehen, wie du heimkommst! Eins!«

Mirko grinste Lore schief an.

»Ich glaube, ich muss jetzt wirklich los«, sagte er leise. »Sonst fährt sie tatsächlich ohne mich ab.«

Lore nickte.

»Du schreibst mir?«, fragte sie bang.

»Natürlich. Sobald ich im Auto sitze. Die ganze Fahrt lang ...«

Lore lachte.

»Zwei« erklang es warnend vor der Tür. Das ignorierend, sagte Mirko: »So gefällst du mir. Warte, ich mache noch ein Foto von dir.«

Er zückte sein Handy, das er in der Hosentasche hatte.

»Nein«, protestierte Lore. Zu spät. Klick. Mirko lachte, als er seinen Schnappschuss betrachtete. Er zeigte ihn ihr. Lore mit entsetzt aufgerissenem Mund.

»Poste das bloß nicht«, sagte sie, obwohl sie wieder lachen musste.

»Keine Angst ...«

Noch ein Kuss.

Jetzt hämmerte es an der Tür.

»Drei!«, rief Mirkos Mutter.

»Vergiss mich nicht«, flüsterte er ihr noch zu, dann packte er seine Tasche mit der einen und seinen Koffer mit der anderen Hand und stürmte hinaus. Lore starrte noch lange die Tür an, die hinter ihm zugefallen war. Die eben so mühsam zurückgehaltenen Tränen bahnten sich jetzt ihren Weg nach draußen. Warm liefen sie Lore über die Wangen, am Kinn entlang, tropften auf ihren Pullover. Manche verirrten sich auch in ihre Mundwinkel und schmeckten salzig. Was hätte sie jetzt für ihr Handy gegeben. Doch sie wusste, sie würde es erst übermorgen Abend wieder in die Hand bekommen. Der Trost, den ihr seine Nachrichten bringen würden, war jetzt unerreichbar.

10. Freundinnen

Die ganze Nacht, so kam es ihr vor, heulte sie in ihr Kissen. Immer wieder nickte sie für kurze Zeit weg, träumte von Mirko, nur um jedes Mal, wenn sie daraus aufschreckte, sich an Mirkos Abreise zu erinnern. Am Montagmorgen war sie unausgeschlafen und sah verheult aus.

»So kann ich doch nicht in die Klasse!«, jammerte sie Julia gegenüber. Die betrachtete sie besorgt und seufzte.

»Weeste wat? Ick kleister dir erst mal mit Make-up zu, denn siehste hoffentlich nich mehr janz so schlimm aus.«

Ihrer Beautytasche entnahm sie eine Tube mit hellem Make-up, strich etwas auf ihren Handrücken und mischte die Paste mit Hautcreme. Dann verteilte sie die Mischung auf Lores Gesicht. Mit etwas Puder sah das Ergebnis tatsächlich besser aus als die fleckig rote Haut. Nur die Augen waren noch vom Weinen gerötet.

»Dit wird schon!«, versprach Julia zufrieden. »Nur nich mehr heulen jetze.«

»Das kann ich nicht versprechen«, krächzte Lore. »Danke, dass du mich geschminkt hast.«

»Is doch klar. Bist doch meene Freundin ...«

Stumm umarmte Lore Julia. Diese patschte ihr auf den Rücken. »So, jetzt lass mir ma'n bisschen los, ick muss mir ooch noch fertichmachen.«

Der Schulstoff lief heute an Lore völlig vorbei. Sie starrte ins Leere und merkte nicht, wie die Zeit verstrich. Die Lehrer ließen Lore aber in Ruhe, sahen sie doch, dass Mirko fehlte.

Lore fühlte sich wie durch den Wolf gedreht. Sie war müde, doch schlafen konnte sie nicht. Stundenlang, so kam es ihr vor, starrte sie die Decke an. Ein Viereck aus Licht war dort zu sehen, doch sie dachte nur an Mirko. Eine wahnsinnige Sehnsucht zerrte an ihrem Herzen, als sei ein Stein daran gebunden.

Die folgenden Tage war sie so still, dass es total ungewöhnlich für sie war. Julia machte sich Sorgen, das sah Lore der Freundin an. Doch sie konnte und wollte nicht darüber reden. Sie wollte sich nur aufs Bett legen, das Gesicht zur Wand gedreht, und ihren Träumen nachhängen. Dass sie ihr Handy für zwei Stunden wiederbekam, machte die Lage nur noch schlimmer. Lore sah die Selfies und die Textnachrichten von Mirko und konnte nicht mehr aufhören zu weinen.

»Hey, dit is doch nich mehr normal!«, rief Julia schließlich. »Du redest nich, du lachst nich mehr und jetzt heulste nur noch, dit is mir unheimlich. Dit is krank!«

»Das ist nicht krank!«, verteidigte sich Lore heftig. »Ich bin nur so furchtbar traurig – und müde! Lass mich einfach in Ruhe!«

»Nee! Dit mach ick nich!«, schrie Julia zurück. »Ick lass dir nich im Stich!«

Julia versuchte es mit Witzen, sie nahm sie mit nach draußen. Aber was Julia auch versuchte, um die Freundin aufzuheitern, nichts half. Lore starrte die Wand an und war kaum aus dem Bett zu kriegen. Wie ein Roboter machte sie das Allernotwendigste, doch für mehr reichte ihre Kraft nicht. Es war doch sowieso alles hoffnungslos.

Am Freitag klopfte es an Lores Tür. Julia war raus gegangen. Lore zuckte zusammen, hatte aber nicht die Kraft, darauf zu reagieren. Sie blieb einfach liegen.

Noch einmal klopfte es leise, dann hörte Lore, dass sich die Tür öffnete. Jemand setzte sich zu ihr auf die Bettkante. Sie ließ es geschehen, sie konnte nichts tun. Ihr ganzer Körper fühlte sich schwer an, zu schwer, um sich zu bewegen. »Lore«, sagte eine sanfte Stimme. Die Stimme von Frau Dr. Sommer, der Psychologin. Lore konnte nicht reagieren.

»Was ist los?«, fragte die Therapeutin leise.

»Mein Freund ist weg«, flüsterte Lore und schloss die Augen, so sehr hatten diese Worte sie angestrengt.

»Ich weiß. Es geht dir nicht gut. Ich bin für dich da.«

Lore spürte warm die Gegenwart und das Mitgefühl der anderen Frau. Wie gut das tat. Plötzlich stürzten wieder Tränen aus Lores Augen. Die Therapeutin saß einfach bei ihr. Es fühlte sich tröstlich an. Sie sagte nichts und ließ Lore weinen, bis sie sich so leer fühlte, dass sie beinahe einschlief.

»Lore, du wirkst sehr erschöpft auf mich. Hast du vielleicht auch schlecht geschlafen in den letzten Tagen?«

»G-gar nicht«, hickste Lore und rieb sich über die wund geweinten Augen.

»Ich gebe dir ein leichtes Einschlafmittel. Und dann kommst du morgen zu mir und wir besprechen, was wir tun können, in Ordnung?«

Lore konnte nur nicken.

Am nächsten Morgen hatte Lore das erste Mal seit Tagen das Gefühl, geschlafen zu haben. Doch ihre Müdigkeit war davon nicht verschwunden. Ganz im Gegenteil, sie war noch schlimmer geworden.

Die Psychologin redete mit ihr über Mirko und über das Verliebtsein. Und sie erinnerte Lore daran, sich wieder mehr auf sich selbst zu zentrieren.

»Deine Bedürfnisse sind wichtig. Es ist gut, wenn du bei dir bleibst und nicht zu anderen wanderst. Ganz allgemein. Denk an dich und dein eigenes Leben, deine eigenen Wünsche, über deren Umsetzung du allein Macht hast. Andere tun, was sie tun. Darauf hast du keinen Einfluss. Und was andere von deinen Wünschen halten und von dem, was du tust, das ist nicht wichtig. Das ist nicht dein Problem, sondern deren Sache.«

Lore starrte die Psychologin an. Sie verstand nicht, was Frau Dr. Sommer meinte. Als hätte die Therapeutin ihre Gedanken gelesen, fügte sie hinzu: »Du wirst das noch verstehen lernen. Für jetzt ist es nur wichtig, dass du dich bald wieder besser fühlst.«

Sie gab Lore zwei Tabletten. »Die nimmst du bitte jetzt. Sie werden deine Stimmung aufhellen. Du wirst merken, wie sich die düsteren Wolken über deinem Gemüt allmählich verziehen werden. Das dauert aber eine Weile. Und du musst jeden Tag in den nächsten zwei Wochen eine Tablette nehmen.«

Lore nickte nur.

Als sie in ihr Zimmer zurück geschlichen war, wartete Julia schon auf sie.

»Na, hat die Psychotante dir jeholfen?«

Lore zuckte die Schultern und schaute in die Raumecke.

»Ich weiß nicht. Zwei Tabletten hab ich bekommen. Ob die helfen, kann ich noch nicht sagen.«

»Aber ick hab hier wat für dir, dit könnte dir helfen.«

Verwundert schaute sie Julia an. Diese hielt mit vor Freude leuchtenden Augen etwas Rechteckiges, Dünnes mit dunkler Verpackung hoch. Eine Tafel Schokolade.

»Zartbitter!«, jubelte Julia auf.

»Dit hat bisher noch jedem jeholfen. Sojar jejen Liebeskumma! Vazweifelte Zeiten erfordan vazweifelte Maßnahmen«, zitierte sie Admiral Nelson, den sie gerade im Geschichtsunterricht durchnahmen.

Lore war mitten in der Bewegung stehen geblieben. Dann kroch ein überwältigender Appetit in ihr empor. Mit einem Schritt war sie bei Julia und riss ihr die Packung förmlich aus der Hand.

»Danke!«, japste sie aufatmend. »Das fehlt mir wirklich.«

Mit geübter Bewegung knackte sie zwei Riegel auseinander und brachte damit die Packung zum Einreißen. Gierig stopfte sie sich beide Riegel in den Mund. Der Geschmack war überwältigend. Und der Appetit auch. Rasch steckte sie noch einen weiteren Riegel in den Mund, nahm sich nur wenig Zeit zum Kauen, schlang die Schokolade in sich hinein, in solch einem beängstigenden Tempo, dass Julia protestierte: »He, lass mir ooch noch wat über! Dit sieht jetzt aus wie bei ner Süchtijen, die endlich ihr Koks kricht!«

Lore schwelgte im Schokoladengeschmack, genoss die Cremigkeit und achtete kaum auf das, was Julia sagte. Als ihr aber die Worte der Freundin zu Bewusstsein kamen, hörte sie abrupt mit dem Kauen auf.

»Echt jetzt?«, fragte sie schockiert. »Es fühlt sich ein bisschen auch so an, als könnte ich nicht mehr aufhören.«

Julia grinste sie an. »Kann ick ooch een Stückchen haben? Ick hab einijes anstellen müssen für diese Tafel.«

»Was denn?«

»Och, ick hab Max anjestiftet, sie zu koofen – für mir. Weil ick sonen Hunga uff Schoki hätte.«

»Wieso Max?«

»Weil der leichter ins Dorf kommt. Frach jetze nich, warum. Is so.«

Verlegen gab Lore die restliche Packung zu Julia rüber.

»Dann nimm du auch. Das hab ich ja nicht gewusst. Entschuldige bitte. Ich stopfe mich hier voll und denke nicht an dich.«

»Mensch, Lore, ick hab Max doch nur jebeten, dit zu koofen, damit du Schokolade essen kannst. Damit es dir besser jeht. Dit kann ja keen Mensch mit ansehen, wie du leidest. Ick jedenfalls nich!«

Einen Riegel brach Julia ab und schob ihn sich genussvoll in den Mund. Dann reichte sie die Tafel wieder an Lore.

»Hmmm. Ick wollt ja nur mal wieda Schoki essen.«

Etwas undeutlich kamen diese Worte aus Julias Mund, der noch voller Schokolade war.

»Darf ich wirklich?«, fragte Lore hoffnungsvoll.

»Klar«, entgegnete Julia großzügig. Da gab es kein Halten mehr. In weniger als fünf Minuten hatte Lore die letzten Riegel herunter geschlungen. Noch kauend, umarmte sie Julia und drückte sie fest an sich. Ohne dass sie es verhindern konnte, rannen ihr wieder Tränen über die Wangen.

»Is ja jut!«, gab diese zurück. »Ick hoffe, dit hilft ooch! Jetzt weinste ja schon wieda. Dit sollste doch nich mehr.«

Julias Ton klang trotz der rauen Worte tief gerührt. »Und nu lass mir los, sonst zerquetschte mir noch wie ne Kartoffel!«

Da lachte Lore zum ersten Mal seit Mirkos Abfahrt. Bald darauf bekam Lore Durst und trank drei Zahnputzbecher voll Wasser.

Die Schokolade hatte zwar bei Lore ein besseres Gefühl ausgelöst, aber leider auch einen unbändigen Appetit auf mehr davon. Sie fand immer neue Wege, um sich weitere Schokolade, Pudding, Gummibärchen und Chips zu besorgen. Nur, wenn sie jeden Abend ihre Portion Süßes aß, blieb ihre Stimmung gut, trotz der Tabletten von der Therapeutin, die sie jeden Tag nahm. Wirklich zu helfen schien ihr nur Süßes. Als Julia sie zu stoppen versuchte, probierte sie es einen Tag ohne aus. Sofort überkam sie wieder das heulende Elend. Es ging nicht. Sie wusste nicht mehr, wie sie es all diese Monate ohne diese unverzichtbaren Dinge hatte aushalten können.

Natürlich machte sich Lores heimlicher Konsum auch auf der Waage bemerkbar. In der ersten Woche war das Gewicht gleichgeblieben. In der zweiten war es ein Kilo mehr, in der dritten vier Kilo. Als die Psychologin sie befragte, gab sie schließlich zu, heimlich genascht zu haben, um die furchtbaren Gefühle wegzukriegen. Den Schmerz und diese grauenvolle Hoffnungslosigkeit. Und dass sie anschließend das Ganze nicht mehr unter Kontrolle bekommen konnte. Julia und Max verriet sie natürlich nicht.

»Ich weiß nicht, was ich machen kann. Ich weiß nur, dass ich mich ohne Süßigkeiten schrecklich fühle. Es kommt dann alles wieder, der ganze Schmerz.«

Die Psychologin seufzte. Dann nickte sie verstehend.

»Schokolade ist keine Lösung. Ich nehme an, das weißt du, oder?«

»Ja«, nickte Lore beschämt.

»Das ist ein Verhalten, das du dir über Jahre angewöhnt hast. Schokolade hilft dir vielleicht im Moment, dich besser zu fühlen. Aber langfristig schadet sie dir – jedenfalls in solchen Mengen. Und solange du dich gegen den Geschmack nicht wehren kannst, solltest du sie ganz meiden.«

Lore nickte noch einmal. Sie schämte sich für ihren Kontrollverlust. Als hätte die Therapeutin das gespürt, sagte sie beruhigend:

»Du musst dich deswegen nicht schuldig fühlen. Wir wollen einmal versuchen, dein Verhaltensmuster zu brechen. Einfach ohne Schokolade auszukommen.«

»Ganz ohne?«

Lore sah die Therapeutin zweifelnd an. Sie wusste nicht, ob ihr ein schokoladenfreies Leben gefallen würde.

Die Ärztin fuhr in ihrem ruhigen, freundlichen Ton fort: »Lass uns reden. Über deine Gefühle zu Mirko. Und über deine Gefühle darüber, dass er jetzt nicht mehr hier ist, du aber schon noch.«

Jetzt seufzte Lore tief auf. Aber zu ihrem Erstaunen half ihr das Gespräch. Sie fand heraus, dass sie eigentlich wütend auf Mirko war, dass sie sich im Stich gelassen fühlte. Und dass sie sehr verletzt über die Reaktion von Mirkos Mutter auf sie war.

Frau Dr. Sommer riet Lore, ein Tagebuch zu führen, dem sie all ihre Gefühle anvertrauen konnte. Sie versprach, das einmal zu versuchen.

»Haben dir die Tabletten denn gar nicht geholfen, die ich dir gegeben habe?«

Lore zuckte mit den Schultern. »Ich weiß nicht, wie es ohne die Tabletten gewesen wäre. Schokolade hat jedenfalls besser gewirkt.«

»Dann brauchst du ein anderes Mittel, ein Stärkeres. Vielleicht hilft dieses Medikament. Alles zusammen, die Gespräche, das Tagebuch und dieses Medikament, sollten dich von diesen lähmenden Gefühlen befreien.«

Lore nahm eine kleine Pille entgegen und schluckte diese mit einem Glas Wasser herunter. Erleichtert verließ sie danach die Räumlichkeiten der Therapeutin.

Lore hatte nun zwar aufgehört, unmäßig Süßes in sich hineinzustopfen und die neue Pille vertrieb wirklich die Hoffnungslosigkeit aus ihrem Gemüt. Aber das zusätzliche Gewicht war nun drauf und musste wieder runter. Und Frau Dr. Huber sagte Lore in sehr ernstem Ton, dass sie sie nicht mit gutem Gewissen nach Hause schicken könnte, weil sie die Sucht nach Süßem ja noch nicht überwunden hätte.

»Wenn du so heimfährst, dann besorgst du dir sofort wieder all die Sachen, die für dich tabu sind. Dann war das alles hier komplett vergeblich, weil du dein ursprüngliches Gewicht, mit dem du gekommen bist, ganz schnell wieder drauf hättest. Und das will ich unbedingt verhindern. Du brauchst noch zwei weitere Monate hier. Und wir werden besonderen Wert darauf legen, dass du öfter bei Frau Dr. Sommer bist als bisher.«

Sie klang müde und enttäuscht. Tränen brannten in Lores Augen, so sehr schämte sie sich. Also nickte sie stumm dazu. Was hätte sie auch anderes tun können?

Am Abend desselben Tages kam ihr Julia strahlend entgegen.

»Ick kann bald nach Hause. Langsam hab ick Heimweh. Sojar nach meenem kleenen Bruda – wat haste denn nu schon wieda?«, schloss sie erschrocken, als Lore in Tränen ausbrach.

»Ich muss noch zwei ganze Monate bleiben!«, schluchzte Lore fassungslos. »Bitte, nicht auch noch du! Ohne dich ...«

Julia schloss die Freundin in ihre Arme.

»Keene Sorje. Ick lass mir wat einfallen, vasprochen!«

Langsam beruhigte sich Lore wieder. Doch sie hielten einander noch eine ganze Weile umfangen.

»Da hilft nüscht andret«, setzte Julia Lore am nächsten Tag auseinander. »Ick muss ooch ne Mastkur mit Süßem machen. Wenn ick ooch zunehme, denn können die mir nich rauswerfen. Denn müssen die mir ooch noch ne Weile behalten!«

»Das würdest du für mich tun?«, fragte Lore gerührt.

»Klar. Du bist meene beste Freundin. Ick hatte noch niemals nich ne bessere.«

»Wirklich?«, staunte Lore.

»Ick wollte dir dit schon lange ma erzählen. Ick konnte mir zwar imma die Aaschlöcha vonna Pelle halten, weil ick nich uffn Mund jefallen bin. Aber so ne richtje Freundin, so eene, mit der ick durch dick und dünn ...«

Als ihr klar wurde, was sie da sagte, fing sie an zu kichern. Lore fiel ein, verlangte dann aber: »Weiter.«

Julia zuckte die Schultern. »Na ja, eene, mit der ick durch dick und dünn jehen kann. Und jejangen bin. Und eene zum Schokolade stehlen. Eben so eene wie du!«

»Ach, Julia!«, stieß Lore hervor und umarmte Julia heftig. »Wie kann ich dir danken?«

»Nüscht zu danken«, wehrte Julia verlegen ab. »Lass mir eben ooch nie im Stich.«

»Nie!«, schwor Lore feierlich. Und so ernst, wie das klang, war es ihr auch.

In den nächsten acht Tagen versorgte sich Julia so exzessiv mit Süßigkeiten, dass sie mehr als einmal kurz davor war, sich zu übergeben. Die Folgen ließen nicht lange auf sich warten.

»Vorhin hamse mir ooch zwee weitere Monate uffjebrummt!«, erzählte sie strahlend der Freundin. Lore lachte.

»Bei dir klingt das wie Knast! Bei mir geht das Gewicht jetzt wieder rückwärts. Ein Glück.«

»Jratuliere!«, grinste Julia. »Dit muss ooch so sein. Sonst lassense dir nie hier raus.«

»Also, ich finde es hier ziemlich schön.«

»Ick ooch!«, gab Julia zu. »Aber so langsam will ick wieder heim. Ick will ma wieda zum Wannsee. Meen Onkel hat da nen Sejelboot liejen. Dit is so schön ...«

Verträumt schaute sie aus dem Fenster, wo sich die Bäume in Wind wiegten.

»Weeste, wennde mir ma besuchen kommst, denn wollnwa ma sehen, dass wa sejeln können. Denn weht der Wind jenauso wie jetze. Dit is so schön ...«

Julia lächelte. »Ich würde dich gerne mal besuchen in Berlin. Kannst du mich denn unterbringen?«

»Platz is inna kleensten Hütte – für die, die willkommen sind. Für dir also imma!«

»Denken deine Eltern auch so?«

Julia machte eine wegwerfende Handbewegung.

»Aba klar doch. Du bist meene Freundin. Ick hab dir jerne. Ick leg dir ne Matratze uffn Boden, dit jeht schon. Und wenn dir dit zu unbequem is, denn schlaf ick uff die Matratze und du in meenem Bett.«

»Ich hatte noch nie so eine mega Freundin wie dich«, gestand Lore.

»Ick ooch nich!«

Lore war ein Stein von der Seele gefallen, als sie erfahren hatte, dass Julia noch bleiben durfte. Sie war ihr dankbar und es war ein großartiges Gefühl, solch eine Freundin gefunden zu haben. Und nachdem drei weitere Wochen vergangen waren, war Julia ihr wichtiger als Mirko. Für ihn empfand sie zwar immer noch viel, aber inzwischen waren ihre Gefühle in eine melancholische Vergangenheitsform übergegangen. Er schrieb ihr zwar noch und sie ihm – jedoch schienen ihm nach und nach seine Freunde zu Hause wichtiger zu werden als sie. Seine Nachrichten wurden immer seltener. Und sie hatte das Gefühl, dass sie irgendwann ganz aufhören würden.

Bei Julia hatte sie dieses Gefühl nicht. Julia und sie, das war eine Freundschaft für die Ewigkeit, das wusste sie ganz genau. Wer für sie zunahm, nur um sie nicht im Stich zu lassen, der würde sie nicht schon nach drei Wochen fallen lassen. Sie würde Julia Hamburg und diese ihr Berlin zeigen. Wenn es die Eltern erlaubten. Aber, so sagte sie sich, wieso eigentlich nicht?

Die letzten Wochen vergingen Lore wie im Fluge. In der Schule hatte sie den Anschluss wieder und ihre Zensuren hatten sich erholt. Auch für Lore privat lief alles richtig gut. Sie und Julia hatten sich noch enger zusammengeschlossen. Die Zombieschwestern gaben einigermaßen Ruhe. Alles hätte so schön sein können – wäre da nicht der Abreisetermin gewesen, der immer näher rückte. Und die Aussicht, wieder in ihre alte Schule mit den alten Klassenkameraden zurückkehren zu müssen. Lore graute davor. Obwohl sie jetzt fünf Kleidergrößen kleiner trug. Eigentlich müssten die anderen in der Klasse sie jetzt also akzeptieren. Sie hatte insgesamt runde dreißig Kilo abgenommen, trotz ihrer Kummereskapaden. Darauf war sie sehr stolz. Und sie hatte noch zwei Wochen Zeit. Jetzt war sie bestimmt nicht mehr die Dickste in der Klasse.

Sie hatte gemerkt, dass es ihr auch beim Sport besser ging als früher. Die ständige Luftnot hatte ein Ende. Jetzt würde sie nicht mehr schon bei den ersten Laufschritten keuchen. Auch ein Seil traute sie sich jetzt zu, hochzuklettern. Die Knie taten ihr nicht mehr so furchtbar weh. Es war alles so viel einfacher, wenn man nicht so viel wog. Auch die Ärzte waren mit ihr zufrieden. Und ihre Mutter sagte ihr jedes Mal, wenn sie telefonierten, wie unendlich stolz sie auf sie war. Mama – auf sie freute sich Lore sehr. Ihr Herz schwoll an und hüpfte in ihrer Brust, wenn sie an ihre Mutter dachte. Sie vermisste sie. Vorher hatte sie es nur nicht so deutlich bemerkt.

Aber sie würde Julia nicht mehr jeden Tag sehen. Dieser Gedanke beschwerte ihr Herz so sehr mit Blei, dass es wehtat.

Die letzten vierzehn Tage vergingen viel zu schnell. Schon war der Sonntag da, an dem Lore und Julia abgeholt werden sollten. Am Samstag schon hatten sie ihre Zeugnisse bekommen, die für beide Mädchen sehr gut ausgefallen waren.

»Mensch, Lore, kiek ma, ick hab in Mathe ne Drei und in Deutsch sogar ne Zwei! Und sonst überall ne janze Note besser als bisher. Sojar nen Zweier in Englisch! Meener Mutter wern die Oojen rausfallen!«

»Hast du dir verdient«, erwiderte Lore, abgelenkt von ihrem eigenen Zeugnis. Es war zwar nicht super, aber auch nicht schlecht. In Englisch und Deutsch war sie auf Eins geblieben, in Mathe war es immerhin eine Zwei, eine Note besser als vorher. Dafür hatte sie sich in zwei Fächern verschlechtert. Aber in Sport war es eine unglaubliche Zwei. Auch wenn sie die wohl nicht würde halten können – sie freute sich doch sehr darüber.

Die letzte Untersuchung war auch schon vorbei. Lore hatte tatsächlich noch weitere vier Kilo abgenommen. Den ärztlichen Bericht für ihren Kinderarzt wollte die Ärztin Lores Mutter überreichen.

Am Sonntagmorgen bekamen die abreisenden Kinder ihre Handys wieder, so auch Lore und Julia. Sie machten noch ein paar Selfies in der letzten Stunde, die sie noch gemeinsam hatten. Sie packten die letzten Sachen zusammen, dann mussten sie das Zimmer räumen, in dem sie beide das letzte Dreivierteljahr Kummer und Freude geteilt hatten.

»Schade« seufzte Lore und warf noch einen letzten Blick zurück. »War ne schöne Zeit. Besser, als ich mir damals hatte vorstellen können.«

»Jing mir jenauso«, bekannte Julia. »Werd mir jetze aba nich sentimental, wa?«

Lore lachte, obgleich ihr tatsächlich Tränen in die Augen stiegen. Sie blinzelte sie fort. Die Lore von damals war eine ganz andere Lore gewesen.

Die letzte Zeit hielten sie sich mit ihren Koffern und Taschen im Eingangsbereich der Klinik auf. Sie saßen so, dass sie die selbst öffnende Glastür im Auge behalten konnten. Und da ging diese Tür auf einmal auf. Die Sonne warf ihre blendenden Strahlen hindurch und durch die Sonnenstrahlen betrat Lores Mutter den Bereich vor der Rezeption, gefolgt von einer weiteren Dame. Lore quietschte auf vor Freude und warf sich ihrer Mama in die Arme. In diesem Moment durchströmte sie die tiefste, reinste Freude. Es war ein goldenes Gefühl, für das sie keine Worte hatte.

Ihre Mutter hielt sie fest umschlungen und drückte sie an sich, als wollte sie sie nie mehr loslassen. Lore empfand eine Geborgenheit, die nur ihre Mutter ihr geben konnte. Sie hatte schon ganz vergessen, wie sich das anfühlte. Alle Gedanken waren aus ihrem Kopf gewischt.

Nach der ersten Begrüßungsfreude hielten sich Mutter und Tochter auf eine halbe Armlänge Abstand.

»Lass dich anschauen«, strahlte ihre Mutter. »Richtig schlank bist du geworden. Ich bin ja so stolz auf dich!«

Lore konnte nur zurückstrahlen. Dann fiel ihr ein, was ihrem Gedächtnis in der Freude nicht mehr bewusst gewesen war.

»Mama, darf ich dir meine beste Freundin Julia ...«

Sie blickte bei diesen Worten hinter sich, konnte Julia dort aber nicht mehr erblicken.

»Suchste mir?«, fragte es da in gewohnt spöttischen Ton neben ihr. »Hier bin ick. Und meene Mutta is mit deiner Mama rinjekommen.«

Lore musste lachen. Julia war unverwüstlich. Auch die beiden Mütter lachten mit.

»So, du bist also die berühmte Julia«, lächelte Lores Mutter. »Ich habe schon viel über dich gehört.«

»Ick hoffe, nur dit beste!«, grinste Julia zurück. »Dit is nu meene Mama«, stellte Julia eine kleine, runde Frau vor, die über das ganze breite Gesicht Gutmütigkeit ausstrahlte. Sie hatte ihre Haare in kleine Löckchen gedreht, die wie dunkelrote Korkenzieher unter einer pinkfarbenen Beanie hervorquollen.

Julia schien das jetzt erst wahrzunehmen, denn sie nahm die Haarpracht ihrer Mutter ins Visier und runzelte die Stirn.

»Warste extra beim Frisör?«

Verlegen griff sich Julias Mutter an die Locken.

»Ja. Weeste, wenn es schon wat zu feiern jibt, denn ooch richtich!«

Julia lachte. »Haste ooch wieda recht.«

Jetzt richtete Julias Mutter ihre Aufmerksamkeit auf Lore.

»Ick hab selbstredend ooch ne janze Menge von dir jehört, Lore. Ihr habt euch jesucht und jefunden, denk ick mia. Komm uns jerne in die Ferien mal besuchen. Bist imma willkommen, Süße!«

Vor Freude breitete sich ein sonniges Lächeln auf Lores Gesicht aus. Ihr Herz hob sich, als wäre es ein Heißluftballon, der gerade abheben will.

»Echt jetzt?«, fragte sie. »Das ist ja mega!«

»Ick hab's dir ja jesacht, meene Mama is mega!«

»Och, Julia!«, rief die Genannte aus und in ihren Augen glitzerte es verdächtig feucht.

»Es ist wahr«, mischte sich Lores Mutter in das Gespräch ein. Und an Julia gerichtet, versprach sie: »Du bist uns in Hamburg natürlich auch willkommen. Dann machen wir eine Hafenrundfahrt und ihr könnt in den Dungeon. Das ist megacool.«

»Mama, versuche jetzt nicht, uns nachzumachen. Das ist so peinlich!«

Lores Mutter lachte. »Ich rede so, wie ich das mag. Ich kann ja auch mal was von dir lernen, oder?«

Und an Julias Mutter gewendet, fuhr sie fort: »Ich bin Ursula, Ursula Kröger« und reichte der anderen Frau die Hand. »Wenn unsere Töchter sich so gut verstehen, dann sollten wir uns beim Vornamen nennen, oder?«

Julias Mutter schlug kräftig ein und stimmte zu. »Ick bin die Annejret.«

Dann schaute sie auf ihre Armbanduhr und schrie fast auf.

»Isses schon so spät? Wir quatschen hier und die Zeit verjeht. Dit is nen langer Wech nach Balin!«

Auch Lores Mutter warf einen Blick auf ihre Uhr.

»Du meine Güte, Sie haben recht!«, stieß sie erschrocken hervor. »Wir müssen unseren Zug bekommen. Und das Taxi wartet draußen!«

Gemeinsam gingen die vier mitsamt dem Gepäck der Mädchen hinaus zum Parkplatz hinter der Klinik. Dort war nun die letzte Minute gekommen.

»Los, Mädels, vaabschiedet euch. Ihr seid ja sicha über Instagramm verbunden und wo ihr euch sonst noch so im Intanet rumtreibt!«

»Na klar!«, rief Julia und zog Lore in eine feste Umarmung. »Ick schreib dia. Jeden Tag. Vasprochen!«, flüsterte sie Lore beim Abschied zu. Diese konnte nur nicken, weil ihre Augen überflossen und in ihrem Hals ein Tennisball steckte.

»Du heulst mia doch nicht etwa schon wieda?«, fragte Julia leise.

»Doch«, krächzte Lore. »Weil ick dir so lieb hab!«

»Hey, nich nachmachen. Dit is peinlich. Haste selba jesacht!«

Da musste Lore wieder lachen.

»Wir telefoniern morjen Ahmd!«, rief Julia Lore noch zu, während sie in den alten roten VW ihrer Mutter kletterte. Inzwischen verstaute Julias Mutter Koffer und zwei Taschen im Kofferraum. Dann schlug mit einem dumpfen Knall die Autotür zu. Es hatte etwas Endgültiges. Ein letztes Winken im Anfahren, dann war von Julia und ihrer Mutter nur noch eine Staubwolke übrig. Als hätte es sie nie gegeben. Nur ein Spuk.

Lore starrte dem Auto gedankenverloren nach.

»He, Lore«, rief ihre Mutter sie zurück in die Wirklichkeit. »Los, steig ein. Unser Zug wartet nicht!«

»Ich komm ja schon«, murmelte Lore und kletterte neben ihre Mama in den Fond des Taxis.

Der Zug nach Hamburg hatte Verspätung. Ansonsten aber verlief die Reise einigermaßen glatt. Lore erzählte ihrer Mutter vieles, was diese noch nicht wusste. Das meiste von Julia. Und ein wenig von Mirko. Und die Mutter erzählte ihr von den Dingen, die sich inzwischen in Hamburg zugetragen hatten. So verflog die Zeit, bis sie wieder in Hamburg auf dem Hauptbahnhof standen. Es fühlte sich nicht wie Anfang Juli an, denn Hamburg begrüßte sie so, wie es sich damals von ihr verabschiedet hatte: mit Nieselregen. *Wie sich dit jehört,* hätte Julia jetzt gesagt. Lore hörte die Stimme der Freundin in ihrem Kopf und lächelte wehmütig. Morgen würden sie telefonieren. Das war immerhin ein Trost. Morgen Abend, nach dem ersten Schultag in ihren alten Schulen.

Teil 3: Heimkehr

1. Neue Lore, alte Welt

Es war ein eigenartiges Gefühl für Lore, ihr Zimmer wieder zu betreten – nach acht Monaten kam es ihr so vor, als hätte damals eine andere Lore darin gewohnt, eine Fremde. Sie hatte sich so sehr verändert.

Und sie war es nicht mehr gewohnt, allein zu schlafen. Sie vermisste die allabendlichen Gespräche und Geplänkel mit Julia. Ihr war, als hätte sie eine Schwester verloren. Stundenlang lag sie im Dunkeln auf ihrem Bett und konnte einfach nicht einschlafen. Mit Befremden erinnerte sie sich an die Nacht vor der Abreise in die Klinik, als sie sich Sorgen gemacht hatte, wie es wohl wäre, das Zimmer mit einem anderen Mädchen zu teilen. Wie sehr sie sich doch geirrt hatte. Und wie sehr wünschte sie sich zurück in jene Nacht, bevor sie in die Klinik gefahren war. Das wären bei weitem bessere Aussichten als jetzt. Morgen musste sie wieder in die Schule. Was die anderen wohl sagen würden? Würden sie sie überhaupt erkennen? Würden sie sich freuen? Ihr gratulieren? Sie endlich in ihrer Mitte aufnehmen, nun, da sie nicht mehr so furchtbar dick war? Oder … daran wollte sie jetzt gar nicht denken. Sie wollte schlafen. Aber der Schlaf wollte nicht kommen.

Am Montagmorgen stand Lore mit verquollenen Augen auf und taumelte ins Bad. Sie putzte ihre Zähne und kämmte sich oberflächlich. Dann wankte sie in die Küche. Dort roch es schon nach Kaffee und nach Kakao. Im Radio lief Musik.

»Ich soll nur Tee trinken ...«, gähnte Lore.

»Oh, entschuldige bitte.« Schuldbewusst und nachdenklich schaute ihre Mutter auf den Tisch. »Macht nichts«, fuhr sie fort, »dann trinke ich den Kakao eben nach meinem Kaffee.«

Dann strahlte sie ihre Tochter liebevoll an.

»Du hast mir so gefehlt, meine Süße. Jeden einzelnen Morgen. Was für Tee magst du denn? Ich habe«, sie sah in den Küchenschrank »Pfefferminze, Fenchel und Hagebutte.«

»Pfefferminze«, sagte Lore und gähnte noch einmal.

Kurze Zeit später rappelte der Wasserkocher. Lores Mutter stand auf und goss eine kleine bauchige Teekanne auf, aus der sich ein herrlicher Pfefferminzgeruch verbreitete. Lore lächelte.

»Ist das loser Tee?«

Ihre Mutter nickte.

»Hmmm«, machte Lore. »In der Klinik gab es immer Beutel, die schmecken nicht halb so gut.«

»Ich weiß.«

Ihre Mutter zwinkerte ihr zu und stellte einen großen Becher vor Lore auf den Tisch. Dieser fielen trotz der flotten Musik die Augen wieder zu.

»Ich freu mich schon drauf, wenn ich endlich alt genug bin und Kaffee trinken darf«, gähnte sie müde.

Der alte Schulweg weckte jede Menge Erinnerungen in Lore – und nicht die besten. Je näher sie der Schule kam, desto unwohler begann sie sich zu fühlen. Gebetsmühlenartig stiegen immer dieselben Fragen in ihr hoch. Wie würden ihre Klassenkameraden auf ihr verändertes Aussehen reagieren? Würden sie sie überhaupt erkennen? Würden sie ihr gratulieren? Sie weiter ärgern? Aber womit denn? Sie war fast schlank jetzt, kein Vergleich mehr zu vorher. Unsicher runzelte sie die Stirn. Sie fühlte sich sehr allein. Wenn doch Julia in diesem Augenblick hätte bei ihr sein können. *Mach dir keene Sorjen, warts ab,* hörte sie Julias Stimme in ihrem Geist sprechen. Ein frohes Lächeln breitete sich auf ihren Zügen aus. Seit sie Julia kannte, war sie nicht mehr allein. Definitiv nicht! Es blieb abzuwarten, was sie alles von Julia gelernt hatte. Ob ihr passende Erwiderungen einfallen würden, ob Julias Stimme sie ihr vorsagen würden.

Der Bus würde ihre Station gleich erreichen. Trotz aller Gedanken an Julia wurde ihr plötzlich schlecht. Ihr Herz begann zu galoppieren und Schweiß trat auf ihre Stirn. Mühsam kam sie auf die Füße. Ihre Beine hatten sich in Gelee verwandelt und konnten ihren Körper kaum mehr tragen. Langsam, als trüge sie Bleigewichte an den Füßen, bewegte sie sich auf die Ausgangstüren des Busses zu. Alles kam ihr vor wie in Zeitlupe. Die Geräusche um sie herum hörten sich auf einmal so gedämpft an, so dumpf, als säße sie am Grunde eines Schwimmbeckens. Ein hoher Pfeifton schrillte plötzlich in ihrem rechten Ohr. Genau wie damals auf dem Schulweg blieb ihr die Luft weg. Sie schnaufte wie eine Dampfmaschine. Doch sie erreichte die Fahrzeugtüren noch rechtzeitig, um auszusteigen. Nur die wenigen Schritte zur jetzt leeren Wartebank im Häuschen der Bushaltestelle trugen ihre Beine sie noch. Mit einem Plumps ließ sie sich darauf fallen. *Wennde dit damals jemacht hättest, wär ne dicke Beule inner Bank jewesen, gloob mir dit,* lachte die Julia in ihrem Kopf. Auf einmal fing auch Lore an zu lachen. Sie lachte und lachte, bis ihr die Tränen über die Wangen liefen. Sie wieherte regelrecht, und je mehr sie sich selber dabei beobachtete und innerlich kommentierte, desto mehr musste sie weiter lachen. In diesem Lachen verschwand all ihre Angst und Nervosität. Sie war plötzlich ganz ruhig. Und mit ruhigem Blut machte sie sich auf den restlichen Weg zu ihrer Schule.

Als Lore den Schulhof betrat, wurde sie zum ersten Mal, seit sie sich erinnern konnte, nicht weiter beachtet. Zwei ältere Schülerinnen unterhielten sich rechts neben dem Eingang. Kurz streiften sie Lore mit ihren Blicken, redeten aber dabei leise weiter und unterbrachen ihre Unterhaltung nicht. Lore lächelte. Das fand sie sehr ermutigend. Sie hörte das Geschwätz der Schülerinnen und Schüler im breiten Korridor der Schule widerhallen. Niemand schien sie näher zu beachten. Lore genoss das sehr. Es war, als wäre sie ganz neu an dieser Schule, als hätte sie die Chance auf einen kompletten Neuanfang. Nie hätte sie das zu träumen gewagt.

Tief aufatmend, bog sie um die Ecke und stieg die Treppe zum zweiten Stock empor, die ihr vor ein paar Monaten noch so viele Schwierigkeiten gemacht hatte. Jetzt wunderte sie sich, wie leicht und schnell sie den Aufgang bewältigte. Sie erinnerte sich an die Wanderungen in den Bergen und auf einmal war sie für diese elende Quälerei dankbar. Neben ihr begannen Kinder schneller zu atmen, die viel weniger wogen als Lore jetzt, während Lore selbst kaum einen Atemzug mehr tat als im Gang unten.

Nur noch um die Ecke biegen und sie stand vor ihrem alten Klassenzimmer. Die Tür war angelehnt, heraus drang der übliche Lärm. Geschrei, Gejohle, spöttische Gesänge aus mindestens zwanzig Kehlen. Noch einmal schloss Lore kurz die Augen, atmete tief und langsam ein und wieder aus, ganz so, wie Frau Dr. Sommer es ihr beigebracht hatte. In ihrem Bauch kribbelte es.

Los, nu jeh schon rin!

Lore gab sich einen Ruck – und betrat das Klassenzimmer. Die anderen blickten auf, wohl, um zu sehen, ob es schon der Lehrer wäre – und erstarrten mitten in der Bewegung.

»Ist das ne Neue?«, fragte eine Stimme aus der Mitte des Raumes.

Ein lastendes Schweigen folgte diesen Worten, bis Saskia, die Lore ein paar Sekunden zweifelnd angeblickt hatte, plötzlich hell auflachte und rief: »Quatsch! Das ist unsere fette Sau!«

»Hey, stimmt!«, dehnte Jerome. »Ham die dich verhungern lassen?«

»Willst du mein Pausenbrot? Ganz dick Schmalz drauf!«

Scheinheilig lächelnd, hielt Bernadette ihr ein Brot entgegen. Lore dachte an Julia und schoss zurück, auf die persönliche Art: »Ich freu mich schon, wenn ich als Journalistin durch die Welt reise und du hier solange die Mülleimer ausleerst!«

»Echt jetzt?«, spottete Jerome. »Du willst Journalistin werden?«

»Ja, im Fernsehen! Da komme ich noch mal ganz groß raus!«

»Ja klar kommst du im Fernsehen ganz groß raus«, lachte Saskia. Lore starrte sie verblüfft an. Was war denn das? Von Saskia?

»Ja, bei ›Mein Leben mit dreihundert Kilo‹!«, prustete Saskia nun, über ihren eigenen Witz lachend. Ein tosendes Gelächter war die Folge.

Als die anderen sich wieder beruhigt hatten, sagte Jerome:

»Unsere Fettsau ist wieder da! Das ist doch jetzt nicht wahr!«

»Wer ist hier eine Fettsau?«, fragte eine ruhige, tiefe Stimme, die von Herrn Halm. Es klang trügerisch freundlich. Auch Herrn Halm würden ein paar Kilo weniger ganz guttun, dachte Lore.

»Ach, ist nur eine neue Serie bei Netflix«, rief Jerome und winkte ab. Gleichzeitig lag sein Blick warnend auf Lore.

Aber diesmal schwieg Lore nicht. Sie ging zu ihrem Platz und erklärte wie beiläufig: »Nein, Herr Halm, damit war ich gemeint!«

Der Blick des Lehrers blieb an Lore hängen und er hielt darin inne, seine Jacke auszuziehen. Mit maßlosem Staunen fragte er: »Du? Wieso bist du gemeint? Du bist doch schlanker als einige andere hier im Raum ...«

Man hätte die berühmte Stecknadel fallen hören können, so still war es in der Klasse. Als hätten die Kinder alle gleichzeitig den Atem angehalten.

Der Blick des Lehrers flog durch die Klasse, blieb schließlich fragend an Jerome hängen. Der zuckte die Schultern, als wollte er sagen »Was solls«.

»Das ist Lore. Als wir sie das letzte Mal gesehen haben, das war vor nem Dreivierteljahr, da war die fett wie ein schlachtreifes Schwein.«

»Wie bitte?«, der Blick des Lehrers bohrte sich in den des Jungen.

»Na gut, sie war, wie nennt man das sonst? Übergewichtig? Attipös?«

Die Klasse lachte, verstummte aber unter dem strafenden Blick des Lehrers. Herr Halm wendete sich wieder Lore zu.

»Bist du Lore?«

Lore nickte, die Augen voller Tränen.

»Wie hast du denn so viel abgenommen?«

»In einer speziellen Klinik«, krächzte Lore.

»Wow, das ist großartig. Findet ihr das nicht auch, Kinder?«

Die Blicke mancher Mädchen wanderten genervt zur Decke, doch es erhob sich pflichtschuldigst ein zustimmendes Gemurmel.

Herr Halm fing an zu applaudieren und etwas lahm ahmte die Klasse ihn nach. Lore spürte, wie ihr das Blut in den Kopf stieg, so wie damals, als sie ihre ersten zwei Kilo auf die Waage legen durfte. Nur damals war sie ungeheuer stolz auf sich gewesen – und sie hatte gespürt, dass die anderen ihr voller Anerkennung applaudiert hatten. Diesen Respekt fühlte sie von Herrn Halm ausgehen. Aber nicht von ihren Klassenkameraden. Was hatte sie nur erwartet? Auf einmal war ihr zum Heulen. Sie fühlte sich so furchtbar müde, so dermaßen erschöpft, dass sie sich gleich hier hätte auf den Boden legen und auf der Stelle einschlafen können. Nachdem sie sich gründlich in den Schlaf geweint hätte.

Der Unterricht nahm seinen Lauf. Lore war sehr still und sie hörte kaum zu, konnte sich nicht wirklich konzentrieren. Sie hatte Angst, aufzufallen. Und sie fürchtete sich vor der Pause – der Zeit, in der die anderen endlich wieder Gelegenheit haben würden, sich eingehend mit ihr zu beschäftigen. Hätte es im Klassenraum ein Mauseloch gegeben und Lore die Möglichkeit gehabt, sich in eine Maus zu verwandeln, sie hätte diese Chance ergriffen, still und heimlich zu verschwinden. Diese wenige Zeit in ihrer alten Klasse schon hatte ausgereicht, ihre neu erwachte Lebensfreude wieder in sich zusammenfallen zu lassen. Nicht einmal der Gedanke an Julia konnte sie jetzt mehr aufheitern. Julia war weit weg und konnte ihr nicht helfen. Wenn sie jetzt an sie dachte, erfüllte es sie sogar Zorn – was sie vollends verwirrte. All die furchtbaren Gedanken und Gefühle von damals spülten wieder in ihr hoch. Niemand wollte sie so akzeptieren, wie sie nun einmal war. Nicht einmal jetzt, wo sie gar nicht mehr die Angriffsfläche bot, die sie damals zur Zielscheibe des Spottes gemacht hatte. Nichts schien sich verändert zu haben. Wieder fühlte Lore diese ungeheure Müdigkeit, eine Erschöpfung, die sie seit einem Dreivierteljahr nicht mehr empfunden hatte. Was für einen Zweck hatte das alles denn noch? Eine Welle der Hoffnungslosigkeit spülte alle Ansätze von Selbstbewusstsein fort. Warum war sie heute hierhergekommen? Warum hatte sie erwartet, es wäre jetzt irgendetwas anders?

Hinter ihrem Rücken tuschelte und kicherte es. Die anderen brüteten etwas aus. Fragte sich bloß, was. Ein verstohlener Blick auf die Uhr zeigte ihr, dass die Hofpause in einer Viertelstunde begann. Wieder würde sie sich verstecken müssen. Das war doch so kein Leben! Niemand würde mit ihr reden wollen. Keine Julia weit und breit. Tränen stiegen ihr in die Augen. Sie war wieder in ihrem eigentlichen Leben angelangt. Die Ausnahmezeit, in der sie eine Freundin gehabt hatte, war vorbei. Endgültig und für immer. Jetzt, in diesem Moment, kam ihr die Zeit in der Klinik vor wie ein schöner Traum. Als hätte sich das alles gar nicht wirklich ereignet. Als gäbe es Julia nicht. Und Mirko auch nicht. Sie war allein gewesen und jetzt war sie es wieder. Freunde hatte es für sie nie gegeben – und für sie würde es niemals welche geben. Sie spürte, wie ihr Kinn zitterte, ebenso ihre Hände. Es hatte keinen Zweck. Niemand wollte sie. Niemand mochte sie. Und in zehn Minuten hatte sie die Wahl, schneller als die anderen das Klassenzimmer zu verlassen –

oder als letzte. Da sie nicht nahe genug an der Tür saß, erübrigte sich die erste Lösung. So musste sie also wieder trödeln und als Letzte zusammen mit dem Lehrer den Klassenraum verlassen.

Quälend langsam verstrichen die letzten Unterrichtsminuten. Mit unbeteiligter Miene, aber innerlich voller Schrecken, erwartete sie das Klingeln. Endlich kam es. Die ersten Schüler rissen schon die Tür auf und stürmten laut johlend auf den Gang. Lore blickte ihnen hinterher. Das hätte sie nie geschafft, vor denen aus dem Raum zu kommen. Nach und nach leerten sich die Stühle und Tische. Etwas gesitteter als die ersten Schüler verließ der Großteil der Kinder das Zimmer. Jerome und Saskia musterten Lore dabei aufmerksam. Lore wusste, die haben was vor. Und zwar nichts Nettes!

»Na los, Lore, raus mit dir. Ich muss abschließen!«, forderte der Lehrer sie auf. »Gut siehst du aus. Ich freue mich, dass dein Klinikaufenthalt so erfolgreich war!«

Lore nickte mechanisch. Wo warteten die anderen auf sie? Was hatten die vor?

Der Lehrer ging den Gang hinunter in Richtung Lehrerzimmer. Lore folgte ihm langsam, wie in alten Tagen. Wenn die anderen sie hier angriffen, dann war er noch in Rufweite.

Ihre Schritte auf dem Linoleum hallten in dem Gewölbe des Schulgebäudes wider. Ein paar weitere Schüler waren noch in dem Korridor unterwegs. Zwei kamen gerade neben ihr aus der Toilette. Ein rascher Blick zeigte ihr, dass die beiden Jungen nicht aus ihrer Klasse waren. Sie stürmten zum Ausgang, um sich dort ihren Freunden anzuschließen. Puh, keine Gefahr. Noch nicht. Aber Saskia hatte bestimmt noch nicht aufgegeben.

Einige Schritte vor ihr öffnete der Lehrer die Tür zum Lehrerzimmer und verschwand darin. Jetzt war sie allein auf dem Flur. Das mulmige Gefühl in ihren Eingeweiden verstärkte sich. Es war auf einmal so still. Unheimlich still.

»Buh!«

Hinter der nächsten Ecke hatten sie sich auf die Lauer gelegt und schossen nun hervor. Sie waren zu sechst, soweit Lore das überblicken konnte. Jerome und Saskia führten sie an, dahinter waren noch Bernadette, Sophia, Lea und Ali. Lore blieb fast das Herz stehen. Als hätten sie alle Zeit der Welt, kamen sie auf sie zu, wie Wölfe, die ihr Opfer einkreisen.

»Na, ist deine Schweinemama glücklich, weil sie dich jetzt wieder mästen kann?«, fragte Saskia unter dem einsetzenden Gelächter der anderen.

Trotz der Angst in ihren Eingeweiden rief Lore, was der Augenblick ihr eingab: »Warum hasst du übergewichtige Menschen? Weil dein Vater so dick ist, der dich bei schlechten Noten verprügelt?«

War es so? He, das könnte wirklich sein, dachte Lore in plötzlicher Erkenntnis.

Saskia machte eine Bewegung des Schreckens. »Du Bratwurstgrab kriegst jetzt dein Fett ab!«, knurrte Saskia etwas leiser, aber doch noch deutlich verständlich. Lore spürte, wie sich ihre Kehle zuschnürte. Wie die Furcht sie zu überwältigen drohte. Ihre Beine fühlten sich an wie Pudding. Sie warf einen raschen Blick hinter sich. Niemand. Auf dem Absatz machte Lore kehrt und rannte, als ob es um ihr Leben ginge. Keuchend und mit fliegendem Puls lief sie die Schultreppe empor, die anderen dicht auf den Fersen.

»Wir kriegen dich ja doch, du Opfer!«, rief Jerome.

Das klang schon viel zu nahe hinter ihr, bedrohlich nahe! Gleich würden die anderen sie eingeholt haben! Nein, das durfte nicht sein! Sie musste weiter, immer weiter nach oben. Da war noch der Dachboden, vielleicht konnte sie sich da verstecken. *Weiter*, befahl sie sich, *renn weiter*. Und ihr Körper gehorchte ihr, wenn auch widerstrebend. Sie konnte die Meute hinter sich hören. Die Geräusche rennender Schritte kamen ihr immer näher, waren ihr dicht auf den Fersen. Was konnte sie nur tun, wie konnte sie ihre Verfolger in die Irre leiten? Es war unmöglich, das zu tun - und genauso unmöglich war es, ihnen zu entkommen.

Jetzt fühlte sie, wie sie von hinten gepackt wurde. Es war Jerome, denn er rief sofort triumphierend: »Ich hab sie!«

Lore schrie in heller Panik auf. Jerome hatte sie um die Hüfte gepackt und schlang nun auch noch seinen anderen Arm um das Mädchen.

»Lass mich los!«

Sie trat nach dem Angreifer, doch der hielt sie so eng gepackt, dass ihr die Luft ausgehen wollte. Ängstlich japste sie nach Atem, bekam aber kaum was in ihre Lungen.

In diesem Moment hatten auch Saskia und ihre Freundinnen aufgeschlossen und packten Lore ebenfalls, rissen sie zu Boden und fixierten sie dort. Dann baute sich Saskia vor ihr auf und holte etwas aus ihrer Manteltasche. Es sah aus wie ein alter Wurstzipfel.

»Mach schön das Mäulchen auf«, schmeichelte sie böse. »Na los. Das kann ich doch nicht verantworten, dass sie dich verhungern lassen. Fettsäue bleiben für immer Fettsäue, merk dir das. Du wirst ja eh wieder zunehmen, dazu schmeckt es dir doch viel zu gut! Also los, mach's Maul auf!«

Lore presste die Lippen eng aufeinander. Sie schloss die Augen und drehte den Kopf fort. Aber Jerome fasste ihr an die Seiten ihres Kiefers und drückte zu. Erschrocken über den Schmerz, riss Lore den Mund auf. Sofort stopfte Saskia ihr den Wurstzipfel hinein und hielt ihre Hand davor, damit Lore das Teil nicht wieder ausspucken konnte. Lore biss zu.

»Au, du verfluchte Schlampe!«, schimpfte Saskia und hielt sich die Finger. Von allen Seiten trafen Lore nun Fußtritte. Bernadette holte einen Schaumkuss hervor und versuchte damit, Lores Mund zu treffen, den sie vor Schmerz immer noch weit offen hatte. Sie schaffte es nicht richtig, weil Lore den Kopf schnell zur Seite drehte, und schmierte ihr den weißen, klebrigen Schaum auf die Wange und in die Haare. Die anderen johlten.

»Und jetzt«, erklärte Saskia, »weil du mich gebissen hast und es deshalb nicht anders willst, gibt es noch was Leckeres zu trinken.«

Mit einem gemeinen Grinsen zog sie eine durchsichtige Plastikflasche mit gelbem Inhalt aus der anderen Manteltasche. War das alter Apfelsaft? Oder war das etwa ...

»Na los, trink!«, befahl Saskia und trat Lore grob in die Seite. Diese riss vor Schmerz den Mund auf.

»Na also, dann guten Appetit!«, höhnte Saskia und wollte ihr den Inhalt der Flasche in den Mund gießen. Bis auf ein paar Tropfen gelang ihr das jedoch nicht und so schüttete sie Lore den Rest über das Gesicht. Es stank und die Tropfen, die in ihren Mund geraten waren, schmeckten salzig-bitter.

»Hmmm«, machte Saskia. »Das magst du doch am liebsten, nicht wahr?«

Ein strenger Blick traf Lore bei diesen Worten.

»Na los, sag Danke! Und dass du gerne Pisse trinkst und alte Wurstzipfel aus den Mülleimern holst! Los, sags!«

Dabei trat sie erneut nach Lores Rippen und ihren Beinen. Überall, wo sie getroffen worden war, schmerzte es heiß. Aber Lore presste den Mund fest zusammen und schüttelte energisch den Kopf, obwohl ihr vor Übelkeit ganz schwindlig war.

»Ach nein?«, höhnte Saskia. »Du sagst das jetzt, na los!«

»Was ist denn hier los?«, dröhnte eine tiefe Stimme hinter der Gruppe.

Sofort ließen die Kinder Lore los und stellten sich vor sie. Lore kroch ein paar Schritte fort, rappelte sich dann auf und rannte weiter, Richtung Dachboden. Die Tür war zwar zugeriegelt, aber der Schlüssel steckte fast immer. Das wusste sie von früheren Notlagen her, wo sie sich just dort versteckt hatte, bis die Pause vorbei war.

Schnell schloss sie auf und schlüpfte hinein. Den Schlüssel nahm sie mit und schloss hinter sich ab. Jetzt erst fühlte sie sich sicherer. Ihr Herz jagte, ihr Puls pochte in ihren Ohren. Schweiß und Urin liefen an ihr herunter. Sie sank noch an der Tür auf den Boden und begann zu weinen.

2. Spring doch!

Was hatten die anderen ihr heute schon wieder angetan? Warum taten sie das? Lore konnte das alles nicht verstehen. Sie wusste und verstand nur eines: So konnte es nicht weiter gehen. Sie musste das alles ein für alle Mal beenden. Es war ganz einfach: Sie befand sich auf dem Dachboden. Sie musste nur durch eines der Fenster klettern, dann war sie auf dem Dach. Ein Sprung nur – dann hätte sie für immer Ruhe.

Entschlossen stand sie auf und ging zu einem der Fenster, einem, das groß genug war, damit sie hindurch passen würde. Es ließ sich problemlos öffnen. Lore steckte probeweise ein Bein durch die Öffnung. Eine leichte laue Sommerbrise wehte ihr entgegen. Es roch nach Blumen – und schwach nach Gulasch mit Rotkohl. Ihr Magen knurrte. Lore knurrte auch, aber vor Wut. *Sei still, Magen,* dachte sie. *Bald hast du keinen Hunger mehr. Nur wegen dir ist das alles gekommen. Nur wegen dir, du gieriges Stück, bin ich so dick geworden. Und nur wegen meiner Fettleibigkeit bin ich von den anderen ausgegrenzt worden. Nur wegen dir ...*

Frau Dr. Sommer hatte unrecht gehabt: sie war nur wegen ihrer Figur gemobbt worden. Tränen rannen ihr warm die Wangen hinunter. Ihre Kehle schmerzte und sie schwitzte. Sie konnte riechen, wie sie stank. Auch das würde bald vorbei sein. Keine Welt, die folgen mochte, konnte schlimmer sein als dies hier.

Lore verlagerte ihr Gewicht auf das Bein, das sie nach draußen gesetzt hatte. Es knackte unter ihrem Schuh. Sie zögerte erschrocken, hob den Fuß wieder an. Dann aber gewann sie wieder an Entschlossenheit, ließ es knacken und beugte sich mit dem Oberkörper aus dem Fenster hinaus. Am Fensterrahmen hielt sie sich fest, saß halb auf dem Rahmen, halb auf dem Fensterbrett, während sie das andere Bein, den anderen Fuß nachzog. Jetzt saß sie ganz auf dem Fensterbrett und schaute nach draußen. Wow, war das hoch! Von hier aus ging es vielleicht zwei Meter steil schräg abwärts, dann erstreckte sich vor ihr das Flachdach der Turnhalle.

Probeweise tastete sie mit ihren weißen Turnschuhen, wie glatt die Dachziegel waren. Sich am unteren Fensterrahmen festhaltend, aber noch mit dem Rücken zum Fenster, ließ sie sich ein Stück weit herab. Doch sie war nicht groß genug, um auch nur mit den Zehenspitzen das Flachdach zu erreichen. Als sie versuchte, sich wieder emporzuziehen, ging auch das nicht. Da erinnerte sie sich daran, wozu sie hier heraufgestiegen war – und ließ das Fensterbrett los. Die Rutschpartie war kurz, aber die Landung ziemlich hart. Heftig prallte sie auf dem Flachdach auf, spürte einen Stich im rechten Fußknöchel und setzte sich unsanft auf den Hintern. Fluchend rieb sie sich erst den Knöchel, dann ihren Hintern. Mühsam kam sie auf die Füße und humpelte zum Rand des Daches. Die Regenrinne war voller Laub. Lore sah nach unten. Ihr wurde im Augenblick schwindelig. O verdammt, war das hoch! Würde sie den Mut haben, da runter zu springen? Das waren mindestens fünf Meter. Und unter ihr waren nur Beton und Asphalt.

Eine Möwe kam angesegelt und stieß schrille Schreie aus, als wollte sie sie warnen. *»Tu es nicht«*, schien die Möwe ihr zu sagen. *»Du hast keine Flügel, die dich tragen können.«*

Nein, Flügel hatte sie nicht. Sie hatte nicht einmal den Mut, sich vom Dach abzustoßen. Ihre Beine waren wie fest zementiert. Sie konnte sich nicht bewegen.

Der Schulhof unter ihr, also die Ecke, die sie überblicken konnte, war immer noch voller Schüler. Während sie da auf dem Dach stand und hinunterblickte, schauten schon Schüler zu ihr hinauf.

»Guckt mal, da oben steht eine, die will wohl springen!«, rief ein Junge von unten in aufgeregtem Ton. Es klang eifrig und er zeigte mit dem Finger auf Lore. »Da oben, seht ihr?«

»Ja, tatsächlich!«, rief ein anderer und stellte sich neben den ersten Jungen.

»Willst du springen?«, rief ein Dritter überlaut zu Lore empor.

Wollte sie springen? Wollte sie das wirklich?

»Ey, die ist ja aus meiner Klasse!«, rief Laura aufgedreht. »Es ist unsere fette Sau! Wenn die hier unten auftrifft, gibts 'nen Fettfleck!«

Die kleine Menschentraube, die sich inzwischen unter Lores Standort angesammelt hatte, lachte.

Diese blöde und fiese Schlampe. Was hatte die sich hier einzumischen, sogar noch in ihren Tod?

»Spring doch, spring doch, fette Sau, fette Sau, spring doch ...«, sangen die anderen unten im Chor, dirigiert von Laura.

Blei senkte sich in Lores Herz. Hassten die anderen sie wirklich so sehr? Ihre Sicht verschwamm.

»Wetten, die springt gar nicht?«, fragte eine Jungenstimme.

»Ach, nicht?«, das war wieder Laura. Ihre Stimme troff nur so vor Hohn.

»Willst du uns wieder enttäuschen?«

Warm spürte sie Tränen über ihre Wangen rollen. Sie enttäuschte ihre Klassenkameraden, wenn sie nicht sprang? Was hatte sie denn Laura schon getan? Was Saskia oder den Jungen da unten? Was würde ihre Mutter sagen, wenn die Schule ihr Bescheid geben würde, dass ihre Tochter vom Dach der Schule gesprungen wäre? Und Julia? Sie hatten ja heute Abend telefonieren wollen. Würde Julia zu ihrer Beerdigung kommen? Lore sah vor ihrem geistigen Auge ihre Mutter mit Julia und deren Mutter an ihrem offenen Grab stehen, von oben. Ihr Sarg stand dort und würde bald herunter gelassen werden in die kalte Erde. Ihre Mutter weinte untröstlich. Genau wie Julia. Mit etwas Abstand zu ihrer Mutter und Julia sah Lore ihre ganze Klasse stehen. Aber hier, im Lager ihrer Peiniger, weinte keiner. Sie tuschelten und kicherten und mussten von dem Geistlichen zur Ordnung gerufen werden, der an ihrem Grab ein paar Worte stotterte. So wie der Geistliche auf der Beerdigung ihres Vaters. Nur würde niemand in der Klasse Lore vermissen. Niemand würde weinen. Außer ihrer Mutter. Und Julia. Aber vielleicht wäre sie dann wieder mit ihrem Vater vereint. Vater ... sie vermisste ihn so schmerzlich. Dort, wo er aus ihrem Herzen hinaus gerissen worden war, gab es immer noch ein großes Loch. So wie im Herzen ihrer Mutter. Und das war nun beinahe vier Jahre her.

»Mein Hannes« hatte ihre Mutter ihn immer genannt. Ihre Mutter. Sie würde es nicht verkraften, wenn Lore jetzt hier herunter … Sie riskierte noch einen scheuen Blick nach unten. Nein, ihrer Mutter konnte sie das nicht antun. Wieder stellte sie sich vor, wie ihre Mutter Julia heute Abend mit tränenerstickter Stimme von Lores Selbstmord berichtete.

»Fette Sau, fette Sau, spring doch, spring doch ...«, drang der Chor wieder in ihren Geist. Zögernd trat sie einen Schritt vor. Jetzt stand sie direkt mit den Schuhspitzen vor der Dachrinne.

Dann ließ sie sich fallen.

Lore fiel, wie bei ihrem Rutsch vom Fenster hinab schon einmal, unsanft auf den Hintern. Es tat ziemlich weh. Sie würde wohl ein paar ordentliche blaue Flecken davontragen. Aber das brachte sie vollends wieder zur Besinnung. Erschrocken dachte sie daran, was sie gerade im Begriff gewesen war zu tun. Ihr Herz pochte schnell und aufgeregt, Schweiß lief ihr über das Gesicht – und sie war so froh, dass sie das alles spüren konnte. Dass ihr Herz noch schlug. Dass sie schwitzte und weinte und ihr der Knöchel wehtat. Denn all das waren Anzeichen dafür, dass sie noch am Leben war.

Die Vorstellung, welchen furchtbaren Schmerz sie ihrer Mutter zufügen würde, hatte sie davon abgehalten, zu springen. Sie hatte daran gedacht, wie es bei der Beerdigung ihres Vaters gewesen war. Wie Mutter und sie geweint hatten. Ihre Mutter konnte nichts dafür, was hier abging. Und Julia auch nicht. Deshalb hatte sie sich nicht nach vorne, sondern nach hinten fallen lassen.

Laute Stimmen schallten über den Schulhof. Die Stimmen von Erwachsenen. Vermutlich von Lehrern. Lore nahm es wahr wie in einem Spielfilm. Als beträfe sie das gar nicht.

»Was ist hier los? Warum schaut ihr da hinauf? Was habt ihr da so rhythmisch gerufen?«

»Die haben was von ›Spring doch‹ gerufen!«, war ein älterer Junge behilflich.

»Spring doch?« Lore konnte die Panik in der Männerstimme hören. »Wer hat das gerufen? Und wer um Gottes willen ist da auf dem Dach?«

»Die da vorne! Komisch, da stand eben noch ein Mädchen auf dem Dach. Die scheint es sich aber anders überlegt zu haben. Ich kann sie nicht mehr sehen ...«

»Und da hast du seelenruhig zugeschaut? Hast es nicht für nötig gehalten, einen Lehrer zu verständigen?«

Und sofort darauf, überlaut. »Wer immer du bist, Mädchen auf dem Dach, bleib, wo du bist. Ich hole die Feuerwehr und dann holen wir dich da runter. Hörst du mich?«

Lore hörte den Lehrer, doch hatte sie keine Kraft, um zu antworten. Auf einmal fühlte sie sich furchtbar schlapp und leer.

»Weiß irgendjemand, wer das Kind auf dem Dach ist?«

»Die haben was von ihrer fetten Sau gesagt. Ein Name ist nicht gefallen ...«

Gleichgültig flogen diese Gesprächsfetzen an Lore vorbei. Die Möwe von vorhin war gerade wiedergekommen und unweit von ihr auf dem Dach gelandet. Ach, wenn sie doch auch einfach ein Paar Flügel ausbreiten könnte. Einfach losfliegen. Über das Meer. Über das Land. Bis Berlin. Und dort würde sich die Möwe Lore wieder in das Mädchen verwandeln und Julia besuchen. Später könnte sie ja als Möwe wieder zurückfliegen. Ach, was wäre das schön ...

Sie hatte plötzlich eine ungeheure Sehnsucht nach der einzigen Freundin, die sie je gehabt hatte. Trauer war in ihrem Herzen.

Leichter Regen setzte ein. Lore spürte die kühlen Tropfen auf ihrem Gesicht, schaute nach oben in den Himmel, legte sich auf den Rücken. Sie genoss das Gefühl des Regens. Ein kleiner Windstoß ließ die Blätter der Schulplatane rauschen. Nur ein kleiner Windstoß. Und so laut.

Die Stimmen unter ihr beachtete sie nicht mehr. Sie waren nicht halb so laut wie der Wind in den Blättern. Und viel vergänglicher. Lore stellte sich vor, wie dieser Wind durch alle Zeiten in der Platane wehte. Die Stimmen aber sind nur heute, nur jetzt. Sie sind nicht ewig. Sie sind nicht. Nur in den Wind gerufen. Und verweht.

Intensiv drang ein Martinshorn in ihre Gedanken ein. Immer lauter, immer unerträglicher wurde es. Erst, als Lore sich die Ohren zuhielt, verstummte es schließlich.

Sie atmete auf. Warum durfte sie nicht einfach hier liegen und in den Himmel schauen? Sich mit den Möwen unterhalten? Später zu den Sternen hinauf sehen? Ihr Vater hatte das oft mit ihr gemacht. Vielleicht könnte sie ihn da oben entdecken? Auf einmal fühlte sie die große Sehnsucht nach ihrem Vater wieder. *Warum musstest du gehen,* fragte sie den Himmel. Aber der gab ihr keine Antwort.

Plötzlich kamen Männer in schwarzen Uniformen in ihr Blickfeld. Sie zuckte zusammen vor Schreck, richtete sich zum Sitzen auf, wollte aufstehen.

»Nein, bleib sitzen, Kind!«, rief einer der Männer sofort und streckte ihr beide Arme beschwichtigend entgegen. Lore rührte sich nicht. Ihr ganzer Körper schien aus Gummi zu bestehen – und der Rest aus blauen Flecken.

»Wie heißt du?«, fragte der Feuerwehrmann behutsam.

Lore starrte ihn an, als hätte er chinesisch gesprochen.

»Sie steht unter Schock!«, sagte ein anderer. Der ging neben Lore in die Hocke, fasste sie fest beim Arm.

»Komm mit uns, Kind. Wir bringen dich heil hier runter.«

Er hatte eine so sanfte, beruhigende Stimme. Lore war ja so müde. So furchtbar erschöpft. Willenlos ließ sie sich aufhelfen, stützen und auf eine kleine Hebebühne schieben. Diese senkte sich mit ihr und den Feuerwehrleuten in ziemlichem Tempo hinunter auf den Hof, der jetzt leer von Schülern war. Nur zwei Lehrer standen mit besorgten Mienen neben dem Feuerwehrauto. Dahinter hielt ein Rettungswagen. Dorthin wurde Lore geleitet und auf die Liege platziert. Etwas stach in ihren Handrücken, ein Tropf wurde über ihr aufgehängt. Die Gespräche um sie herum hörten sich so an, als würde bei einem Sender die Frequenz verstellt. Und dann war alles dunkel und still.

Irgendetwas piepte hartnäckig. Widerwillig öffnete Lore die bleischweren Lider – und schloss sie gleich wieder. Blendende Helligkeit umgab sie.

»Lore, mein Schatz, hörst du mich?«

Die Stimme ihrer Mutter hatte einen gebrochenen Klang. Als wäre sie geborsten. Lore spürte eine große, warme Hand auf der ihren liegen, die sich jetzt streichelnd bewegte.

»Lore! Bist du wach?«

Lore bewegte ihren Kopf auf die Stimme zu und blinzelte vorsichtig. Sie nickte. Ihr Hals fühlte sich zu wund an für etwas Gesprochenes.

»Sie ist wach!«, jubelte ihre Mutter. »Wie wunderbar!«

Und dann hörte Lore ihre Mutter weinen. Auch ihr kamen die Tränen. Dann versank sie wieder in einem tiefen Schlaf. In den Brunnenschacht ihrer Müdigkeit verfolgte sie ein einziges Wort ihrer Mutter: »Warum?«

Als sie das nächste Mal erwachte, konnte sie die Augen öffnen, denn der Raum war abgedunkelt. Es schien Nacht zu sein. Sie bewegte den Kopf nach rechts und nach links, schaute sich im Zimmer um. Neben ihr stand ein anderes Bett, das aber leer zu sein schien. Sie spürte einen festen Druck um ihren rechten Knöchel und als sie das dazu gehörige Bein unter der schweren Decke hervorzog, konnte sie um ihren Knöchel einen Verband weiß im Dämmerlicht leuchten sehen. Na klar, kam ihre Erinnerung wieder, sie hatte sich den Knöchel verstaucht.

Plötzlich fiel ihr ein, dass bei ihrem letzten Erwachen ihre Mutter da gewesen war. Sie suchte diese mit den Augen. Doch ihre Mama war nicht da. Enttäuscht schloss sie ihre

Augen wieder. Da hörte sie von der Tür ein Geräusch und Schritte. Ihre Mutter war nur draußen gewesen.

»Du bist wach«, stellte ihre Mutter erleichtert fest. »Kind, was hast du mir für einen Schrecken eingejagt! Was um des Himmels willen hattest du auf dem Schuldach zu suchen?«

»Die anderen«, krächzte Lore heiser. »Sie haben mich gejagt. Und den ganzen Tag – gequält. Mich beschimpft und angegriffen.«

Nach dieser Anstrengung fielen ihr die Augen wieder zu, sie war aber noch wach.

»Na, das wird die Herrschaften von der Polizei interessieren.«

Der Tonfall ihrer Mutter verriet jetzt Wut.

»Polizei?«, flüsterte Lore schwach.

»Natürlich Polizei. Die wird immer geholt, wenn jemand – wenn gar ein Kind ...«

»Vom Dach springen will?«, fragte Lore leise.

Ihre Mutter nickte beklommen.

»Ich hole sie herein. Sie sind beide sehr nett.«

»Werde ich dafür bestraft? Von der Polizei?«

»Aber nein, Schätzchen. Du nicht. Aber vielleicht die, die dich dazu getrieben haben.«

Mutters Stimme klang schon aus der Mitte des Zimmers.

Lore musste nicht lange warten, bis ein Mann und eine Frau, beide in Polizeiuniform, in ihr Zimmer kamen. Die Frau setzte sich zu ihr auf die Bettkante.

»Hallo, Lore. Ich bin Polizeimeisterin Melanie Frenze und das ist mein Kollege, Polizeimeister Stefan Berger. Wir haben gehört, dass du vorhin durch die Feuerwehr vom Schuldach geborgen worden bist. Stimmt das?«

Sie hatte eine sanfte Stimme.

»Ja«, antwortete Lore.

»Und was wolltest du da oben?«

Lore zuckte mit den Schultern. Tränen stiegen in ihre Augen.

»Runter springen?«, krächzte sie.

»Warum wolltest du das?«

Wieder zuckte Lore die Schultern. Wie sollte sie das alles erklären? Sie verstand es ja jetzt selber nicht mehr.

»Vielleicht erzählst du uns einfach der Reihe nach, was an deinem Schultag passiert ist. Kannst du das tun?«

»Ja«, flüsterte Lore, während sie einen stärkeren Tränenstrom warm über ihre Schläfen laufen fühlte.

Und dann erzählte sie. Erzählte von früher, als sie so dick gewesen war und wie die anderen sie immer gequält hatten, erzählte von der Klinik und wie schlank sie doch jetzt war. Und dann erzählte sie vom heutigen Tag und wie sie auf den Dachboden geflüchtet war, eigentlich, um sich zu verstecken. Und wie sie dann da gestanden hatte, unter den spöttischen Chören ihrer Mitschüler.

»Wer sind die anderen?«, fragte Frau Frenze beharrlich weiter, während sich ihr Partner eifrig Notizen machte.

»Saskia Benitz. Bernadette Simmering. Laura König. Jerome Braun. Ali Mohamadi. Und Sophia Bauer und Lea von Greif«, schloss sie müde.

»Gut. Das waren die, die dich angegriffen haben? Auch an deinem Geburtstag?«

»Ja. Im Wesentlichen.«

»Und wer hat das gerufen auf dem Hof?«

»Die kenne ich nicht. Laura war dabei und hat die anderen auf die Idee gebracht. Und ein anderer Junge aus meiner Klasse. Und ein paar ältere Jungs. Mehr weiß ich nicht.«

Die Polizistin legte ihr eine Hand auf den Arm.

»Das hast du gut gemacht. Du hast uns sehr geholfen. Danke schön.«

Sie stand auf, nickte Lores Mutter noch einmal zu und ging zusammen mit ihrem Kollegen leise hinaus. Die Tür des Krankenzimmers zog sie hinter sich ins Schloss.

»Ich habe nicht gewusst, was die anderen mit dir machen, meine Süße. Sei überzeugt, dass das für die Täter Konsequenzen hat.«

So viel Entschlossenheit und Zorn hatte sie in der Stimme ihrer Mutter noch nie gehört. Halb genuschelt waren diese Worte herausgekommen und Lore meinte, sogar ein Zähneknirschen gehört zu haben. Sie nickte dankbar. Dann wusste sie nichts mehr von sich.

Bei ihrem nächsten Erwachen fühlte sie sich schon viel kräftiger. Heute war die Psychologin der Klinik zu ihr gekommen. Noch einmal hatte sie das alles erzählen müssen, was sie gestern schon den Polizisten berichtet hatte. Aufgewühlt von ihren Erlebnissen, hatte sie sich anhören müssen, dass es doch immer auch andere Wege gibt als diesen. »Es war ein spontaner Einfall. Ich weiß auch nicht. Plötzlich bin ich da raus geklettert und stand auf dem Dach.«

»Warum bist du stehen geblieben?«

»Was?« Wie war die denn drauf? Hätte sie es besser gefunden…?

»Versteh mich nicht falsch, das war ja gut«, beeilte sich die Psychologin anzufügen. »Aber viele Menschen tun es in solchen Momenten. Leider auch Kinder und Jugendliche. Ich bin sehr froh, dass du nicht zu ihnen gehörst.«

»Muss ich das alles noch einmal durchkauen?«, fragte Lore kleinlaut. »Mit Ihnen?«

»Ich fürchte ja.«

Frau Dr. Unger, so stand es auf ihrem Schild am Kittel, rang sich ein schiefes Lächeln ab.

»Du hast es versucht. Also bist du gefährdet. Besser, wir tun was, damit dir das nicht noch einmal passiert.«

Resigniert nickte Lore. Wenn die anderen in der Klasse das mitbekämen – dann galt sie als Irre oder als die mit der Klatsche. Das hätte ihr gerade noch gefehlt in ihrer Sammlung.

Frau Dr. Unger beobachtete sie genau und schwieg. Sie tätschelte jetzt beruhigend Lores Arm. Als hätte sie ihre Gedanken gelesen, sagte sie: »Keine Sorge, das bleibt unser Geheimnis. Alles, was wir besprechen werden, bleibt unter uns. Sag mal, hattest du in der Rehaklinik auch psychologische Begleitung?«

»Ja, das hatten alle«, nuschelte Lore wenig begeistert. Frau Dr. Unger nickte und machte sich eine Notiz. »Wie hieß denn dein Psychologe dort?«

»Es war eine Psychologin. Und sie hieß Frau Dr. Sommer.« Lore nannte auch den Namen der Klinik und wo diese lag.

»Ich danke dir, Lore. Wir sehen uns morgen in meinem Sprechzimmer. Die Schwester bringt dich dann hin. Nach dem Frühstück.«

Es war am nächsten Nachmittag. Während Lore bei der Psychologin gewesen war, hatte jemand einen Strauß aus bunten Sommerblumen auf ihren Beistellwagen gestellt. Vor allem Margeriten und Lilien. Lore sah ihn an und lächelte. Wer hatte ihr den wohl gebracht? Ihre Mama?

Auf einmal hörte sie das Scharren vieler Füße vor ihrer Tür. Und leise Stimmen von mindestens einem Dutzend Menschen.

Aufmerksam geworden, blickte sie zur Tür. Beunruhigt war sie nicht.

Langsam wurde diese nun geöffnet. Als Erstes streckte die Polizistin, Frau Frenze, den Kopf durch die Tür des Krankenzimmers, betrat es aber erst, nachdem sie sich vergewissert hatte, dass Lore nicht schlief. Hinter ihr erspähte Lore etliche Kinder aus ihrer Klasse.

»Hallo Lore«, sagte Frau Frenze. »Du hast Besuch!«

Jetzt strömte die halbe Klasse zu ihr in den Raum. Sie waren still wie an einem Totenbett. Aber Lore fühlte sich sehr lebendig.

»Hallo«, sagte Lore schüchtern leise in die Stille.

Die Kinder blickten sich zu der Polizistin um, mit fragenden Blicken.

»Na los!«, forderte Frau Frenze die Klasse auf, die sich wie eine Gruppe japanischer Touristen um ein Denkmal vor Lores Bett aufgestellt hatten. Manche hatten sogar ihre Handys in der Hand, die sie allerdings verlegen in den Händen drehten.

»Ja also, Lore, wir wollten uns bei dir entschuldigen«, erklärte ein Junge, Marko, der ihr noch nie etwas angetan hatte. Lores Blick wanderte langsam über die einzelnen Gesichter, von denen die meisten nach unten gerichtet waren, als suchten sie auf dem Linoleumfußboden nach Gold.

»Der Strauß da ist übrigens von uns. Von uns allen«, beeilte er sich, zu betonen. Mit hilfloser Geste deutete er auf die Margeriten und Lilien.

Lores Blick streifte die Blumen, schwenkte dann aber wieder zurück zu dem Jungen, der sich vor offensichtlicher Verlegenheit wand und verzweifelte Blicke nach rechts und links warf.

Helft mir doch! Sagt doch auch mal was, schienen diese Blicke zu sagen. Lore bemerkte es, sprach aber kein einziges Wort, sah Marko nur stumm an.

Der Junge wurde rot bis unter die Haarwurzeln, was bei seinen roten Haaren nicht sehr vorteilhaft wirkte.

»Verdammt noch mal, jetzt sagt ihr aber mal was! Jerome!«, platzte es nun aus Marko heraus.

Lore blinzelte überrascht. Jerome war also auch hier? Sie suchte ihn in der Menge. Ja, da hinter Alice, einem schüchternen dunkelhaarigen Mädchen, hatte sie ihn entdeckt. Ihr wurde auf einmal heiß und kalt. War die Polizistin deshalb mitgekommen? Um Lores Sicherheit zu gewährleisten? Und damit die Kinder keinen weiteren Spott mit ihr trieben oder sie gar bedrohten?

Ein Räuspern war zu hören, dann klang Jeromes Stimme ungewohnt höflich in den Raum.

»Wir wollten nicht, dass so was passiert, F… Lore.«

Er sprach ihren Namen tastend aus, als wollte er dessen ungewohnten Geschmack gegen besseres Wissen noch einmal testen. Sicher hatte er einen anderen »Namen« zu ihr sagen wollen, etwas für ihn Vertrauteres. Aber das hatte er sich wohl im Beisein der Polizistin nicht getraut.

Lore schwieg weiterhin. Auch Jerome zeigte alle Zeichen, dass er sich unwohl fühlte. Er trat von einem Bein aufs andere, als ob er dringend aufs Klo müsste, er kratzte sich am Kopf wie bei starkem Läusebefall. Hatte er Läuse? Lores Mundwinkel hoben sich unwillkürlich bei diesem Gedanken. Möglich war es immerhin. Hoffentlich machten sie ihm ordentlich zu schaffen! Sie sah außerdem, wie sehr er schwitzte.

Jerome hatte Lore im Auge behalten. Als er das leichte Lächeln sah, drehte er sich blitzartig zu der Polizistin um und rief empört: »Sehen Sie doch, die lacht über uns! Das darf sie nicht!«

So een blöda Trottel, sprach Julias Stimme in Lores Kopf. Ihr Lächeln vertiefte sich.

Gleichzeitig brach Frau Frenze in Heiterkeit aus.

»Du quälst und beschimpfst dieses Mädchen schon seit Jahren und bist jetzt sauer, wenn sie lächelt? Vielleicht ist ihr gerade zum ersten Mal bewusst geworden, was für ein armseliges Würstchen du eigentlich bist! Schämen solltest du dich, schämen in Grund und Boden!«

»Na, immerhin war es nicht umgekehrt!«, wehrte sich der Junge, rot vor Zorn.

»Und das hältst du für Stärke?«, gab die Polizistin zurück. »Ich nenne das armselig. Traurig ist das. Wenn du ihr gegen ihre Gegner geholfen hättest, das wäre stark gewesen. Das ist Mut. Für das Recht eintreten. Gegen das Unrecht! Und was hast du gemacht? Ich denke, du willst mal Polizist werden. So wird das nichts!«

Jerome senkte den Kopf, wagte offenbar keinen Widerspruch. In der Gruppe begann es zu raunen. Auch die anderen schienen zu merken, dass es mit Jeromes »Stärke« nicht allzu weit her war.

»Antworte!«, herrschte Frau Frenze Jerome an. Der zuckte sichtbar zusammen.

»Ich habe – ich habe die – Lore« – hier glitt sein Blick zum Krankenbett, schwenkte aber sofort wieder zu Frau Frenze zurück – »sie geärgert, obwohl sie einen schweren Stand in der Klasse hatte. Einen sehr schweren ...«

Er grinste auf einmal. Auch die anderen mussten über das Wortspiel lachen, taten es aber hinter vorgehaltenen Händen.

»Und darauf bist du stolz?«

Schlagartig wurde der Junge wieder ernst.

»Nein. Konnte ja keiner wissen, wie ernst die das alles nimmt. Konnte ja keiner wissen, dass sie – auf dem Schuldach ...«, endete er hilflos, einen scheuen Blick zu Lore werfend.

Lore sah sich das Drama an, doch sie griff nicht ein. Das hatte dieser Junge schon lange mal verdient.

»Warum ist nur die blöde Saskia nicht mitgekommen?«, fragte Jerome jetzt wütend in die Runde. »Warum bleibt das alles an mir hängen?«

Lore grinste nun breit. Zum ersten Mal fiel ihr eine passende Antwort ein. Danke, Julia.

»Hat sie sich die Fingernägel abgebrochen und traut sich nicht auf die Straße?«, fragte sie sarkastisch.

Die anderen lachten. Sie lachten tatsächlich. Wieder tuschelte es, doch diesmal klang es anerkennend. Saskia schien den anderen mit ihrem barbiehaft künstlichen Aussehen also auch auf den Wecker zu gehen.

»Bravo, Lore!«, warf die Polizistin ein. »Ich habe auch so etwas vermutet. Ihre Mutter hat gesagt, Saskia hätte eine fiebrige Erkältung. Ich wusste allerdings auch noch nicht, dass man die wegen Bosheit bekommt. Laura und Bernadette haben sich übrigens auch nicht her getraut. Sie hatten irgendwelche anderen Ausreden.«

»Diese feigen Hühner!«, rief Jerome. »Wir waren auch beteiligt, aber wir sind schließlich hier!«

»Genau!«

Frau Frenzes Stimme klang befriedigt. »Deshalb werde ich deinen Namen auch nicht auf die schwarze Liste setzen, sodass du eine Chance bekommst, wenn du dich bei der Polizei bewirbst. Das gilt natürlich nur, wenn du dich von jetzt an ordentlich benimmst und denen hilfst, die deinen Beistand gebrauchen können. Ich behalte dich im Auge. Du kommst einmal im Monat zu mir aufs Revier und berichtest mir, wie es in eurer Klasse läuft.«

Jerome nickte. Doch so etwas wie Freude leuchtete kurz in seinem Gesicht auf.

»Jetzt bist du dran, Ali«, gab er den Staffelstab der Entschuldigung weiter.

»Ja, also, ich habe zu Hause ordentlich Ärger gekriegt. Mein Vater hat mich daran erinnert, wie schlecht es mir ging, als wir neu in Deutschland waren und ich kaum Deutsch konnte in der Schule. Die anderen haben mich in der ersten Klasse auch verspottet. Weil ich nicht hier, sondern im Iran geboren bin. Dafür kann doch niemand, oder?«

Zustimmung heischend, schaute er um sich. Die anderen murmelten bestätigend. Lore sah Ali gespannt an. Die Geschichte war ja noch nicht zu Ende.

»Jedenfalls ist das erst besser geworden, als mein Deutsch besser war. Und ich habe die Schule gewechselt, nach hierher.«

Er machte eine Pause.

»Es war mir nicht klar, dass es dir bei unseren Sprüchen genauso mies ging wie mir in der ersten Klasse. Das tut mir leid. Wenn du noch jemanden brauchst, der dir mal hilft ...«

Unsicher sah er Lore an.

»Danke, dass ihr alle hier seid und euch entschuldigt habt«, sagte Lore. »Und vielen Dank für die Blumen. Sie sind wirklich schön.«

»Wir haben alle zusammengelegt. Von unserem Taschengeld«, rief eine Mädchenstimme aufgeregt.

»Ja, die haben gesagt, es wäre freiwillig. Aber das war es nicht wirklich.«

»Aber wir haben das gemacht, damit du dich freust. Und hoffentlich kommst du bald wieder aus dem Krankenhaus. Besonders, weil du hier in der ...«

»Pst!«

»Psychiatrie...«

»Sei still!«

Unruhig glitten die Blicke der Kinder durch den Raum.

Lore grinste. Das hatte ihr ihre Mutter schon gesagt. Solange die anderen sie nicht damit ärgerten, war ihr das nicht so wichtig.

Ruhe war in ihrer Seele eingekehrt. Konnte es denn wirklich sein, dass die anderen sie in Zukunft in Ruhe lassen würden? Dass gleich zwei Jungs ihr gegen Angriffe Hilfe leisten würden? Trotz ihrer Freude war sie sich da nicht so sicher. Zumal sowohl Jerome als auch Ali beide zum Saskia-und-Bernadette-Fanklub gehörten.

Es war sehr still im Raum und ihre Klassenkameraden starrten sie erwartungsvoll an. Sie räusperte sich und erklärte: »Ich danke euch, dass ihr alle gekommen seid. Und ich hoffe, dass wir in Zukunft besser miteinander auskommen werden.«

Das schien die Leute zufriedenzustellen. Sie nickten und die Ersten wendeten sich dem Ausgang zu.

»Dann lassen wir Lore sich weiter erholen«, meinte Frau Frenze. »Los, alle raus hier jetzt.«

Sie klatschte zweimal in die Hände, um ihre Worte zu unterstützen, und setzte sich an die Spitze der Delegation. Über die Schulter zwinkerte sie Lore noch einmal zu.

Als letzte verließen Ali und Jerome den Raum.

»Meinst du, sie hat uns das abgenommen?«

Lore hörte, wie Jerome Ali diese Worte zuflüsterte.

Sie sah, dass Ali die Schultern zuckte.

»Keine Ahnung, Mann. Aber die kann was erleben, wenn die ...«

Mehr hörte Lore nicht, bevor die Tür sich schloss.

Schlagartig war Lore ernüchtert. Die Enttäuschung war so grausam, dass sie sich auf den Bauch legte, den Kopf in den Armen vergraben, und haltlos in ihr Kissen schluchzte.

Irgendwann musste sie beim Weinen eingeschlafen sein, denn sie erwachte mit dumpfen Kopfschmerzen und einem benebelten Gefühl. Jemand zerrte an ihrer Bettdecke. Als sie die Augen mühsam öffnete, war ihre Mutter im Raum – und eine Schwester, die ihr Bett machen wollte.

»Komm, steh auf, mein Schatz«, sagte ihre Mutter sanft. »Wir gehen beide mal ins Bad. Du hast ziemlich geschwitzt.«

Lore nickte, bedauerte das aber sofort. Eine Welle aus Schmerz brach sich in ihrem Schädel wie an einer Steilküste. Sie verzog das Gesicht. Und der bandagierte Knöchel stach in ihrem Fuß.

»Was hast du denn, mein Engel?«

»Kopfschmerzen ...«

»Wir sagen gleich der Schwester Bescheid, ja?«

»Ja«

Beinahe hätte sie wieder genickt.

Kurze Zeit später lag sie in einem frisch gemachten Bett, gewaschen und mit geputzten Zähen und fühlte sich schon viel besser. Die Schwester hatte ihr eine Tablette gegen den Brummschädel gegeben und so langsam war sie wieder in der Lage zu denken.

»Mama, die aus meiner Klasse waren hier. Erst haben sie sich entschuldigt und gesagt, sie würden mir helfen, wenn mich noch mal jemand ärgert. Aber als sie hinausgegangen sind ...«

Und dann berichtete sie ihrer Mutter von dem, was geschehen war.

»Ich kann da nicht mehr hingehen, nie mehr, Mama«, schloss sie traurig. »Das wird alles nur immer schlimmer werden anstatt besser.«

Ihre Mutter nickte. Lore sah ihr an, dass auch sie enttäuscht war.

»Ich habe mir Hilfe von einem guten Anwalt geholt. Wir werden rechtzeitig eine andere Schule für dich finden. Noch bist du krankgeschrieben. Auch, wenn du nächste Woche entlassen wirst.«

Wie blassblaue Sonnen strahlten die Augen ihrer Mutter sie an.

»Bald geht es heim, Kind.«

Mit der Auflage, regelmäßig zu Frau Dr. Unger zu gehen, wurde Lore tatsächlich am darauffolgenden Dienstag entlassen. Ihre Mutter holte sie ab, sie hatte sich extra freigenommen. Die Krankschreibung aber lief nur noch für diese Woche weiter. Zu wenig, um rechtzeitig eine neue Schule zu finden und Lore so vor weiteren Übergriffen ihrer Klasse zu schützen. Mit einem Tee setzten sich Mutter und Tochter in der Küche zusammen.

»Ich habe auf Rat unseres Anwalts mit dem Direktor deiner Schule gesprochen.«

Lores Mutter seufzte. »Leider hat der Rektor kein Verständnis für deine Angst, dass alles so schlimm oder gar schlimmer weitergehen wird. Er hat mir gesagt, dass die Kinder alle versprochen haben, dich zu beschützen und dich nicht mehr zu ärgern. Er hat mir gesagt, wie stolz er darauf ist, dass durch seine pädagogischen Fähigkeiten die Kinder das Unrecht ihres Tuns eingesehen hätten. Ich sollte doch einfach Vertrauen haben und den Kindern die Chance geben, ihr Versprechen einzuhalten. An seiner Schule gäbe es kein Mobbingproblem.«

Lore nickte. Das alles kannte sie schon. Immer wieder war sie ins Unrecht gesetzt worden.

»Hat er auch gesagt, ich wäre eben zu empfindlich?«

»Ja«

Traurig sah ihre Mutter sie an.

»Mir fällt im Moment nur eine Lösung ein, um noch etwas Zeit zu gewinnen. Wir gehen zu Dr. Lehmann und lassen dich für weitere ein oder zwei Wochen krankschreiben. Und in der Zwischenzeit suche ich dir eine andere Schule.«

»Aber wird er das auch machen?«, fragte Lore zweifelnd. »Ich bin ja gesund. Mein Knöchel wird auch wieder. Das darf er doch gar nicht, sich einfach was ausdenken ...«

»Zumindest können wir es versuchen ...«

Es war eine Weile still in der kleinen Küche. Nur die Uhr gab tickend Auskunft über die verstreichenden Sekunden. Schließlich nickte Lore. Was blieb ihr auch anderes übrig? Sie wusste ganz genau, dass ihre Klassenkameraden nur aus Angst vor Bestrafung alles versprochen hatten, was die Lehrer hören wollten. Und dass sie auch die Theatervorführung an ihrem Krankenbett nur für die Erwachsenen gemacht hatten. Keiner hatte je ernsthaft die Absicht gehabt, sie wirklich in Ruhe zu lassen oder gar, sie gegen Übergriffe zu beschützen. Niemals. Und das machte Lore sehr traurig.

Du kannst dir nur uff dir selba valassen, hörte sie Julia in ihrem Kopf sagen. *Du musst dia selba beschützen*. Julia. Wie es ihr wohl jetzt gerade ging?

Als hätte ihre Mutter ihre Gedanken gelesen, lächelte sie auf einmal und sagte: »Ich soll dich von Julia grüßen. Sie hat beinahe jeden Tag bei uns angerufen und gefragt, wie es dir geht.«

»Echt?«

Mit großen Augen schaute Lore ihre Mutter an. Dann stand sie auf und stürmte in ihr Zimmer, wo ihr Handy auf dem Nachttisch lag. Ihre Mama hatte es an das Ladekabel angeschlossen.

Das Display zeigte fünfundzwanzig Nachrichten über Whatsapp an. Davon waren einundzwanzig von Julia und vier von Mirko. Sie öffnete zuerst den Chat mit Julia.

»Wie gehts dir?«

»Können wir mal wieder chatten?«

»Können wir telefonieren?«

»Warum antwortest du nicht? Was is los bei dir?«

»Ich habe bei euch angerufen und mit deiner Mama gesprochen.«

»Sie hat mir alles erzählt.«

»Es tut mir leid, was da passiert ist. Drück dich«

»Was machste jetzt?«

»Wie ich höre, biste immer noch im Krankenhaus.«

»Werd bald wieder gesund.«

So ging es noch eine ganze Weile weiter. Lore scrollte zu den letzten Nachrichten, die von gestern und heute waren.

»Hab gehört, du wirst morgen entlassen. Yeah.«

»Meld dir mal, wenn du wieder zu Hause bist.«

»Ich hab mega News.«

»Ich platze gleich, wenn ich dir das nicht endlich sagen kann.«

»Kennste meine Nummer noch?«

»Heute Abend«

Ein Kuss-Smiley.

Lore lächelte. Ja, dachte sie. Heute Abend.

Von Mirko las sie nur die letzte Nachricht:

»Hat keinen Zweck mehr mit uns. Du schreibst ja nicht mehr.«

Sie zuckte mit den Schultern. Es versetzte ihr schon einen kleinen Stich, aber das mit Mirko schien ihr so lange her, wie aus einem anderen Leben. Sehen würden sie sich dann eben nicht mehr. Schade.

Aber Julia hatte sich als treue Freundin erwiesen. Dafür war sie mehr als dankbar. Tränen fielen plötzlich auf ihren Schoß, ob aber vor Trauer um Mirko oder vor Rührung und Dankbarkeit wegen Julias Nachrichten, das wusste sie nicht zu sagen.

Um sechs Uhr abends klingelte Lores Handy, welches sie jetzt wieder ständig bei sich trug. Schon nach dem zweiten Ringtone ging sie ran.

»Hallo, Julia!«, begrüßte sie die Freundin und in ihrem Herzen ging die Sonne auf.

»Hey, Lore. Jut, deine Stimme ma wieda zu hörn! Dit hab ick so vamisst!«

Lore lachte unwillkürlich auf, vor Freude. Ja, das war Julias unverwechselbares Berlinerisch.

»Ich hab dich auch vermisst. Ich freue mich so, dass du anrufst ...«

»Wie jehts dia denn jetze? Also wirklich, uffs Schuldach klettan und ohne Fahstuhl runta wolln, dit jeht doch nich!«, schimpfte sie gleich los.

»Nein, da hast du recht. Ich war verrückt in dem Moment.«

»Denn lass dir eben nich varückt machen von die Pfeifen! Lass mir mal mit die een Wörtchen reden, anjekrochen werden die kommen, anjekrochen und um Vazeihung bitten!«

»Haben sie ja gemacht«, sagte Lore leise.

»Aba nich so jemeint, die falsche Bande, wa?«

»Nein, das ist leider wahr.«

»Na siehste!«, trumpfte Julia auf. »Aba ick wollte jar nich mit dia schimpfen, ick wollte dia von die jroße Neuichkeit erzählen, die ick für dir habe!«

Lore lauschte, es war aber still am anderen Ende der Leitung. Also sagte sie: »Ja? Ich lausche gespannt.«

Julia lachte. »Ja, dit kannste ooch, jespannt lauschen. Hia is nämlich ooch ne janze Menge passiert. Also: Meene Mutta, dit weeste ja, arbeetet inner Konditorei. Dit is aba ne Kette. Und jetze machen die ihren Laden dicht. Aba die Stellen in die annern Jeschäfte in Balin sind alle besetzt. Und nu hat ihr Boss ihr eene Stelle woanders vamittelt, jleiche Kette, andere Stadt. Jetzt rat ma, wo wia in sechs Wochen hinziehen wern?«

Lore überlegte einen Moment. Könnte es denn sein, dass Julias Familie … nein, da wollte sie sicher sein.

»Keine Ahnung. Sag es mir«, entgegnete sie also vorsichtig.

»Mensch, was gloobst du denn? Nach Hamburg ziehen wa! In deine Stadt! Na, is dit ne Neuigkeit?«

Lore blieb einen Augenblick der Mund offenstehen. Die Freude verschlug ihr den Atem. Julia bei ihr in Hamburg? Kino, shoppen, vielleicht eine Schule, auf die sie gemeinsam gehen konnten? Vielleicht sogar in eine Klasse? Tausend Möglichkeiten eröffneten sich auf einmal für Lore.

»Hey«, lachte Julia am anderen Ende der Leitung. Und obwohl sie sie nicht sehen konnte, sagte sie: »Machn Mund zu, dit zieht ja bis hierher.«

Lore musste lachen. Aber sie war so sehr von dem Gehörten überwältigt, dass sie keine Worte fand.

»Na, wat sachste?«, verlangte Julia zu wissen.

»Das ist mega!«, brach es aus Lore heraus. »Absolut mega. Ich zeig dir Hamburg. Wir können so viel zusammen machen.«

»Und ick möchte mit dir in eene Klasse, wenn dit jeht. Dir muss man ja beschützen, ick muss dir noch zeijen, wie de dir besser wehren kannst. Dit musste nämich lernen. Sonst muss ick mir ja immazu Sorjen um dir machen ...«

»Ich freue mich so auf dich.«

Mehr brachte sie jetzt nicht heraus.

»Spielste eijentlich imma noch deine Daddelspiele uffm Handy?«

»Nein«, sagte Lore kurz. »Hab ich fast alle gelöscht. In der Zeit kann ich Besseres machen.«

»Ick ooch!«, stimmte ihr Julia zu, dabei offen lassend, ob sie ebenfalls ihre Spiele gelöscht hatte oder ob auch sie ihre Zeit mit anderen Dingen füllen wollte.

»Übrijens, ick jeh seit zwee Wochen inne Schwimmhalle. Meen Bruder kommt ooch mit. Dit is richtich lustich. Aba du fehst ma schon sehr dabei.«

»Das ist eine gute Idee«, fiel Lore ein. »Hier können wir auch Schwimmen gehen ...«

Eine Stunde später kam Lore mit vor Freude ganz verklärtem Gesicht ins Wohnzimmer zu ihrer Mutter zurück.

»Na, habt ihr euch wieder auf Stand gebracht?«

»Ja«, strahlte Lore, die die Neuigkeit immer noch nicht begreifen konnte. »Weißt du schon das Neuste? Julia zieht nach Hamburg!«

Sie hörte selbst, mit wie viel Jubel in der Stimme sie das sagte.

»Wirklich?«, fragte ihre Mutter zurück. Sie sah dabei zufriedenstellend überrascht und erfreut aus. Sie breitete die Arme aus und Lore warf sich hinein wie in ein weiches, warmes Kissen.

»Das ist ja mal eine gute Nachricht. Lass dich drücken, bald hast du eine Freundin hier. Ihr könnt so viel zusammen unternehmen ...«

»Ja, nicht wahr? Das hab ich ihr auch gesagt. Ich freu mich ja so!«

Die Nachricht, dass Julia nach Hamburg ziehen würde, war aber im Moment der einzige Lichtblick in Lores Leben.

Als am nächsten Tag ihre Mutter den Hausarzt Dr. Lehmann anrief und sich mit dem Doktor persönlich verbinden ließ, weigerte sich dieser, Lores Krankschreibung ohne Grund zu verlängern. Wütend legte ihre Mutter auf. Tränen aus den Augen blinzelnd, berichtete sie ihrer Tochter davon.

»Was machen wir jetzt?«, fragte Lore ratlos. Langsam stieg Angst in ihr hoch. »Muss ich wirklich am Montag zu dieser Schule gehen?«

Lores Mutter seufzte und ließ sich schwer in einen Sessel fallen.

»Mit den anderen Schulen sind wir immer noch nicht richtig weitergekommen. Die sagen alle, der Wechsel wäre erst nach den Sommerferien möglich. Die fangen aber erst in zwei vollen Schulwochen an.« Sie sah vor sich auf den abgewetzten Teppich, während das Grauen vor diesen vierzehn Tagen in ihrer alten Schule Lore mit Kälte und unsagbarer Übelkeit erfüllte.

Lores Mutter blickte zu Lore auf.

»Ich fürchte, Kind, du musst – o mein Gott, Lore, du siehst ja ganz grau aus!« Sie sprang auf die Füße und eilte zu ihrer Tochter hin. »Setz dich erst mal. Soll ich dir was zu trinken holen?«

Sie führte Lore zum zweiten bequemen Sessel und ließ sie darauf hinuntergleiten.

Lore verzog gequält das Gesicht.

»Ich glaube nicht, dass Trinken mir hilft«, stellte sie nüchtern fest.

3. Gefühllos

Und so machte sich Lore am darauffolgenden Montag wieder auf den vertrauten Schulweg. Wie Mühlräder gingen ihr dabei die grässlichsten Befürchtungen durch den Kopf. Würden die anderen sie mit Spott und Hohn begrüßen? Sie schubsen und treten und beleidigen? Sie durch die Schule jagen, bis ihr kein Ausweg mehr blieb? Was hatten die anderen sich für sie ausgedacht? Dass sie das hatten, daran hatte Lore keinen Zweifel. Sie lasteten ihr, Lore, den ganzen Ärger an, den sie mit Lehrern und Eltern bekommen hatten. Sie erkannten nicht, dass ihr eigenes Verhalten zu dieser ganzen Aufregung geführt hatte. Es war einfach zwecklos, ihnen erklären zu wollen, dass es nicht lustig war, wenn die »Witze« auf Lores Kosten gingen. Wie sollte Lore denn über die Demütigungen lachen können, die die anderen ihr in so reichlichem Maße bereiteten? Wie sollte sie mit ihren Klassenkameraden die Heiterkeit teilen können, wenn die anderen sie lächerlich machten oder sie gar körperlich angingen? Das war doch nicht witzig! Die anderen hatten nicht das Recht dazu. Sie nahmen es sich aber einfach. Und es half Lore gar nichts, dass sie wusste, dass es sich hierbei nicht um den Ausdruck von Humor handelte.

Unter solchen düsteren Überlegungen kam sie der Schule immer näher. Wie ein unausweichliches Verhängnis tickte die Zeit auf acht Uhr zu, einem Zuge gleich, der mit voller Geschwindigkeit auf einen Prellbock zu rast und folgerichtig diesen durchbrechen und entgleisen wird. Lore schüttelte leise den Kopf. Sie würde keine Chance haben. Diesmal nicht. Schweiß brach ihr aus allen Poren, wenn sie daran dachte, wie sie den Tag heil überstehen sollte.

Aber ihre Mitschüler überraschten Lore. Als sie in die Klasse kam und sich auf ihren Platz setzte, wurde sie gar nicht zur Kenntnis genommen. Sie hätte genauso gut als Geist hinein geschwebt sein können, unsichtbar für die anderen Kinder der Klasse. Niemand nahm Notiz von ihr.

Zuerst fand Lore das ganz angenehm. Aber schon bald stellte sie fest, dass niemand mit ihr auch nur ein einziges Wort wechselte. Alles, was sie sagte, wurde komplett ignoriert. Sie wurde geschnitten!

Dieses Verhalten ihrer Klassenkameraden hinterließ ein sehr unangenehmes Gefühl in ihr. Sie wusste nicht, was die vorhatten. Sie spürte aber, dass da im Untergrund, in der Tiefe, noch etwas Übles auf sie lauerte. Hier in der Schule konnten sie nichts mehr gegen sie unternehmen. Da schienen sie viel zu viel Angst vor Strafe zu haben. Aber würde diesem eisigen Schweigen noch etwas anderes folgen, etwas viel Düsteres? Ihr Bauch kribbelte in Daueralarm. Das Unangenehmste dabei war, dass sie keine Vorstellung davon hatte, was die anderen mit ihr vorhaben könnten. Es war ein unbestimmtes Angstgefühl, welches sie nicht rational hätte begründen können. Oder wollten sie ihr auf diese Weise nur zeigen, dass sie nicht dazu gehörte?

Irgendwie brachte Lore diesen Schultag hinter sich. Konzentrieren konnte sie sich nicht.

Als die Schulklingel nach der letzten Stunde verstummt war, trödelte sie wie gewohnt noch ein wenig herum, packte umständlich ihre Schulmappe, um noch etwas mehr Zeit zu gewinnen, damit die anderen Kinder ihren üblichen Vorsprung bekamen. Wie gewöhnlich schaute sie dabei nur auf ihren Tisch und in ihre Mappe. Gleichzeitig lauschte sie darauf, wie es leiser im Klassenraum wurde, wie sich die Schritte und die Stimmen der anderen entfernten, damit sie den besten Zeitpunkt für ihren eigenen Start finden konnte. Sie schwitzte, roch ihre eigene Angst. Irgendetwas stimmte hier ganz und gar nicht!

»He, F-Lore!«, hallte es auf einmal durch den Raum. Lore zuckte zusammen. Sie musste sich verhört haben! Spielte ihre Fantasie ihr jetzt schon Streiche? Bestimmt war es ein anderer Name gewesen...

»Lore, hörst du schwer?«, wiederholte die Stimme ungeduldig ihren Namen. Das war Saskia! Wachsam blickte Lore auf, zu der Sprecherin hin. Ein heißer Schauder durchlief Lores Körper. Was hatte die mit ihr vor? Lore konnte sich nicht erinnern, Saskia jemals zuvor ihren, Lores, Namen aussprechen gehört zu haben. Minutenlang, so kam es ihr vor, starrten sie einander in die Augen. Dann wurde Lore sich der Notwendigkeit einer Antwort bewusst. Sie räusperte sich und entgegnete reserviert: »Ja, was willst du?«

Es klang nicht besonders freundlich, das konnte sie selber hören.

»Was ich will? Ich will gar nichts von dir!«, zickte Saskia in kühlem Ton. »Wir mussten versprechen, dass wir dich zum Bus bringen. Damit dir auf dem Weg nichts passiert!«

Sie sagte das in äußerst sarkastischem Tonfall. Lore fiel die Kinnlade herunter. Das hatte sie nicht erwartet. Ausgerechnet Saskia wollte dafür sorgen, dass sie sicher nach Hause kam? Nachdem weder Saskia noch irgendein anderes Kind in der Klasse heute auch nur ein Wort mit Lore gewechselt hatte?

»Komm schon, Lore!«, ließ sich da Jerome hören. »Wir haben nicht ewig Zeit.«

Lore schluckte und versuchte, sich ihre Angst nicht anmerken zu lassen, als sie ihre Tasche aufnahm und zu den anderen aufschloss. Die nahmen sie in die Mitte wie eine Reihe von Bodyguards. Oder, schoss es Lore durch den Kopf, als wäre sie eine Gefangene.

In schnellem Schritt ging es durch die Schulflure und dann ins Freie, über den Hof und durch das Schultor auf die Straße. Mit äußerst ungutem Gefühl ließ sie sich mit den anderen mit schwemmen, sich auf dem Heimweg eskortieren. Denn ihre Begleiter achteten zwar sorgfältig darauf, sie in ihrer Mitte zu halten, doch sprachen sie nur untereinander, keiner redete mit ihr. Kaum war das Schulgebäude außer Sicht, da redeten sie auch noch über sie, und zwar nicht im freundlichsten Sinne.

»Findet ihr das nicht auch Scheiße«, knurrte Jerome, »dass wir das Baby zur Bushaltestelle bringen müssen? Wie die Leibwächter?«

»Ja, das Elefantenbaby!«, antwortete ein anderer Junge. Die Gruppe lachte.

»Und wir sollen sie auch noch in den Bus setzen. Ich bitte euch, wer will denn so was wie die anfassen? Und sei es nur, um ihr ein paar zu scheuern!«, beschwerte sich Saskia. Bernadette stimmte ihr heftig nickend zu. Lore konnte das sehen, da sie hinter den beiden ging.

Die ganze Marschordnung fand Lore beunruhigend. Vor ihr Saskia und Bernadette, seitlich links und rechts neben ihr mit finsteren Gesichtern Kristin und Lea, hinter ihr Jerome, Ali und drei andere Jungen. Vor Saskia liefen Sophia und Laura, Lores ganz spezielle Freundinnen. Lore hatte das Gefühl, die Gruppe umschloss sie zwar, aber wie einen Fremdkörper. Sie dachte an eine Abbildung im Biologiebuch, wo der Körper einen eingedrungenen Splitter regelrecht eingekapselt hatte. Sie war auch so ein Fremdkörper: eingekapselt, aber nicht Teil der Klasse. Dieser Gedanke brachte sie noch mehr ins Schwitzen. Sie konnte fühlen, wie ein Schweißtropfen nach dem anderen kitzelnd über ihren Rücken lief. Mit Mühe hielt sie sich davon ab, sich dort zu kratzen. Überhaupt atmete sie ganz flach und wäre am liebsten mit dem Straßenpflaster zu ihren Füßen verschmolzen. Nach einem Schultag, an dem sie völlig ignoriert worden war, war ihr diese plötzliche Aufmerksamkeit jetzt einfach suspekt. Lieber wäre sie zum unsichtbaren Zustand zurückgekehrt.

Lore, nimm dich zusammen, schalt sie sich. *Gehe aufrecht, sinke nicht in dich zusammen. Versuche doch, ein Gespräch mit Lea anzuknüpfen.*

Sie nickte sich selbst ermutigend zu, straffte sich und richtete sich zu ihrer wirklichen Größe auf. *Nur Mut,* dachte sie, bevor sie sich an einem Lächeln versuchte und sich an die immer noch finster vor sich hin starrende Lea wendete.

»Lea, das ist nett von euch, dass ihr mich begleitet. Danke!«

»Mussten wir versprechen«, kam es düster zurück.

»Trotzdem danke«, erwiderte Lore unbeirrt freundlich.

»Aber mit dir reden gehört nicht zur Vereinbarung. Also halt wenigstens dein Maul!«, knurrte Jerome hinter ihr.

»Genau!«, riefen mehrere Stimmen um sie herum beifällig. Wie aus dem Nichts spürte Lore plötzlich einen Tritt in ihren Hintern, kurz danach noch einen und noch einen. Sie drehte sich um und schrie: »He, was soll das?«

Die anderen brachen in kollektives Gelächter aus. Die beiden Jungen hinter ihr blickten gen Himmel und pfiffen scheinheilig. Lore konnte sich denken, dass die Tritte von den beiden Jungen stammten. Es pochte heiß an den getroffenen Stellen.

»Ach weißt du«, erklärte nun Jerome scheinfreundlich, »dein Arsch ist so breit, da kannst du das ja erst in drei Tagen richtig wahrnehmen ...«

»Ja, wie ein Dinosaurier«, ergänzte Ali grinsend.

Wieder großes Gelächter.

»Halt einfach die Fresse!«, giftete Saskia nun hinter ihr. »Nur weil wir dich zur Haltestelle bringen, heißt das nicht, dass du auf einmal dazu gehörst! Oder dass wir jetzt mit so was wie dir reden!«

»Oder dachtest du, wir machen das aus Sorge um dich?«, fragte Bernadette. Wieder schütteten die anderen sich aus vor Lachen.

Lore verstand nun gar nichts mehr.

»Warum denn dann?«

»Die ist einfach nur blöd!«, kommentierte Jerome und Lore entging einem erneuten Tritt von ihm nur, weil sie mit dem Oberkörper nach hinten auswich. Da trat er an ihr vorbei.

»Lass das sein!«, protestierte sie, gleichzeitig aber sah sie, wie der Junge von seinem eigenen Schwung selbst zu Boden gerissen wurde. Das sah so komisch aus und es geschah ihm so recht, dass Lore nun lachen musste und nicht mehr aufhören konnte. Sie lachte als einzige. Abrupt hörte sie auf, weil sie spürte, wie feindselig die Blicke der ganzen Gruppe auf sie gerichtet waren. Ali und Kristin halfen Jerome wieder auf die Beine, der Lore nun ebenfalls äußerst wütend anstarrte.

Die Straße wirkte hier ziemlich verlassen, obgleich die Bushaltestelle schon in Sichtweite war. Lore blickte nach allen Seiten in offen zornige Gesichter. Die komplette Meute, im ganzen elf Kinder, zog sich langsam und bedrohlich um sie zusammen, bildeten einen Kreis um Lore.

Jerome und Ali gingen um sie herum. Lore drehte sich unwillkürlich mit ihnen, ließ sie nicht aus den Augen. Sie spürte, dass von diesen beiden Jungen mehr Gefahr ausging als von den anderen Kindern.

»Jetzt ist Schluss! Auslachen lasse ich mich nicht, schon gar nicht von so einer wie dir! Du hast wohl gedacht, du kommst davon, was, Fettsau?«

Es war Jerome, der das sagte. Seine Stimme zitterte vor Wut. »Hast du auch nur eine Ahnung davon, was wir wegen dir für Ärger hatten?«

Lore fing an zu zittern. Übelkeit füllte ihren Bauch und sie schüttelte leicht den Kopf, nicht wissend, was Jerome als Nächstes vorhatte. Immer näher trat der Junge an sie heran.

»Mein Vater hat mich mit dem Gürtel vertrimmt!«, fiel nun Ali ein. »Damit ich nicht vergesse, dass ich was falsch gemacht habe!«

Er lachte zornig auf.

»Aber ...«, stotterte Lore. »Du hast – mir doch erzählt ...«, sie schluckte, damit ihr Frühstück nicht gleich auf dem Fußweg liegen würde. »Du hast mir doch erzählt, dass du auch – auch gemobbt worden bist, damals, als du nach Deutschland ...«

Weiter kam sie nicht, da hatte Ali ihr schon eine Ohrfeige verpasst. Es tat gemein weh.

»Das!«, sagte er bitter. »Das war doch ganz was anderes! Es ist ungerecht, jemanden scheiße zu behandeln, weil er aus einem anderen Land kommt. Aber jemand, der was dafür kann, weil er immer nur reingestopft hat? Das war verdient, ich schwöre!«

Lore konnte ihn nur entsetzt anstarren. Automatisch hatte sie die Hand zu ihrer Wange gehoben, die wie wahnsinnig brannte. Sie stand da, nicht in der Lage, sich zu bewegen oder auch nur irgendwas zu denken. Sie stand nur da und wartete, was als Nächstes passieren würde.

Als die Jungen beide begannen, auf sie einzuprügeln, hob sie beide Arme und vergrub ihren Kopf darin. Doch das schützte sie nicht vor den Boxschlägen in den Magen und Tritten gegen ihre Schienbeine. Sobald sie ihre Deckung etwas nach unten fallen ließ, erwischte sie Jerome mit der Faust unter dem Auge. Sie schrie unartikuliert auf. Es tat so furchtbar weh, wie sie es noch selten in ihrem Leben gefühlt hatte. Es war ein so zentraler Schmerz, ihr wurde schwarz vor Augen. Ein hohes Wimmern drang aus ihr hervor, das sie im ersten Moment gar nicht ihren eigenen Äußerungen zuordnete. Wieder trafen sie Boxhiebe in den Bauch. Sie krümmte sich zusammen, ließ sich auf den Bürgersteig fallen, fühlte etwas Weiches in ihrem Rücken.

Schadenfrohes Gejohle begleitete ihr Niederfallen.

»Schön, genau in die Hundescheiße!«, kommentierte Saskia böse. Noch mehr Freudengeheul erscholl von den Zuschauern. Aus ihrer Deckung und dem zu schwellenden Auge hervor linste Lore zu dem Dreiviertelkreis von Schülern empor, den sie sehen konnte. Alle schauten befriedigt auf sie herunter und forderten Ali und Jerome lautstark auf, es ihr richtig zu geben. In ihrer Verzweiflung scannte Lore die Gesichter, hielt Ausschau nach geringsten Spuren von Mitgefühl – vergeblich. Sie schrie und sie weinte inzwischen, doch wie eine Mauer aus Eis waren die anderen, die Mienen verschlossen und gnadenlos. Steinerne Gesichter und harte Augen, die zu sagen schienen: *Dir ist recht geschehen. Du verdienst es nicht anders.* Als wäre sie diejenige gewesen, die gegen jede Regel von Anstand und Menschlichkeit verstoßen hätte. Und nicht dieser brutale Haufen vor ihr.

Lores ganzer Körper schmerzte von den Schlägen und Tritten. Beinahe noch mehr schmerzte es sie, dass die halbe Klasse bei ihrer erneuten Demütigung zusah. Keiner unternahm etwas dagegen. Sie alle waren nur Zeugen ihrer Demütigung, als wären sie Zuschauer bei einem Verkehrsunfall. Und sie schienen das Ganze auch noch zu genießen.

Lore wusste nicht, wie lange die Situation bereits anhielt. Erwachsene eilten vorbei an der Zusammenballung von Schülern, ohne Lores Schmerzensschreie und die Anfeuerungsrufe aus dem Kreis um sie herum zu beachten oder gar einzugreifen. Sie hatte keine Hilfe zu erwarten. Sie konnte nur hoffen, dass es den anderen bald zu langweilig werden würde, sie weiter zu verprügeln. Ihr Geist ging auf Sparflamme, sie wurde immer gleichgültiger gegen den Schmerz, der sie von außen traf wie Hagelkörner. Irgendwann ließen die Kinder von ihr ab. Der Kreis der Zuschauer löste sich auf und fröhlich schwatzend setzten die anderen ihren Heimweg von der Schule fort. Lore ließen sie liegen, wo sie gerade lag. Um sie herum war alles schwarz und sie mochte sich nicht mehr bewegen.

»Was ist dir denn passiert, Kleine? Du zitterst ja wie Espenlaub. Frierst du?«, fragte eine mitfühlende Stimme. Die Stimme einer Frau. Zuerst bezog Lore die Stimme nicht auf sich selbst. Erst, als die Frau ihre Worte wiederholte und sie am Arm berührte, da kehrte ihr Geist zu ihr zurück.

Als ob sich ein Nebel lichtete, kam Lore langsam zu sich. Sie spürte wieder das harte Pflaster unter sich. Ihr ganzer Körper schmerzte und ihre Seele war ein einziger Jammer, als die Erinnerung sie wieder überfiel an die letzte Ewigkeit in der Hölle, die ihre Mitschüler für sie geschaffen hatten.

Tränen strömten über ihr Gesicht wie Blut. Und sie fühlte in allen Gliedern ein Schütteln, das sie nicht abstellen konnte. Ihr war nicht kalt, aber sie konnte nicht aufhören zu zittern. Je mehr sie es versuchte, umso schlimmer wurde es.

Lore blickte auf zu der älteren Dame, die sich jetzt zu ihr niedergebeugt hatte – und die sichtlich erschrak, als sie Lores Gesicht zu sehen bekam.

»Ich rufe die Polizei!«, sagte sie resolut.

Lore versank wieder in einem Zustand, in dem sie nichts fühlte und völlig unbeteiligt alles über sich ergehen ließ. Sie hörte die Sirene eines Krankenwagens, war dann aber in einem tiefen Winkel ihrer Seele erstaunt, als der Wagen in ihrer Nähe hielt. Gab es hier denn einen Verletzten?

Noch mehr wunderte sie sich, als zwei Sanitäter mit einer Trage auf sie zu kamen, die Trage neben ihr platzierten und sie vorsichtig darauf hoben. Unbeteiligt ließ sie sich bereits zum zweiten Mal in so kurzer Zeit ins Krankenhaus einliefern.

Die Verzweiflung stand Lores Mutter ins Gesicht geschrieben, als sie in Lores Krankenhauszimmer stürmte. Als sie ihren Mantel ablegte, der von Regenperlen glänzte, wehte ein eigenartiger Geruch zu Lore hinüber, eine Mischung aus Regenluft und Schweiß.

»Meine Süße, was haben sie dir nur angetan!«, klagte ihre Mutter und stürzte zu ihr ans Bett. »O mein armes Schätzchen! Das sieht ja schlimm aus mit deinem Auge! Hast du Schmerzen?«

Lore schüttelte den Kopf. Und der fühlte sich gerade an wie ein großer hohler Ballon, gefüllt mit Helium, im Begriff, sich von ihrem Hals zu lösen und zur Decke zu schweben.

Sie fühlte sich ganz träge, zu keinerlei Bewegung fähig, nicht körperlich, nicht geistig und nicht emotional. So hörte sie die Worte ihrer Mutter ganz unbewegt mit an. Solange sie da liegen durfte und nichts machen musste, ging es ihr gut. Nichts tat wirklich weh, es herrschte in ihrem Geist die ruhige Stille einer gotischen Kirche, wie sie sie erst letztens im Kunstunterricht durchgenommen hatten. Die mit den hohen Bögen, alles sehnsuchtsvoll dem Himmel entgegenstrebend.

Sie schaute zur Zimmerdecke. Vorhin hatte sie begonnen, die Löcher in den Deckenplatten über sich zu zählen. Damit fuhr sie jetzt fort. 239, 240, 241, 242 …

»Lore?«, fragte ihre Mutter, deren eisige Hand sich jetzt noch feucht vom Regen um ihre warme Hand schloss. Lore schauerte zusammen. Brrr, war das kalt.

»Lore, sprich mit mir!«

Mama drehte Lores Kopf zu sich herum.

Lore hörte die Panik in der Stimme ihrer Mutter, sah diese auch in ihren Augen, doch es rührte sie nicht. Lore war wie eine steinerne Statue. Nichts mehr konnte ihr etwas anhaben. Und dafür war sie dankbar.

Ihr Blick richtete sich wieder zur Zimmerdecke, wo sie damit fortfuhr, die Löcher in den Deckenplatten über sich zu zählen, während sie dem Klang des Regens an den Fensterscheiben lauschte und das Schluchzen ihrer Mutter hörte. 243, 244, 245 … halt, hatte sie diese Reihe schon gehabt? Sie war sich nicht sicher …

»Engelchen, Mami ist hier!«, weinte ihre Mutter.

246, 247, 248, 249, 250. Eine Platte hatte also 250 Löcher. Aber waren sie alle so? Sie begann, die Löcher in der daneben liegenden Platte zu zählen: eins, zwei, drei, vier …

Nebenbei hörte sie, wie sich das Schluchzen von ihr entfernte. Wie die Tür ging und ins Schloss gezogen wurde.

Gut so. Dann konnte sie ja mit dem Zählen ungestört weitermachen.

Sie war bis 53 gekommen, da ging die Tür wieder auf. Bei 59 versperrte ihr auf einmal das große, graustoppelige Gesicht eines Mannes in einem weißen Kittel und mit Brille die Sicht. Sie wollte den Kopf auf dem Kissen nach rechts verschieben, um wieder freie Sicht auf ihre Deckenplatte zu haben, doch sie schaffte es nicht. Sie befürchtete, dass ihr Kopf bei einer solchen Bewegung womöglich doch zur Decke schweben würde …

»Lore«, riss die Stimme des Mannes sie aus ihren Gedanken. *Geh weg*, dachte sie. *Ich war schon bei 59. Jetzt muss ich noch mal von vorne …*

»Sehen Sie, sie reagiert nicht!«, jammerte ihre Mutter.

Der Mann leuchtete ihr mit einer ekelhaft hellen Lampe in die Augen. Sie kniff die Augen zu, was bei dem verletzten Auge dumpfen Schmerz erzeugte. Aber das war nicht das Schlimmste. Sie würde die Löcher in der Deckenplatte jetzt nicht mehr zählen können, denn vor ihren Augen bewegten sich gelbe, rote und blaue Flecken hin und her. Die dämliche Lampe!

»Sie ist apathisch«, stellte der Mann im weißen Kittel fest. Er las etwas, was an ihrem Bett hing.

»Na, kein Wunder!«, rief er dann aus. »Sie hat Beruhigungsmittel bekommen. Und Mittel gegen Angst. Sie hat stark gezittert, als sie in den Rettungswagen geschoben wurde. Irgendwas hat sie gestammelt, dass ihre Klasse sie verprügelt hätte. Also haben die Sanitäter ihr etwas gegen Panik gegeben. Da hat das Zittern aufgehört. Sie schlief, als sie ankam. Diese Mittel wirken bei jedem Menschen ein wenig anders. Ich schätze, wir müssen sie wecken ...«

Nein, dachte Lore, nicht wecken. Sie war in einem so angenehm friedvollen Zustand.

Etwas brannte in ihrem Handrücken. Sie zog die Brauen zusammen. Was war das jetzt? Sie wollte die Hand wegziehen, aber eine warme Hand hielt sie fest.

»Gleich vorbei …«, murmelte eine tiefe Stimme.

Ja, ihr Frieden würde gleich vorbei sein.

Seufzend drehte sie ihr Gesicht ihrer Mutter zu, die sie bekümmert anblickte. Spuren von Tränen hatten Mamas Augen-Make-up verwüstet. Langsam begannen auch Lores Tränen wieder zu fließen. Gefühle, die sie gar nicht wollte, strömten zurück in ihr Herz. Und das fühlte sich auf einmal so schwer an wie Blei.

»Lore, was ist mit dir passiert?«, fragte der Arzt mit ernster Miene.

»Die anderen in meiner Klasse. Sie haben mich erst auf dem Rückweg begleitet und mich kurz vor der Bushaltestelle verhauen. Und mich dann da liegen gelassen.«

Sie hörte, dass ihre Stimme rau war von Tränen.

Es wurde Nachmittag, es wurde Abend. Die Zeit zog an Lore vorbei – und auch das Leben. Es war so deprimierend. Sie würde bis morgen Abend warten müssen, bis ihre Mutter wieder zu ihr kam. Die meiste Zeit bis dahin verbrachte sie mit Schlafen. Und endlich ging die Tür auf und ihre Mama kam herein. Diesmal schien sie wütend zu sein. Doch setzte sie noch in der Tür ein anderes Gesicht auf. Es wurde weicher, ein besorgter Ausdruck lag jetzt darauf.

»Süße, wie geht es dir?«, fragte sie zur Begrüßung und küsste sie auf die unverletzte Wange.

»Ganz gut«, murmelte Lore.

»Ich war heute bei dem Rektor deiner Schule«, berichtete Mutter. »Er hat alle Verantwortung von sich gewiesen, konnte nicht glauben, dass deine Angreifer Schüler an seiner Schule waren. Er meinte, es könnte ja sein, dass ein paar andere Schüler dich verprügelt hätten. Aber sicher nicht die Kinder, denen er so ernst ins Gewissen geredet hätte. Die Botschaft sei angekommen.« Bitter schnaubte ihre Mutter. »Angekommen! Na klar, hat man ja gesehen! Und die Kinder leugnen es natürlich. Sie hätten dich nicht angerührt und nach der Schule hätten sie dich bis fast zur Haltestelle gebracht. Da wärst du dann weggelaufen. Der Direktor unterstellt dir, dass du dich jetzt an den anderen rächen willst und diese gute Gelegenheit ergreifst. Elf Schüler hätten ihm versichert, dass sie das nicht waren. Wem sollte er da denn wohl glauben? Einer einzelnen Schülerin? Oder elf anderen, die alle dasselbe behaupten?«

Lores Mutter lachte zornig auf. »Verdammte Bande! Aus denen ist natürlich nichts anderes herauszubekommen!«

»Und was machen wir jetzt?«, fragte Lore.

Ihre Mutter seufzte.

»Ich habe nachher wieder einen Termin beim Anwalt. Übrigens ein sehr sympathischer Mann. Vielleicht weiß der einen Rat. Auf alle Fälle kann der Anwalt mir helfen, dich an einer anderen Schule unterzubringen. Und zwar noch vor den Sommerferien! Er hat mir gesagt, wenn es auch nur noch ein einziges Vorkommnis gibt, dann bekommen wir das durch.«

Lore nickte befriedigt. Sie atmete tief auf, das erste Mal seit langer Zeit, als hätte ihr jemand ein Gewicht von der Brust genommen. Die Enge um ihr Herz war fast verschwunden. Das klang nach einem guten Plan.

Am nächsten Tag kam Lores Mutter in Begleitung einer äußerst wütenden Frau Frenze und eines unscheinbaren Mannes im grauen Anzug, der einen sehr nüchternen und unbewegten Eindruck machte. War das vielleicht Mamas Anwalt? Sie ging stark davon aus.

Lores Blicke tanzten zwischen den beiden anderen Ankömmlingen hin und her. Ein größerer Unterschied war kaum denkbar als die vor innerer Wut brodelnde Polizistin und der fast unsichtbare Anwalt.

Frau Frenze eilte an Lores Bett und ergriff ihre Hand.

»Es tut mir wahnsinnig leid, dass du schon wieder im Krankenhaus gelandet bist. Sagst du mir bitte, was genau passiert ist?«

Lores Mutter nahm am einzigen Tisch im Zimmer Platz und der Anwalt schien mit dem grauen Stahlschrank zu verschmelzen, vor dem er stehen geblieben war. Lore dachte, er müsste einen guten Geheimagenten abgeben. Die Anwesenheit dieses Mannes war nämlich kaum zu spüren, als sei er tatsächlich unsichtbar. Nur Lores Mutter schien die Augen nicht von ihm wenden zu können. Der Anwalt war aber ganz auf Lore konzentriert und schien hören zu wollen, was diese der Polizistin zu erzählen hatte.

»Lore?«, erinnerte die Polizistin sie. Lore, aus ihren Gedanken gerissen, zuckte zusammen.

»Ja«, antwortete sie alarmiert.

»Erzähl mir bitte, was passiert ist!«, wiederholte die Polizistin grimmig und zog Notizheft und einen Bleistift hervor.

Lore zuckte die Schultern.

»Was denken Sie denn? Zwei Jungs haben mich verprügelt und die restliche Klasse hat zugesehen. Keiner hat was gemacht, damit das aufhört. Sie fanden das scheinbar gut. Sie haben gesagt, mir wäre recht geschehen!«

Lore spürte Frau Frenzes aufmerksamen Blick auf sich gerichtet und berichtete ihr in nüchternem Tonfall von ihrem Schultag und dem darauffolgenden Heimweg.

Kaum war sie am Ende ihrer Erzählung angelangt, da knackte es auf einmal laut wie ein Pistolenschuss. Frau Frenzes Hand hatte sich scheinbar dermaßen um den Stift verkrampft, dass er gebrochen war. Sie betrachtete die beiden Teile des Bleistifts, zuckte nun ihrerseits mit den Schultern und warf die gesplitterten Stücke gekonnt in hohem Bogen in den Papierkorb neben der Tür. Dann wendete sie sich wieder Lore zu.

Tief durchatmend, sagte sie: »Das hätte ich nicht erwartet. Wir haben alle unser Bestes gegeben, um die Kinder zur Vernunft zu bringen. Aber jetzt hat das ein paar Konsequenzen für die Täter. Und wenn auch nur einer von ihnen schon vierzehn Jahre alt ist, dann sorge ich dafür, dass er vor das Jugendgericht kommt! Und für alle anderen wird eine Akte angelegt – wenn Sie, Frau Kröger«, damit drehte sie sich zu Lores Mutter um, »Anzeige gegen die Täter erstatten!«

Lores Mutter nickte entschlossen.

»Genau das habe ich vor!«

»Dann sollten auch wir miteinander im Kontakt bleiben«, schaltete sich nun der mutmaßliche Anwalt ein, dessen Anwesenheit Lore schon völlig vergessen hatte. Eindeutig, er wäre ein mega Geheimagent!

»Sie haben mir ja draußen ihre Karte gegeben, Herr – Doktor Schneider«, nickte die Polizistin, den Namen von einer grauen Visitenkarte ablesend. »Natürlich bleiben wir in Verbindung.«

»Lore«, übernahm nun der Anwalt. »Wer ich bin, weißt du ja nun und du wirst meine Funktion in dieser Sache wohl auch schon erraten haben. Deine kluge Mutter hat mich beauftragt, dafür zu sorgen, dass deine Angreifer ein paar unangenehme Folgen ihrer Taten zu vergegenwärtigen haben. Dies hier erfüllt den Tatbestand der Körperverletzung, auch noch gemeinschaftlich und aus niederen Motiven. Ist irgendeiner deiner Angreifer schon vierzehn Jahre alt?«

Lore nickte heftig.

»Ja, Bernadette! Und Saskia muss inzwischen auch Geburtstag gehabt haben.«

Mit grimmiger Befriedigung nickte nun auch der Anwalt. Er machte mit der Rechten eine Bewegung, als wollte er eine Fliege fangen. Als wollte er sagen: *Hab ich dich!*

»Hervorragend!«, sagte er nur. Aber der Tonfall war so bedrohlich, dass Lore froh war, den Anwalt auf ihrer Seite zu wissen.

Frau Frenze hatte die letzten Informationen mit einem anderen Stift notiert und verabschiedete sich jetzt. Sie rauschte regelrecht hinaus und ihre ganze Körperhaltung schrie ihren Zorn heraus.

Doktor Schneider zückte sein Handy und machte Fotos von Lores Gesicht.

»Das brauche ich als Beweis, dass dir wirklich was passiert ist.«

Dann befragte er Lore noch weiter zu verschiedenen Vorkommnissen, die diese in ihrer Klasse erlebt hatte. An seiner gleichmütigen Miene änderte sich oberflächlich nichts. Aber darunter begann es genauso zu brodeln wie bei der Polizistin. Das spürte Lore sehr genau. Als auch der Anwalt sich förmlich verabschiedet hatte, blieb Lore mit ihrer Mutter allein. Diese wischte sich die Tränen aus den Augen und versuchte ein Lächeln, das allerdings etwas zittrig ausfiel.

»Ich habe ihn auch damit beauftragt, dich möglichst schnell an einer anderen Schule unterzubringen. Noch vor den Ferien. Hier wirst du am Samstag schon entlassen. Übermorgen.«

Lore nickte und schloss die Augen. Sie fühlte sich sehr geborgen, so, wie sich alle für sie einsetzten. Und ehe sie sich versah, wusste sie nichts mehr von sich.

4. Sieg auf ganzer Linie

Tatsächlich konnte sie zwei Tage später schon wieder nach Hause gehen. Ihre Mutter holte sie ab.

Im Wohnzimmer wartete ein großer Topfkuchen auf Lore.

»Mama, den darf ich doch gar nicht ...«

»Ach, Unsinn, das heute ist eine Ausnahme!«, unterbrach ihre Mutter sie rigoros. »Ich möchte dir nämlich ein paar Neuigkeiten erzählen!«

Dabei strahlte sie ihre Tochter erwartungsvoll an. Lore schaute genauso erwartungsvoll zurück.

»Und? Was gibt es Neues?«, fragte Lore.

»Erstens« begann ihre Mutter und machte eine genussvolle Pause, »habe ich eine Anzeige gegen deine Angreifer bei der Polizei gemacht. Als Folge davon gibt es für alle reichlich Ärger. Besonders für Saskia und Bernadette, die dem Jugendrichter vorgeführt werden.«

Befriedigung klang aus ihrem Tonfall. Lore nickte grimmig.

»Sehr gut!«, knurrte sie knapp und wartete auf die Fortsetzung.

Ihre Mutter lächelte.

»Zweitens hat Herr Doktor Schneider es geschafft, dass die Freiherr-vom-Stein-Schule dich mit sofortiger Wirkung aufnimmt, weil es weder für dich als Schülerin noch für mich als Mutter zumutbar wäre, dich weiterhin auf eine Schule zu schicken, an der solche Vorkommnisse möglich sind. Du gehst also vom nächsten Montag an auf eine andere Schule.«

Lore atmete tief auf. Sie hatte das Gefühl, als fiele ihr ein riesiger Stein vom Herzen und sie war ihrer Mutter mehr als dankbar.

»Mama, das ist mega!«

»Da können wir uns bei Herrn Doktor Schneider bedanken. Er hat uns übrigens heute Abend zum Essen eingeladen, um unseren Sieg über die Trägheit der Behörden zu feiern, wie er sich ausgedrückt hat!«

Errötend senkte ihre Mutter den Kopf. Lore grinste und fasste ihre Mama genau ins Auge. Hatte sich Mama denn in diesen drögen Anwalt verknallt? Konnte das möglich sein?

»Möchtest du ein Stück Kuchen?«, fragte ihre Mutter sie schüchtern.

»Diesmal ja«, entgegnete Lore. Obgleich sie wusste, dass Mutter sie nur ablenken wollte.

Den Rest des Tages hörte Lore ihre Mutter die ganze Zeit vor sich hin trällern. Stundenlang stand sie vor dem großen Spiegel im Flur und probierte ein festliches Outfit nach dem anderen an.

»Lore, was meinst du? Ist das das Richtige für das Essen mit einem Anwalt?«

Lore verdrehte die Augen. Mindestens zum zwanzigsten Mal fragte sie das jetzt.

»Du siehst in allen Sachen mega aus. Entscheid dich endlich. Es ist schon sechs. Wann wollten wir im Restaurant sein? Um sieben?«

»Ja, du hast ja recht!«, rief ihre Mutter, leichte Panik in der Stimme. Verliebt, dachte Lore und fühlte einen Stich in ihrem Herzen, weil sie an Mirko denken musste. Eindeutig verliebt!

»Und zieh du bitte auch was Ordentliches an, ja?«

»Och, Mama, muss ich das wirklich? Aber kein Kleid, die sehen alle furchtbar aus.«

»Dann nimm wenigstens schwarze Jeans und ein hübsches Blüschen ...«

»Nee, Mama, kein Blüschen. Lieber einen Pullover.«

»Ich schau mir das nachher an ...«

»Kannst du!«

Lore verdrehte genervt die Augen. Nur weil ihre Mutter verknallt war, sollte sie sich zurechtmachen wie eine Ballkönigin? Andererseits wusste sie, was sie ihrer Mutter in letzter Zeit zu verdanken hatte, und das hier schien Mama sehr wichtig zu sein. Darum begab sie sich seufzend in ihr Zimmer und tat ihr Bestes.

Sogar ihre Mutter war eine halbe Stunde später mit ihr zufrieden. Da läutete Lores Handy. Leicht genervt schaute sie auf das Display. Es war Julia. Da nahm sie ab.

»Hey, Lore, ick hab schon jehört, wat da wieda passiert is! Mensch, dit is ja nen Dink. Ick wünschte, ick könnte jetzt bei dia sein. Jehts dia denn einjamaßen jetze?«, sprudelte Julia hervor.

Lore erzählte ihr, was passiert war. Und dass sie auf einer anderen Schule angenommen wurde und dass ihre Angreifer einigen Ärger bekommen würden.

»Na, dit will ick aba ooch hoffen!«, knurrte Julia. »Wenns nich reicht mitm Ärjer, den die kriejen, denn komm ick doch noch früher zu dir rüba, als ick dit sowieso schon vorhatte. Und denn könn die sich warm anziehn, dit kannste glooben. Wenn ick mit die fertich bin, denn kieken die durch die Rippen wie die Affen durchs Gitta! Und außerdem ham die dann ne Feuaweaeinfaht am Aasch – wejen die Tritte, die se von mia kassieren!«

Lore musste bei Julias drastischem Berlinerisch lachen.

»Jloobste mir nich?«, fuhr diese gleich wie gestochen auf.

»Doch, klar, natürlich glaube ich dir. Aber ich denke, es ist besser, du verhaust die nicht, sonst hast du auch noch Ärger ...«

»Ick weeß!«, seufzte es am anderen Ende. »Aba man wird doch wohl ma träumen dürfen!«

»Lore! Komm jetzt, das Taxi ist da!«

Huch, ein Taxi?, dachte Lore. So vornehm heute?

»Ich muss jetzt Schluss machen«, sagte Lore voller Bedauern.

»Wat denn, mit mia?«

»Nee, das nicht«, lachte Lore. »Nur mit dem Gespräch. Wir gehen jetzt Essen. Erzähl ich dir später. Ich ruf dich morgen wieder an.«

»Is jut«, sagte Julia und Lore legte auf.

»Lore! Viertel vor Sieben!«

Fünfzehn Minuten später stiegen Lore und ihre Mutter vor dem vornehmen französischen Lokal aus dem Taxi.

»Du willst dir ja nur nicht die Knöchel brechen in deinen High Heels!«, lachte Lore.

Ihre Mutter fiel in Lores Kichern mit ein. Immer noch fröhlich lachend, betraten sie das Restaurant. Lores Mutter stöckelte vorsichtig und etwas wackelig über den dicken roten Teppichflor. Es herrschte gedämpftes Licht im Lokal. Und über dem Murmeln der anderen Gäste erklang ebenso gedämpft klassische Musik. Überall standen antik aussehende runde Tische mit weißen Tischplatten und verspielten dunklen Metallverzierungen. Um diese herum waren jeweils vier oder fünf ebenso verschnörkelte Stühle gruppiert.

Lores Mutter scannte in dem Halbdunkel nach der Gestalt des Anwalts. Lores Mundwinkel zuckten. Der Mann war so unauffällig, dass sie ihn wohl kaum auf Anhieb finden würden.

Beflissen eilte ein vornehm wirkender Kellner auf Lore und ihre Mutter zu.

»Kann isch Ihnen be'ilflich sein, die Damen?«

»Ja«, entgegnete Lores Mutter dankbar. »Wir sind mit einem Herrn hier verabredet. Doktor Schneider. Können Sie mir sagen, an welchem Tisch ...«

»Aber ja«, unterbrach der Kellner. »Bitte folgen Sie mir, meine Damen.«

Der Kellner ging voran, in die Tiefe des Lokales vordringend und dabei geschickt alle Gruppen von Tischen und Stühlen umgehend. Stimmgemurmel erfüllte die Luft. Das Lokal war schon ziemlich voll für diese Uhrzeit. Aus Mamas Handtasche drang ein Piepsen.

»Genau Sieben«, flüsterte sie Lore ins Ohr, während sie tapfer dem Kellner hinterher stöckelte. Dieser führte sie zu einem Tisch in einer ruhigeren Ecke. Dort saß der Geheimagent, wie Lore ihn bei sich nannte, und winkte ihnen unauffällig zu.

Doktor Schneider erhob sich höflich, als Lores Mutter und Lore an seinen Tisch traten. Galant nahm er Lores Mutter den Mantel ab und hängte ihn an die Garderobe an der edlen, holzvertäfelten Wand hinter seinem Stuhl. Lore folgte ihm und hängte ihre Jacke selbst auf. Als sie sich umdrehte, sah sie ein idiotisches Grinsen auf dem Gesicht ihrer Mutter – und ein solches Leuchten in ihren Augen, wie sie es seit vielen Jahren nicht mehr darin wahrgenommen hatte. Verliebt. Schnell blickte sie in die Miene des Anwalts – und entdeckte darauf einen Widerschein dieses Grinsens und Leuchtens. O nein. Und doch – einerseits freute sich für ihre Mutter. Andererseits – sollte dieser Mann ihr Stiefvater werden?

»Bitte, setzen Sie sich doch, verehrte Frau Kröger!«, säuselte ihr Stiefvater in spe gerade und zog den schweren Stuhl im Rund neben seinem eigenen für Lores Mutter nach hinten, um ihn ihr anschließend in die Kniekehlen zu schieben. Und ihre sonst so selbstbewusste Mutter benahm sich wie ein Teenager beim ersten Rendevous. *Verehrte Frau Kröger*, was sollte denn das werden? Misstrauisch blickte Lore den Anwalt an. Sie musste eindeutig auf ihre Mama aufpassen.

Lore schob ihren eigenen dick gepolsterten Stuhl selbst nach hinten und zog ihn auch unter sich nahe genug an den Tisch heran. Er war sehr bequem. Sie betrachtete die weiße Tischplatte jetzt genauer. Das war Marmor. Wow, richtig vornehm!

Dann glitt ihr Blick wieder zu ihrer Mutter und zu dem Anwalt zurück. Die beiden Erwachsenen waren gerade damit beschäftigt, in den Augen des jeweils anderen zu versinken. Doktor Schneider stand immer noch dicht neben ihrer Mutter, vorgebeugt, die Hände am Stuhl und in der Bewegung erstarrt. Peinlich. *Habe ich mit Mirko genauso ausgesehen*, fragte sie sich und spürte eine heiße Welle in ihre Wangen steigen. Ein Glück war es hier so dunkel. Still grinste sie in sich hinein, als sie sich vorstellte, wie sie diese Neuigkeit Julia erzählte. Die hatte bestimmt einen lustigen Kommentar.

Inzwischen saß Dr. Schneider wieder auf seinem Stuhl.

»Was möchten Sie trinken, Frau Kröger?«, fragte er formvollendet. »Der Laden führt einen ausgezeichneten Wein aus Südfrankreich. Sehr zu empfehlen.«

Lores Mutter kicherte wie ein kleines Mädchen.

»Suchen Sie bitte etwas aus, von Wein verstehe ich nichts«, lächelte sie jetzt. *Mama,* hätte Lore am liebsten geschrien. Wusste sie doch, dass ihre Mutter im letzten Jahr ein Weinseminar absolviert hatte. Na klar, keine Ahnung von Wein! Wollte sie damit den Anwalt verführen? Lore musste ein ernstes Wort mit ihrer Mutter reden. Aber besser erst zu Hause.

Der Kellner stand so plötzlich neben ihrem Tisch, als hätte er sich gerade zu ihnen hin gebeamt.

»Die Herrschaften wünschen?«

»Bringen Sie uns doch bitte von Ihrem ausgezeichneten Bordeauxwein ...«

Doktor Schneider suchte blinzelnd im Licht der Kerze auf der Weinkarte, auf der alles in winziger, verschnörkelter Schreibschrift zu lesen stand. »Bringen Sie uns zwei Gläser von diesem hier.«

Er zeigte etwa auf die Mitte der Karte.

»Und für die junge Dame?«, wendete sich der Kellner nun an Lore. Die öffnete den Mund, wusste aber nicht, was sie hier bestellen konnte.

»Magst du Apfelsaft?«, fragte der Anwalt, an sie gewendet. Lore nickte.

»Einen Cidre, bitte«, half ihr Doktor Schneider aus der Verlegenheit.

Dann suchten sie jeder etwas zu Essen aus. Dabei fiel Lore auf, dass weder auf ihrer Karte noch auf der ihrer Mutter Preise angegeben waren. Wow, der Anwalt war aber mutig! Lore beschloss, Hummer zu bestellen.

Ihre Mutter warf ihr einen bösen Blick zu, als sie ihren Wunsch vor dem Kellner äußerte. Doch der Anwalt lächelte und nickte.

»Da hast du eine hervorragende Wahl getroffen, Lore.«

Und zu ihrer Mutter gewendet: »Lassen Sie sie das doch mal probieren. Es schmeckt wirklich ausgezeichnet.«

Normalerweise hätte ihre Mutter jetzt protestiert. Aber zu ihrem Erstaunen sah Lore ihre Mama lammfromm nicken. Was war hier los? Lore kannte ihre Mutter nicht wieder.

Doktor Schneider und ihre Mutter nahmen ein gemeinsames Gericht – nachdem sich die sehr verehrte Frau Kröger ewig für nichts hatte entscheiden können. Genervt verdrehte Lore die Augen. Es merkte keiner der beiden.

Nach dem Essen, das wirklich so lecker war, wie Lore es noch selten erlebt hatte, sah Doktor Schneider Lore aufmerksam an. Auf einmal fand er zu seiner beruflichen Nüchternheit zurück.

»Ich denke, davon, dass du ab Montag in eine andere Schule gehen wirst, hat deine Mutter dir sicherlich schon erzählt, oder?«

Lore nickte.

»Und auch, dass Saskia und Bernadette Ärger mit dem Jugendrichter bekommen werden«, ergänzte sie befriedigt.

»Ja.« Der Anwalt nickte nun seinerseits. »Und die anderen an der Tat Beteiligten bekommen alle Einträge in brandneue Akten. Das macht sich später nicht sehr gut bei der Berufswahl. Vor allem dann, wenn sie den Warnschuss nicht verstehen und weiterhin andere Kinder verprügeln. Das mit dem blauen Auge sollen sie uns büßen! Und auch jeden einzelnen Schlag und jeden einzelnen Tritt.«

Dabei musste Lore an Julias »Feuerwehreinfahrt« denken und sie grinste, bis sie bemerkte, wie Doktor Schneiders Miene sich verhärtete und wieder den unheimlichen Ausdruck zeigte, den Lore schon einmal im Krankenhaus gesehen hatte. Unwillkürlich lief ihr ein eisiger Schauer über den Rücken.

»Ist dir kalt, mein Engel?«, fragte ihre Mutter, die die Bewegung gesehen hatte.

»Nein«, wehrte Lore ungeduldig ab. »Schon gut. Und was gibt es noch?«

»Jerome wird seinen Wunsch, Polizist zu werden, erst einmal vergessen können. Dafür wird Frau Frenze sorgen. Das ist zwar nur ein schwacher Trost nach allem, was der Junge dir angetan hat, aber ihn trifft es hart. Das war ihm wirklich wichtig. Sein Vater ist nämlich Polizist und sein Großvater war auch einer. Und die beiden machen dem Jungen jetzt die Hölle heiß, das kannst du mir glauben!«

Ein kleines Lächeln nistete in den Mundwinkeln des Anwalts.

»Und das Beste, das hat sich deine Mutter für diesen Zeitpunkt aufgehoben.«

Sein Blick schwenkte wieder zu Lores Mutter, den Staffelstab an diese übergebend.

Lores Mutter lächelte sie an und ihre Stimme war voller Jubel, als sie zu sprechen begann:

»Ich habe die Mutter von Julia angerufen, das heißt, eigentlich hat Annegret mich angerufen, aber ist ja auch egal: Sie hat mich gefragt, auf welche Schule du gehen würdest. Ich habe ihr deine neue Schule genannt und sie hat Julia auf derselben Schule angemeldet. Als Wunsch hat sie geschrieben, dass Julia mit dir in eine Klasse kommen soll. Dasselbe habe ich auch angegeben. Und heute nun ist der Brief gekommen, in dem die Schule uns das bestätigt!«

Sie wühlte in ihrer Handtasche und reichte Lore einen leicht zerknitterten Brief herüber.

»Sehr geehrte Frau Kröger«, stand da zu lesen. »Hiermit bestätigen wir ihnen, dass wir Ihrem Wunsch entsprechen konnten und Julia Paschulke nach den Ferien mit Ihrer Tochter Hannelore in eine Klasse gehen wird.

Es tut uns leid, zu hören, dass Ihre Tochter Hannelore so schweren Mobbingattacken ausgesetzt war. Wir bemühen uns, dieses Problem mit Streitschlichtern und Unterrichtseinheiten zu diesem wichtigen Thema einzudämmen, was uns zunehmend besser gelingt. In der Hoffnung, dass es Lore inzwischen besser geht und in fester Zuversicht auf eine gute Zusammenarbeit verbleiben wir ...«

Es folgten noch ein paar Höflichkeitsfloskeln.

Lore traten Tränen der Freude in die Augen.

»Danke, Mama«, sagte sie mit belegter Stimme. Dann blickte sie scheu zu dem Anwalt herüber, der sie ansah, als hätte er ihr gerade zu Weihnachten einen Welpen geschenkt und beobachte nun ihre Reaktion.

»Danke, Herr Doktor Schneider.«

»Das ist doch selbstverständlich, mein Kind«, erklärte er steif. »Lasst uns die Gläser darauf erheben, dass du in Zukunft vor derartigen Übergriffen verschont bleiben mögest.«

»Aber das Schülernet«, sprach Lore ihre letzte Sorge aus.

»Keine Angst«, lächelte Doktor Schneider. »Ich habe bereits veranlasst, dass alle bösartigen Posts über dich gelöscht werden und dass deine Feindinnen für die nächsten Jahre keinen Account mehr bekommen können. Denen ist erst einmal das Schandmaul gestopft!«

»Wow!«, hauchte Lore, nun ehrlich beeindruckt. Der letzte Stein polterte von ihrem Herzen zu Boden. Schon eher ein Felsbrocken.

Und so erhoben sie die Gläser und stießen auf eine schönere Zukunft an.

Der Abend war noch lang und ausgelassen gewesen. Irgendwann hatte ihre Mutter auf ihre Uhr gesehen und erschrocken gesagt. »Nun müssen wir aber wirklich gehen.«

»Aber sehr verehrte Frau Kröger«, hatte der Anwalt protestiert. »Wollen Sie denn wirklich schon aufbrechen? Bitte, bleiben Sie doch noch auf einen kleinen Kaffee ...«

Aber Lores Mutter ließ sich nicht erweichen, was Lore doch sehr erstaunte.

»Es war ein wunderbarer Abend. Ich danke Ihnen vielmals für diese großzügige Einladung.«

Vom Wein hatte sie ganz rote Wangen.

Der Anwalt hatte sich noch einmal verbeugt und gesäuselt: »Aber das habe ich doch gerne gemacht. Jederzeit wieder. Ich würde Sie gerne auch in privatem Rahmen wiedersehen.«

»Sie haben keine Frau?«, fragte Lores Mutter offen.

»Nein, ich bin Single«, antwortete Doktor Schneider und lehnte sich zurück. Dann beugte er sich wieder vor und erklärte: »Wie sollte ich denn auch eine Frau haben? Ich habe Sie ja noch nicht gekannt ...«

Ihre Mutter errötete wie ein Schulmädchen und senkte den Blick. Na, wenn das kein Flirt war, dann hatte Lore noch nie einen gesehen.

Lore hatte aber noch die Genugtuung gehabt, wie Dr. Schneider angesichts der Rechnung ein wenig erbleichte. Doch fasste er sich schnell und beglich den Betrag lächelnd, den der Kellner nicht einmal laut genannt hatte.

Nun lag Lore auf ihrem Bett und starrte zur Zimmerdecke. Sie konnte nicht einschlafen. Zu viele Gedanken jagten ihr durch den Kopf wie Fische durch ein Aquarium.

Ihre Mutter hatte sich in den Anwalt verguckt. Umgekehrt schien es genauso zu sein. Na ja, wenn Mama auf so einen drögen Kerl stand mit seinen angestaubten Manieren? Kavalier, hatte ihre Mama gesagt und ganz schwärmerisch geguckt! Sie würde da ein Auge drauf haben müssen. Aber andererseits gönnte sie ihrer Mutter auch die Freude, wieder einen Mann in ihrem Leben zu haben. Lore hoffte nur, dass der Anwalt seinen bösen Blick nur für bösartige Straftäter aufsetzte und nicht etwa im Streit mit ihrer Mutter.

Der nächste Gedankenfisch schoss vorbei und sie wendete sich diesem zu. Gott sei Dank würde sie Montag in diese andere Schule gehen. Sie lag, das hatte ihre Mutter ihr schon gezeigt, in einer anderen Richtung als die alte Schule. Sie würde ihren alten Klassenkameraden nicht mehr begegnen. Tief atmete sie auf. Die eine Schulwoche vor den Sommerferien würde sie schon überstehen. Und in den Ferien zog Julia nach Hamburg. Gar nicht so weit entfernt von ihr hatte die Familie eine Wohnung gefunden, das hatte ihre Mutter ihr letztens schon berichtet.

Und nach den Ferien … Freude füllte ihr Herz wie einen Heißluftballon. Sie konnte es noch gar nicht glauben, bald wieder mit ihrer liebsten Freundin in eine Klasse zu gehen. Und egal, was ihre alten Klassenkameraden von ihr dachten oder nicht dachten, sie selber wusste, dass sie gewaltig abgenommen hatte. Sie konnte stolz auf sich sein, egal, was andere Leute davon hielten oder ob die es überhaupt zur Kenntnis nahmen. Hätte sie noch einmal die Wahl gehabt, in die Klinik zu gehen, sie hätte es wieder getan.

Was »die anderen« davon hielten, das war nicht wichtig. Es interessierte sie nicht einmal mehr. Wichtig war einzig und allein, dass sie selbst wusste, was sie geleistet hatte.

In Bayern hatte Lore das erste Mal seit dem Tode ihres Vaters das Gefühl gehabt, richtig zu leben. Und das wollte sie sich bewahren.

Noch eines hatte sie begriffen: Frau Doktor Sommer hatte recht. Ihr Übergewicht war niemals der Grund für das Mobbing gewesen. Denn sonst hätten die anderen in ihrer alten Klasse sie jetzt ganz anders behandelt. Es war nur ein Aufhänger gewesen, ein vorgeschobener Grund, hinter dem sich andere Gründe verbargen. Gründe, die nicht nur in ihrer Person zu suchen waren. Sie hatte das Pech gehabt, den anderen ein Ziel zu bieten. Und dann wollte niemand mehr mit ihr befreundet sein. Als sie erst einmal isoliert war, hatte sie keinen Schutz mehr. Von da an war sie vogelfrei. Doch das würde sich nach den Ferien ändern. Julia würde in ihrer Klasse sein. Nie wieder würde sie in solch eine Situation geraten können.

Auf einmal war sie sehr froh, dass sie damals auf dem Dach nicht gesprungen war. Von nun an würde sie für niemanden mehr die »fette Sau« sein. Und gegen alle diejenigen, die ihr doch noch ans Leder wollten, würde ihr von jetzt an Julia beistehen – so, wie sie das auch gegen die Zombieschwestern getan hatte. Eine Freundin in ihrer Klasse. Keiner würde sich an sie beide heranwagen, es mit ihnen beiden zugleich aufnehmen. Von nun an würde es eine Lust sein, zu leben!

E N D E der Geschichte

Anmerkungen der Autorin und Danksagungen

Liebe Leserin, lieber Leser, schön, dass Sie diese Geschichte bis zum Ende gelesen haben. Es ist zum Teil auch meine Geschichte, wenn ich auch niemals dick war. Ich habe lange gebraucht, um die Fehler für das, was mir in meiner Schulzeit passiert ist, nicht bei mir selbst zu suchen. Ich weiß, dass das Problem »Mobbing« seit damals eher zu- als abgenommen hat. Heute stehen den Kindern noch viel perfidere Mittel zur Verfügung, Menschen zu verleumden, siehe Cybermobbing. Aber ich bin weit davon entfernt, über meine eigenen Erfahrungen zu jammern. Ich gehe einen Schritt weiter. Meine Hoffnung ist es, durch ein solches Buch aus der Perspektive eines Mobbingopfers die Sicht derjenigen zu schärfen, welche sich als Täter betätigen. Ich hoffe, dass Bücher wie dieses kontroverse Diskussionen über Lösungsansätze anstoßen und auslösen werden. Und es gibt inzwischen viele Bücher über Mobbing. Das ist sehr gut so. Es kennzeichnet ein allmähliches Erwachen unserer Gesellschaft gegenüber einem altbekannten Problem, welches selbst heute noch viel zu oft heruntergespielt wird.

Einige wenige Fakten habe ich aus romantechnischen Gründen etwas verbogen. Das möchte ich an dieser Stelle richtigstellen. Drei Beispiele nenne ich hier. Zum Beispiel genehmigt die Krankenkasse in Deutschland bei adipösen Kindern im Höchstfall acht Wochen Aufenthalt in einer Rehaklinik für Essstörungen, dann werden die Kinder wieder heimgeschickt. Für meine Geschichte brauchte ich mehr Zeit, also habe ich daraus ein halbes, am Ende sogar ein Dreivierteljahr gemacht.

Das Ritual, das abgenommene Gewicht auf eine Waage zu legen, fand ich sehr schön, es wäre in einem solchen Klinikbetrieb allerdings höchstens eine rein freiwillige Angelegenheit, weil Kinder und Jugendliche zum Vergleichen neigen und sich so etwas schnell ungewollt ins Negative verkehren kann (»Ich hab aber mehr abgenommen als du«).

Als drittes Beispiel hätte sich das letzte Debakel sehr wohl vermeiden lassen. Ein Kinderarzt kann eine Krankschreibung unter solchen Umständen vertreten und auch die Mutter hätte ihre Tochter zu Hause behalten können. Mir war aber wichtig zu zeigen, dass viele Täter die Schuld nicht bei sich, sondern bei ihrem Opfer suchen und nicht so einfach zur Einsicht gebracht werden können.

Dank schulde ich bei der Erstellung und Überarbeitung dieses Buches vor allem dem Franzius Verlag, allen voran Simone C. Franzius für ihren unermüdlichen Einsatz in allen Bereichen. Ohne sie würde es kein einziges der Bücher ihres Verlages geben. Außerdem danke ich Petra Liermann, welche dem Verlag das Buch empfohlen hat, und Dr. Michael Kracht, dem Lektor. Detlev Schultz gilt mein Dank für den Buchsatz und seine freundliche Unterstützung.

Des Weiteren möchte ich mich bei der Psychologin Frauke Endler bedanken, welche so lieb war, mit ihrem professionellen Blick über die Geschichte zu gehen und mich auf einige Dinge aufmerksam zu machen, welche in ihr Fachgebiet fallen. Dazu gehören unter anderem die Gespräche zwischen den fiktiven Therapeutinnen und der Protagonistin

Lore. Frauke hat so getan, als sei Lore ihre Patientin. Dieser Blick hat der Geschichte sehr geholfen. Vielen lieben Dank.

Außerdem möchte ich allen denen in meinem direkten Umfeld danken, die mich ermutigt, mich angefeuert und mir dadurch geholfen haben, dieses Buch zu schreiben. Auch die lebhaften Reaktionen auf die Ankündigung dieses Buches freuen mich sehr: es haben mich bereits viele BloggerInnen gebeten, ein Rezensionsexemplar zu bekommen. Ich bin schon sehr gespannt auf die Rezensionen.

Am Ende möchte ich allen Leserinnen und Lesern danken, die bis hierher gelesen haben. Und nicht traurig sein. Dieses Buch ist jetzt zu Ende. Aber keine Sorge, die nächsten Projekte warten schon. Ich würde mich sehr freuen, Sie wieder einmal in einem meiner Bücher begrüßen zu dürfen.

Weitere Titel der Autorin bei FRANZIUS

Die Heimsuchungen der Familie Bell

Tennessee, 1817. Den wohlhabenden Farmer John Bell suchen Geistererscheinungen heim: Ein unheimliches Wesen treibt sich auf seinen Feldern herum, eine Frau löst sich vor Johns Augen in Luft auf, es klopft des Nachts an Fensterläden und Wänden des Farmhauses – ohne, dass ein Verursacher zu finden wäre. Über Wochen wird die ganze Familie immer wieder aus dem Schlaf gerissen. Schließlich vertraut sich John seinem besten Freund James Johnston an. Aber sowohl Johns eigene Versuche, den ungebetenen Gast loszuwerden, als auch die von James scheitern. Immer mehr Familienmitglieder leiden unter dem Poltergeist. Und schließlich wird Bell krank. Doch liegt das wirklich an übernatürlichen Manifestationen? John beginnt zu zweifeln …

Laut der »Legende der Bellhexe« wird der siebzigjährige John Bell 1820 im heutigen Tennessee durch einen Poltergeist vergiftet. Der Roman ist die Anatomie dieses Mordes: So nah wie möglich an den echten Ereignissen, jedoch fast ohne Einbeziehung übernatürlicher Kräfte, versucht die Autorin, den Mordfall zu lösen.

Taschenbuch, ca 360 Seiten, ISBN 978-3-96050-174-9

Weitere Titel zum gesellschaftlichen Thema bei FRANZIUS

»Redric – Die andere Seite der Angst« von Jenny Rubus

Die 17-jährige Lynx steht eigentlich auf der Sonnenseite des Lebens, aber ihre zahlreichen Ängste machen es ihr schwer. Als sie dann dem 18-jährigen Redric auf einer Party begegnet, der in ihrer Schule als der gewalttätige und abweisende Außenseiter bekannt ist, schrillen alle Alarmglocken in ihrem Kopf. Aber neben Angst weckt Redric auch Neugier bei Lynx und sie entschließt sich, mehr über ihn herauszufinden.

Was sie dann entdeckt, übersteigt all ihre Vorstellungen, denn Redrics alkoholabhängige Mutter kümmert sich nur um ihre Sucht. Und der als erfolgreicher Geschäftsmann auftretende Bruder verbirgt ein dunkles Familiengeheimnis. Trotzdem entschließt sich Lynx, Redric zu helfen, und bringt damit alle in Gefahr.

Zielgruppe: Jugendliche ab 16 und Erwachsene
Themen: Mobbing, sexueller Missbrauch
Genre: Thriller
Taschenbuch, ca 390 Seiten, ISBN: 978-3-96050-160-2

»Manchmal ist das Leben echt zum Kotze« von Nina Federlein
Wie ich meine Essstörung besiegte

Psychosomatische Erkrankungen sind heute leider sehr weit verbreitet. Viele Betroffene und deren Angehörige stehen dem Krankheitsbild und dessen Verlauf oft völlig hilflos gegenüber. In diesem Buch erzählt die Autorin ihre eigene Leidensgeschichte.
Anhand von Tagebucheinträgen und Berichten, gibt sie dem Leser einen schonungslos ehrlichen Einblick in ihre Gedankenwelt und die täglichen Torturen, die sie während ihres über sieben Jahre andauernden Kampfes mit der Essstörung empfunden und erlebt hat. Aber sie macht auch Hoffnung auf ein erfülltes Leben, da sie es trotz Magersucht – später Bulimie, Depressionen und Borderline-Erkrankung – geschafft hat, aus dem Teufelskreis auszusteigen und heute mit ihrem Mann und ihren zwei Kindern ein zufriedenes und symptomfreies Leben führt.

Nina Federlein: »Jeder Essgestörte hat seine eigene Geschichte. Dies hier ist meine.«

Thema: Essstörung
Genre: Biografischer Roman
Taschenbuch, ca. 208 Seiten, ISBN: 978-3-945509-10-4

»Sand in ihren Schuhen« von Petra Liermann

Im Alter von 30 Jahren wanderte Petra nach Ägypten aus, da sie ihre Bestimmung weder in Deutschland noch im öffentlichen Dienst sah. In Ägypten lernte sie zunächst ihren Traumpartner kennen, den sie jedoch verschmähte. Danach traf sie ihren späteren Ehemann Sayed, mit dem sie über sechs Jahre eine meist sehr harmonische Ehe führte.

Das Glück wurde durch die Geburt der gemeinsamen Tochter perfekt, bis Petra herausfand, dass ihr Mann einen Fehler begangen hatte, der für ihrer aller Leben schwerwiegende Folgen bereithielt: Sayed musste seinen „Fehltritt" heiraten und eine Zeit voller Leid, Gewalt und enttäuschter Hoffnungen begann. Diese gipfelte nicht nur in Petras Flucht aus Ägypten, um das Leben ihrer Tochter zu retten.

Die Geschichte zeigt auch den oft schmerzhaften Weg der Selbstfindung und Liebe zu sich selbst und dem Leben. Nachdem sich Petra von ihrem Mann scheiden ließ, verstärkten sich die Bedrohungen durch ihn weiter. Zurück in Deutschland folgten sowohl Telefonterror als auch Todesdrohungen gegen Freunde und Familienangehörige der Anwälte – bis heute.

Thema: Gewalt in der Ehe
Genre: Biografischer Roman
Taschenbuch, ca. 430 Seiten, ISBN: 978-3-945509-30-2»

»Endstation Himmel – Die letzten Jahre mit meinen pflegebedürftigen Eltern« von Angelika Lorenz

Omas zweiter Oberschenkelhalsbruch führt zu Bettlägerigkeit und Depression. Opa schaut zu. Ihre Töchter Eva und Elisabeth übernehmen ihre Pflege und stoßen dabei schnell an die Grenzen und ein Umzug der Eltern ins Pflegeheim wird unvermeidbar.

Mit ihrem Tagebuch lässt Eva die Leser hinter die Mauern der Wohnungen und Pflegeheime blicken, in denen Menschen auf ihre letzte Reise gehen. Die Leser werden nicht nur zum Beobachter des pflegerischen Alltags, sondern werden mit hineingezogen in diese Berg- und Talfahrt zwischen Himmel und Hölle, zwischen Schmerz und Freude, innerer Zerrissenheit und Verstehen, Schuldgefühlen und Liebe, die ein so langer Abschieds- und Ablösungsprozess von den Eltern mit sich bringt.

Die Autorin Angelika Lorenz wurde durch die langjährige Begleitung ihrer pflegebedürftigen Eltern bis zu deren Tod persönlich mit diesen Themen konfrontiert. Hinzu kommt, dass sie auf eine 7-jährige Aushilfstätigkeit auf einer Pflegestation einschlägige Erfahrungen in der Altenpflege sammeln konnte.

Thema: Pflegenotstand, Sterbebegleitung
Taschenbuch, ca 300 Seiten, ISBN 978-3-96050-186-2

Novitäten Frühjahr 2020 / 2021 im Franzius Verlag

Romane

»Blutspur 629«, Band 3 der »Rich & Mysterious«-Reihe
Krimi von Neal Skye, ISBN 978-3-96050-214-2

»Die Siegel Asinjas — Teil 3: Die Macht der Dämonen«
Fantasy-Roman / Young Adult von Andi LaPatt
ISBN 978-3-96050-212-8

»Nachbeben –
Oder gehört das ganze Leben in die Änderungsschneiderei?«
Amüsanter Roman von Sybille Statz, ISBN 978-3-96050-192-2

»Die Macht der Akademie«
Schweden-Krimi von Neal Skye, ISBN 978-3-96050-190-9

»Das Zugticket«
Roman von Monica Heinz, ISBN 978-3-96050-188-6

»Hüter der Feder«
Fantasy-Roman von L. T. Ayren, ISBN 978-3-96050-093-3

»Bis ans Ufer«
Historischer Krimi von Sophie Heinig, ISBN 978-3-96050-182-4

»Reise zum inneren Avatar«
Spiritueller Roman von Mirjam Wyser, ISBN 978-3-96050-176-3

»Mörderische Psychospiele –
Zwischen Bremen und der Nordsee«
Regionalkrimi von Sabine Bruns, ISBN 978-3-96050-172-5

Sachbücher und Ratgeber

»Enneagramm und Hochsensibilität – Die neun Persönlichkeitstypen und ihr Entwicklungspotential«
Von Dr. Marianne Skarics
ISBN 978-3-96050-215-9 (Hardcover)
ISBN 978-3-96050-170-1 (Softcover)

»Magnetic Wealth Attraction – Werde ein Magnet für Wohlstand, Überfluss und Fülle«
Deutsche Erstausgabe des Titels »Magnetic Wealth Attraction«
Von Frederick Dodson, Übersetzung von Petra Liermann
ISBN 978-3-96050-196-1 (Hardcover)
ISBN 978-3-96050-180-0 (Softcover)

»Nicht offensichtliche Megatrends – Wie man erkennt, was andere übersehen, und die Zukunft vorhersagt«
Von Rohit Bhargava, Übersetzung Franzius Verlag GmbH
ISBN 978-3-96050-091-9 (Taschenbuch)
ISBN 978-3-96050-198-5 (Hardcover)

»Grenzenlos – Wie man seine Berufung findet und mit drei weiteren essentiellen Faktoren die individuelle Balance schafft, um im völligen Einklang mit dem eigenen Leben zu sein (Deutsche Erstausgabe)«
Von Laura Gassner Otting, Übersetzung Franzius Verlag GmbH
ISBN 978-3-96050-192-3 (Taschenbuch)
ISBN 978-3-96050-197-8 (Hardcover)

»Entzündungen natürlich behandeln – Die grüne Taschenapotheke«
Von Prof. Dr. Nadine Berling
ISBN 978-3-96050-203-6 (Hardcover)
ISBN 978-3-96050-210-4 (Softcover)

»Wenn Millennials übernehmen — Bereiten Sie sich auf die amüsant einfache Geschäftswelt der Zukunft vor«
Von Jamie Notter und Maddie Grant
Übersetzung Franzius Verlag GmbH
ISBN 978-3-96050-208-1 (Hardcover)
ISBN 978-3-96050-206-7 (Softcover)

»200 Ratgeber oder dieser – Die Essenz aus über 200 Ratgeber-Bestsellern zu den Themen: Glück, Gelassenheit, Gesundheit, Schlaf, Ernährung, Stress, Bewegung, Zeitmanagement, Kommunikation, Beziehungen, Erziehung und Finanzen. Mit Literaturtipps!«
Von Florian Hartnack
A5-Format, ca. 200 Seiten
ISBN 978-3-96050-218-0 (Hardcover)
ISBN 978-3-96050-217-3 (Softcover)

»Eine glückliche Seelen in zwei Körpern – Dualseele 2.0«
Von Petra Liermann, ISBN 978-3-96050-178-7

Kinder- und Jugendbücher

»Acello und die Umweltmagier«
Band 4 der »Acello«-Reihe
Von Mirjam Wyser, ISBN 978-3-96050-184-8

»Acello und das alte Museum«
Band 5 der »Acello«-Reihe
Von Mirjam Wyser, ISBN 978-3-96050-220-3